AF277248

KEVIN BORMAN

Traducción de Antonio David Berbel García

flamencos en el desierto

INSTITUTO DE ESTUDIOS ALMERIENSES
Colección Etnografía. Nº. 33

FLAMENCOS EN EL DESIERTO

© Textos: Kevin Borman
© Traducción: Antonio David Berbel García
© Imágenes: Kevin Borman.

© Edición: Diputación de Almería.
             Área de Cultura, Cine e Identidad Almeriense.
             Instituto de Estudios Almerienses.
             www.iealmerienses.es

ISBN: 978-84-8108-766-6
Dep. Legal: AL 419-2024
Primera edición: 2024
Diseño y maquetación: SumiGraf
Imprime: Ediciones MIC

Impreso en España.

Prólogo

El tiempo vuela. Han pasado casi doce años desde que empecé a investigar y escribir lo que se convertiría en 2014 en *Flamingos In The Desert*. Entonces no tenía ni idea de si alguien estaría interesado en leer lo que había escrito. Afortunadamente sí, quisieron leerlo y el libro tuvo una buena acogida. Di muchas charlas explicando cómo había surgido el libro, leyendo extractos y respondiendo a preguntas. Una de esas charlas fue en la Escuela Oficial de Idiomas de Almería para los alumnos de inglés. A los alumnos les gustó mi presentación y yo disfruté de la experiencia.

Avancemos varios años hasta diciembre de 2021. Una mañana abro el correo electrónico y me encuentro un mensaje que no esperaba. Reproduzco a continuación parte del contenido y cómo propone una traducción del libro: «Estimado Kevin: la primera sensación que tuve al terminar de leer *Flamingos* fue que tenía que ser traducido, ponerlo al alcance de todo aquel que estuviese interesado en conocer las entrañas de Almería. Tiene mucha fuerza y pasajes llenos de lirismo. Hoy, nervioso y con la inseguridad del que nunca ha traducido un libro completo, te escribo para proponerte hacerlo. Te envío los dos primeros capítulos. Ya me dirás qué te parecen».

Y la verdad es que esos dos capítulos me impresionaron mucho. Estaban captando mi voz y esa era una condición para mí indispensable. La lectura del texto en español tenía que transmitir todo el entusiasmo y sentimiento que yo había puesto en la confección del libro, tenía que poseer fuerza recreadora. Siguió un año de trabajo muy duro. Intercambiamos sin cesar pasajes de traducción, sugerencias, correcciones y actualizaciones. ¿Valió la pena? Ambos esperamos que sí, pero sólo tú, lector, podrás darnos la respuesta.

La introducción original fue escrita en un principio para lectores en lengua inglesa. Por favor, tenlo en cuenta. *Flamingos* es un libro vivo y, como tal, en permanente cambio. Lo he revisado y he introducido algunas actualizaciones. Hay novedades en materia de denominaciones (salidas de la autovía A7), rutas, actividades que se pueden realizar e incluso cambios de titularidad, como el reciente caso del Cortijo del Fraile.

Andalucía ocupa todo el sur de España y está formada por ocho provincias: Huelva, Cádiz, Sevilla, Córdoba, Málaga, Jaén, Granada y Almería. De ellas, Almería es la más oriental y una de las menos conocidas. Este extremo sureste de Andalucía es una especie de rincón escondido. Es bastante conocida por muchos de los que viven aquí, pero creo que ni de lejos se le da la importancia que merece.

La provincia de Almería tiene apenas 8.774 kilómetros cuadrados, bastante menos de una décima parte de la superficie de Andalucía, y nunca ha estado muy poblada. Incluso en 2019 la provincia contaba con sólo 707.000 habitantes, de los cuales 197.000 vivían en Almería capital, quedando poco más de medio millón de personas repartidas por el resto de la provincia.

Para lo que es España, la costa de Almería está poco desarrollada y este es uno de sus mayores atractivos. Una de las razones de este escaso desarrollo es la protección de algunas partes de la zona, sobre todo el Parque Natural de Cabo de Gata-Níjar. Michael Jacobs, en su libro *Andalucía*, se refiere a «la península volcánica de aspecto lunar del Cabo de Gata» como «una de las áreas menos urbanizadas y a la vez más sugestivas de la costa sur de España".

Hay varias guías convencionales de Almería, sobre todo del Parque Natural de Cabo de Gata-Níjar y de la ciudad de Almería, y también hay varios relatos del tipo de «vinimos a España y estas son las cosas divertidas que nos pasaron». Aprecio ambos géneros e incluyo, ocasionalmente, aspectos de ambos, pero aquí intento hacer algo diferente: meterme en la piel de la provincia de Almería para un lector de habla inglesa.

No hay una narración cronológica a lo largo del libro, aunque hay elementos de ella, por ejemplo en los primeros capítulos, que describen un paseo por la costa del Cabo de Gata. He estado dándole vueltas muchas veces, secuenciando los capítulos para ver cómo podían fun-

6

cionar mejor, pero compartimentar las cosas no es lo que quiero y es imposible de todos modos, así que en los capítulos de la costa hablo de películas, en el capítulo de las películas describo paisajes, en los capítulos de los paisajes hay historia y así sucesivamente.

Se puede leer este libro de un tirón, pero también es posible simplemente sumergirse en él para ver cómo la tierra y la gente se encuentran aquí. La historia social y las reflexiones personales se mezclan con una buena cantidad de información sobre aves y plantas, algo de arte, películas, meteorología, reflexiones sobre mapas, sugerencias de paseos cortos y largos, e incluso alguna receta. Espero que el tono sea conversacional y accesible. Dicho esto, he incluido deliberadamente mucha información que, en su mayor parte, procede de fuentes españolas no accesibles en inglés. Para más detalles se pueden consultar las secciones de agradecimientos y bibliografía. Si algunas partes del libro te parecen un poco pesadas en cuanto a la historia o la geología, sáltatelas y sigue adelante; pronto encontrarás algo más ligero.

H. V. Morton, en el prefacio de su libro *En busca de Inglaterra*, escribió algo que refleja mi intención, aunque en la siguiente cita he sustituido su «Inglaterra» por «Almería»: "He recorrido Almería como una urraca recogiendo cualquier cosa brillante que me complaciera. Me voy a ver expuesto al desprecio de los paisanos que verán, con incrédula rabia, que en muchas ocasiones he pasado de puntillas por su querido pueblo. Eso es inevitable. Seguí los caminos; algunos me llevaron por el camino correcto y otros por el equivocado. Los primeros fueron los más útiles; los otros, los más interesantes». En consecuencia, los habitantes de ciertos lugares encontrarán aquí menos de lo que podrían esperar sobre sus pueblos. Gran parte del libro se ocupa de lo rural más que de lo urbano. Ahí es donde mis pasos me han llevado y donde creo que se encuentran muchos de los aspectos más intrigantes de Almería.

Vivo en el municipio de Sorbas, en una de sus barriadas, a unos 15 kilómetros del pueblo. W. G. Hoskins, uno de los grandes intérpretes del paisaje, decía: «Deberías caminar y describir los límites... de cualquiera que sea el territorio que hayas elegido... al menos así podrás sentirlo de una manera que ninguna otra forma te proporcionará». Otro escritor naturalista inglés, Richard Mabey, llama parroquia –lo que viene a ser un «municipio» aquí en España– a «ese territorio 'indefinible' al cual sentimos que pertenecemos, del que tenemos la medida». Por eso, una parte de lo que sigue se centra en la zona de Sorbas, aunque a veces me tome la libertad de alejarme de ella.

Algunos capítulos se centran en zonas o características geográficas concretas. En los casos en los que es necesario, he indicado los mapas que enlazan con estos capítulos. La mayoría pertenecen a la serie denominada Mapa Topográfico Nacional de España, a escala 1:25.000. Para más detalles, consulta el capítulo «Exploración de los mapas».

España es un país encantador, pero hay también lugar para el desaliento. Uno de los motivos es la numeración de las carreteras. Los indicados en las señales de tráfico no siempre coinciden con los que aparecen en los mapas de carreteras. Hasta cierto punto, esto es comprensible, ya que los sistemas de carreteras evolucionan, pero puede ser una causa de confusión para aquellos que intentan orientarse en un lugar en concreto. En la medida de lo posible, en el texto he indicado los números de las carreteras tal y como aparecen en las señales junto a ellas. Además, las señales kilométricas se han modificado durante el año 2022 en la autopista A7 a su paso por la provincia de Almería.

Este libro incluye una foto al comienzo de cada capítulo. Hay, sin embargo, muchas más disponibles en https://www.flickr.com/photos/156283557@N06/albums/72157712861739346

En España la atención a las necesidades en materia de «salud y seguridad» es menor que en otros países, por ejemplo, que en el Reino Unido. No es raro encontrarte con ruinas, desniveles y antiguas minas: en ocasiones este libro explora esos lugares. Hay que tratarlos con respeto y con una buena dosis de sentido común. Ten siempre cuidado si vas allí, acepta que tienes que cuidar de ti mismo y de los demás miembros de tu grupo, si es el caso, y lleva contigo un teléfono móvil completamente cargado por si hubiese alguna emergencia (llamada al 112, por cierto). Dicho esto, hay mucho que ver, así que adelante.

Kevin Borman
Sorbas, diciembre de 2023

Almería, una etapa decisiva en la vida del autor

En 2004 Kevin Borman y su mujer, Troy Roberts, decidieron liarse la manta a la cabeza: dejaron tras de sí sus empleos, compraron una autocaravana y partieron en busca de un lugar tranquilo y cálido, lejos de los rigores del invierno británico. Renunciaron a todo lo que les ataba a aquella tierra: familia, amigos, trabajo... y se dirigieron al sur, como aves migratorias. Hablaban algo de francés y probaron en la campiña francesa, pero el frío extremo del invierno les resultó otra carga igual de dura que la que ya sufrían. Oyeron hablar del punto más cálido de Europa, situado al sureste de la península ibérica, en la provincia de Almería. No fue fácil establecerse allí: no hablaban español, no tenían amigos y la casa que adquirieron no tenía cimientos y necesitaba una buena cantidad de mejoras.

A pesar de las dificultades, encontraron tiempo para recorrer el entorno en el que vivían, explorando los parajes naturales cercanos como el Karst en Yesos y la rambla de Sorbas, el río Aguas o las impresionantes sierras de Alhamilla, Cabrera y Filabres. Nunca lamentaron la decisión que habían tomado. Muy al contrario, Kevin y Troy gozan hoy de la dulce vida cotidiana y con el paso del tiempo los que antes eran conocidos se han convertido en amigos. Paco les enseña cómo podar los olivos jóvenes; Carmen les dice: "¡Mis habas son más grandes que las vuestras!". Intercambian membrillos por morcillas y recogen algarrobas para el mulo de Juan, su vecino, que todavía se desplaza a sus bancales a lomos del animal.

En 2010 el autor decidió trasladar al papel las reflexiones del que camina, observa y anota. Tras varios años de investigación y toma de notas publicó un libro que no es una guía de viajes, sino una crónica personal de su visión y experiencias en la parte oriental de la provincia de Almería. Nació así *Flamingos In The Desert*.

Es constante la evocación de la naturaleza y de la vida tradicional, sencilla pero increíblemente dura. Nos hace sentir el aroma del tomillo, el reclamo de una curruca cabecinegra, la sensación de plenitud durmiendo al raso en un pico montañoso en una noche de luna llena. Y es que por encima de todo transmite su pasión a quien le escucha. También nos habla de la gente, de las personas que ha conocido, convencido de que un lugar son los amigos que se hacen en él.

Lo que más llama la atención al autor es la simbiosis que existe entre los lugareños y el entorno natural. Vemos un ejemplo al principio del libro, cuando nos describe la extracción de sal en el pueblo de La Almadraba de Monteleva. A muy pocos metros están las colonias de flamencos rosas y otras zancudas que utilizan los humedales para invernar o como paso en sus vuelos migratorios.

Kevin utiliza un lenguaje de fácil lectura, elegante y colorido. Hay momentos de gran lirismo junto con una buena dosis de humor británico. De su estilo, lo que más llama la atención es la nitidez con que representa, por medio de la escritura, sus sensaciones y el contenido de sus pensamientos.

La mayor parte del libro está escrito en base a sus detalladas notas tomadas a pie de campo o es fruto de sus lecturas y labor investigadora.

El libro, estructurado en treinta capítulos, se articula en torno a varios ejes. Los capítulos 1 a 7 se ocupan del largo recorrido que hace a pie en el entorno natural que va desde Retamar hasta Carboneras. Hace a continuación un paréntesis y vuelve la mirada hacia el interior, hacia los cerros escarpados de la Sierra Cabrera que ve desde su casa y a los que acude con frecuencia. Desde esos puntos se divisan La Rondeña, Gafarillos, Gacia Alto, Mizala, Peñas Negras o la Venta del Pobre. Nos hace soñar con caminos y paisajes, nombra cada planta (esparto, agave, alcaparra...), cada árbol (algarrobos, chumberas, olivos...), aves (abubillas, cuervos, zarapitos...), animales (cabras montesas, jabalíes, tortugas...).

A partir del capítulo 12 vuelve de nuevo a la costa para hablarnos de Las Salinas, las antiguas minas de oro de Rodalquilar, el Cortijo del Fraile o el jardín botánico de El Albardinal.

El Río de Aguas merece tres capítulos enteros: lo recorre desde el nacimiento a la desembocadura. Describe el cauce, con sus estrechamientos entre paredes verticales y sus numerosas formaciones de cristales de

12

yesos típicos de la zona. Aquí encontramos un verdadero oasis en el desierto de Almería: Los Molinos del Río de Aguas con su Pita-Escuela. Se trata de un ejemplo de vida sostenible, un ecosistema único en el mundo, libre de conexiones a la red de agua y luz. Es el mismo entorno el que abastece a los hombres y mujeres que habitan en él. Del río viene el agua, de la tierra los alimentos y del sol la energía.

El rico y extenso patrimonio almeriense, sus tradiciones, sus costumbres y por supuesto sus gentes, van apareciendo a lo largo del libro. Nos topamos con las ruinas tristes de las aldeas abandonadas como Marchalico-Viñicas, las eras viejas con sus trillos, las antiguas almazaras, las cañadas reales, los palomares, la vieja línea del ferrocarril del mineral de hierro que va desde Lucainena a Agua Amarga. Es posible aún ver todo esto a lo largo de la geografía almeriense. El autor quiere ser guardián de nuestras señas de identidad, que ahora también son las suyas.

Flamingos invita a reflexionar sobre la conservación de nuestro patrimonio. Tenemos la obligación de legarlo a las generaciones futuras, respetando el trabajo y el esfuerzo de sus creadores, manteniendo su legado para disfrute y conocimiento de todos.

Kevin no quiere repetir en España su vida de Inglaterra, como tantos compatriotas británicos hacen y han hecho en los lugares más remotos. Él quiere empezar aquí una existencia completamente diferente. Con gran esfuerzo su mujer y él cuidan un huerto lleno de color del que recogen acelgas, guisantes y berenjenas.

Recomiendo mucho esta lectura. Posee una mirada enormemente atenta, buen gusto, un sentido del humor delicioso y describe con precisión los sucesos que le ocurren y las cosas que ve.

El autor ha podido ligar sus dos pasiones: el medio ambiente y la escritura. Conoce las plantas, las aves, los animales, el clima, y de todo ello nos da buena cuenta. Su columna periódica *Walking World*, en la revista *High*, le llevó en 2003 a ser galardonado por parte de la Asociación de Escritores de la Naturaleza con el premio a la excelencia.

Antonio David Berbel García
Almería, diciembre de 2023

13

Índice

I / Costeando: Las llanuras

Caminar es atesorar

Refranero español

La atalaya de Torre García.

MAPA A - ALMERÍA ORIENTAL

SIMBOLOGÍA
- LÍNEA COSTERA
- FRONTERA PROVINCIAL
- MONTAÑAS

GRANADA

Sierra de María

Sierra de Las Estancias

MURCIA

Albox

Huércal Overa

Sierra Almagrera

Macael

Zurgena

Sierra de Almagro

Vera

Palomares

Sierra de Los Filabres

Lubrín

Los Gallardos

Garrucha

Uleila del Campo

Sorbas

Mojácar

Sierra Cabrera

Tabernas

Lucainena de las Torres

Carboneras

Sierra Alhamilla

Tabernas

Campohermoso

Agua Amarga

Almería

San Miguel

Sierra de Cabo de Gata

MAR MEDITERRÁNEO

Las Salinas

Cabo de Gata

0   10   20
Km

La Virgen del Mar

Parece oportuno empezar con un paseo para tomar aire fresco, y ¿qué mejor que un parque natural y la costa, todo en uno? Una ruta de senderismo de largo recorrido, la GR 92, discurre por el litoral de la provincia de Almería, aunque una carretera te da la posibilidad de ver gran parte de él yendo en coche. La idea de hacer a pie si no todo el litoral almeriense al menos la costa del Parque Natural Cabo de Gata-Níjar llevaba tiempo rondándome. Sin embargo, déjame decirte que si un paseo de cuatro días y siete capítulos por la costa no es la forma en que deseas comenzar este libro, por favor, pásate al capítulo 8 y vuelve a la costa más tarde.

El límite occidental del Parque Natural se encuentra inmediatamente al sureste de Retamar, una gran urbanización moderna no muy lejos de la ciudad de Almería. Aparte de la playa, no se perciben claramente otros aspectos que pueda valorar. Pido disculpas a los residentes a los que les gusta su ambiente, soy consciente de que sus atractivos son demasiado sutiles para que yo los aprecie.

Empecé a caminar, pues, por los límites de Retamar. Visto desde un contexto amplio, la línea actual de la costa aquí es reciente. En un abrir y cerrar de ojos geológico, hace cinco millones de años, la costa se extendía mucho más hacia el interior: Retamar y toda la ciudad de Almería y su aeropuerto estarían a muchos metros de profundidad en aquella época.

Los primeros quince kilómetros de caminata desde Retamar siguen la playa hasta llegar a los acantilados donde la Sierra de Cabo de Gata se inclina hacia el mar. Aunque se trata de una única playa, tiene siete nombres diferentes. En esos quince kilómetros, aunque todo es llano, hay una asombrosa variedad de elementos naturales. A la derecha se encuentra el Golfo de Almería y, a la izquierda, lo que discretamente podría considerarse tierra virgen. El mapa que mejor muestra todo esto es el elaborado a escala 1:45.000 por la Consejería de Medio Ambiente de la Junta de Andalucía. Sus símbolos muestran el matorral, los arenales, las dunas y mucho más, pero solo sobre el terreno se aprecia la variedad de detalles, el fondo natural y la huella del hombre.

Otro mapa muy bueno de la misma zona es el del Parque Natural Cabo de Gata-Níjar a escala 1:50.000 de la editorial Alpina. Dicho esto, es perfectamente posible explorar la costa sin mapa; simplemente hay que salir y mantener el mar a la derecha, suponiendo que se va en mi misma dirección. Pero, al menos para mí, tener un mapa mejora la experiencia.

Fue a finales de un mes de enero, tras un aplazamiento de dos días debido a las lluvias torrenciales, cuando me eché al hombro una mochila de diez kilos en una luminosa mañana de jueves y me puse en marcha desde el punto en el que unas cuantas barquitas se encuentran volcadas sobre la oscura arena del paseo marítimo de Retamar.

No estamos en una zona salvaje. Una amplia pista sin asfaltar se despliega más o menos paralela a la orilla. Está delimitada por postes de madera, más allá de los cuales hay avisos que advierten de que está «Prohibida la circulación de vehículos a motor no autorizados» en un intento de proteger las dunas. En esta zona están formadas por una mezcla de gravilla, guijarros y arena, con algo de arbusto bajo en tonos grises y marrones. A continuación se alza una ermita de color amarillo pálido, de forma circular, con ocho pilares en forma de contrafuerte y una cúpula blanca. Este edificio se construyó en 1951 para albergar una imagen de la Virgen, y es el punto de destino de la romería anual de Torregarcía, que se celebra el primer domingo de enero. Cerca de allí, un edificio rectangular de color crema con seis ojos de buey en uno de sus lados y un agujero abierto gratuitamente en la pared en uno de sus extremos resulta ser un bloque de aseos, que ahora necesita algo de atención. Otro edificio, más grande y en mejor estado, tiene el aspecto de un residencial. Pudo ser una base de la Real y Militar Hermandad de Nuestra Señora del Mar, la encargada de organizar la peregrinación.

En diciembre de 1502, Andrés Jaén, pescador y farero, descubrió una estatua que la marea había arrastrado hasta la playa. Tallada en madera de nogal, en estilo gótico catalán, parecía proceder de un naufragio. En algún momento la imagen fue llevada a la iglesia de Santo Domingo de Almería y en 1806, con el nombre de Virgen del Mar, se convirtió en la patrona de la ciudad. La romería de enero, en la que participan miles de almerienses que llegan en las primeras horas del día, supone el colofón de las celebraciones navideñas y es una mezcla de devoción y diversión. Un lugar desierto durante la mayor parte del año se convierte, tras una misa solemne para los peregrinos, en un escenario de bailes y cantos y de reparto de comida y bebida hasta que, al anochecer, la imagen de la Virgen del Mar es llevada de vuelta a Santo Domingo, en el mismo centro de Almería. El gentío se dispersa; los alrededores de la ermita quedan en silencio un año más. La amplia pista asfaltada que conduce hasta aquí, con sus enormes zonas de aparcamiento, parece que aumenta una vez que la multitud se ha ido.

Cerca de la ermita abovedada, aunque mucho más antigua, se encuentra la Torre García. Es una estructura vigía que forma parte de una red de atalayas centenarias. Parece que no se ha registrado una fecha precisa de su origen, pero se menciona a Torre García a principios del siglo XVI, poco después de la expulsión de los moriscos. Cuando el peligro amenazaba desde el mar los vigías de las torres se comunicaban haciendo señales con fuego y humo. El terror lo provocaban los bereberes como Al-Dogali y El Joraique, piratas como Gálvez y, más tarde, los barcos de guerra de Inglaterra y los Países Bajos. Eran diez las torres que protegían la costa de lo que hoy en día es el Parque Natural.

Las torres, construidas en mampostería con un diseño cilíndrico estándar, ligeramente cónico, presentan la sección inferior maciza y un único acceso constituido por una entrada a dos tercios de la altura, una distancia que estimé era de unos siete metros. Una escalera de hierro, fijada a la pared y protegida por una jaula cilíndrica de hierro, parece ser la forma de acceso más reciente, pero incluso ésta sólo comienza a tres metros del suelo. Da la sensación de que tal vez trajeron su propia escalera y la subieron a la fortaleza detrás de ellos.

El apogeo de las torres de vigilancia se produjo a mediados del siglo XVIII, cuando Carlos III promulgó el Reglamento para la Defensa de la Costa. La Torre García fue reconstruida en esta época. A finales de los años 80 fue restaurada, pero aún conserva una placa de los años 40 que relata los detalles del hallazgo de la estatua de la Virgen del Mar. Las viejas torres como esta siguen siendo parte viva del ecosistema local: un día de primavera observamos a una pareja de abubillas con un nido en lo alto de un resquicio de la mampostería. Con su vuelo corto parecen enormes mariposas en busca de alimento para sus crías.

Las guarniciones asignadas a estas torres, presumiblemente sólo un par de hombres, debieron de tener una existencia sombría y tediosa, con muchísimas carencias. La entrada daba a la sala principal, de tres metros de diámetro como máximo y con un par de ventanas alargadas. Encima se situaba la plataforma de señales con un parapeto bajo. Debajo de la sala principal había un pequeño almacén, al que muy probablemente se accedía a través de una escotilla en el suelo de la sala principal, ya que no había otra forma de entrar en él. Por debajo del almacén, todo el tercio inferior de la torre era, y es, de mampostería sólida. ¿Qué hacían los vigías todo el día? Uno, al menos, miraba hacia el mar, sin duda, atisbando corsarios. Y quizás el otro hacía lo mismo en el turno de noche.

A un centenar de metros de la torre, y a menor distancia de las olas, una serie de muros de mampostería y cercados que no llegan a la altura de un metro marcan el emplazamiento de una fábrica romana de salazón de pescado que data del siglo I d. C. Los antiguos romanos tenían especial predilección por el *garum*, una salsa elaborada con pescado que se producía precisamente en este lugar. El tosco y ruinoso revestimiento de cemento de algunos de los muros parece un torpe intento de conservación del siglo XX, y la cadena que rodea el lugar, aunque sea comprensible su existencia, tampoco contribuye a realzar el carácter evocador del lugar. Mientras tomo notas al menos sirve de percha para un colirrojo tizón.

Playas antiguas

El GR 92 discurre a lo largo de este lugar. Se extiende desde un extremo al otro del Parque Natural por la costa. Superpuesto a este recorrido hay varios senderos más cortos que utilizan la misma ruta. Unos paneles van marcando el camino. El que veo ahora dice: "Sendero El Pocico-Las Marinas. 6,5 km. 3 horas. Dificultad: Baja". Es un camino llano justo desde la playa. Pero los paneles informativos no establecen ninguna conexión con el resto de la larga red que abarca toda la España mediterránea por la costa. Ojalá que las administraciones se pusiesen de acuerdo y unificasen criterios.

El sendero pronto se adentra en un amplio cauce seco conocido como la Rambla de las Amoladeras (¿podría "amoladera" significar el cauce de las piedras de moler? No estoy seguro y me gustaría que alguien me lo dijese). Cuando lo crucé un par de días después de las lluvias torrenciales, había charcos entre la arena gris y un montón de escombros: cañas rotas, botellas de plástico, un mantillo vegetal que nada tiene de especial y ramas rotas que demostraban la altura de las recientes inundaciones. Un poco hacia el interior de la rambla, una esbelta torre de piedra señala el emplazamiento de un pozo que también se cree que data de la época romana.

Una rambla es un curso de agua normalmente seco. En el sureste de España están por todas partes. Las carreteras las cruzan y en muchos lugares la gente las utiliza y, sin asfaltar por supuesto, transitan por ellas. Si el acceso a tu casa pasa por una rambla tienes que aceptar que durante esos pocos días al año en los que se abre el cielo, el cauce se llenará y no podrás salir. Poco después de comprar una casa aquí leí un artículo en el periódico sobre un residente alemán que quedó atrapado dentro de su coche en una rambla tras una lluvia intensa. Sin darse cuenta del peligro hasta que fue demasiado tarde, el coche y él fueron arrastrados al mar. La riada bajó aullando por el cauce del río y el hombre desapareció. Triste pero cierto. Esto es un semidesierto; cuando llueve, a veces simplemente llovizna, pero también puede hacerlo con fuerza y en cualquier momento las ramblas se llenan repentina y peligrosamente.

A no ser que seas geólogo y observador, no te das cuenta de que la zona de la Rambla de las Amoladeras cuenta con las clásicas playas fósiles del Cuaternario. Durante este período, que comenzó hace casi dos millones de años, los repetidos cambios climáticos hicieron que los casquetes polares crecieran y disminuyeran, absorbiendo y liberando agua del mar, de modo que el nivel de los océanos varió hasta ciento treinta metros. La datación con uranio-torio ha dado edades de doscientos cincuenta mil, ciento ochenta mil, ciento veintiocho mil y noventa y cinco mil años a los cuatro niveles de playa sucesivos en la desembocadura de la Rambla de las Amoladeras. Los tres últimos niveles de playa contienen fósiles de *Strombus bubonius*, un molusco marino que aún vive en las costas tropicales modernas, como el Golfo de Guinea, lo que indica que las condiciones tropicales llegaron en ocasiones hasta el norte del Cabo de Gata.

Especialistas de la estepa

Más allá de Las Amoladeras, tierra adentro, encontramos una maraña vellosa de espigas sobre palos bordeados de ramas cortas. Se trata de las espigas florales del sisal, un tipo de agave que se plantó y explotó en el pasado a fin de obtener fibras para hacer cuerdas y arpilleras y que se adaptó muy bien a las condiciones cuando fue introducida en la zona.

El camino se vuelve pedregoso y continúa hasta la cordillera del Cabo de Gata, donde las montañas caen bruscamente hacia el mar, un poco menos plateado ahora, una vez que el sol se ha desplazado hacia el sur. El paseo es fácil. En algún lugar una zancuda que no puedo identificar emite una nota lúgubre. Un viejo búnker de hormigón, casi oculto por las hierbas enjutas, asoma discretamente desde la arena. Las alondras se acicalan y posan, aparentemente sin preocuparse por mi presencia.

La vegetación de estas estepas costeras merece ser investigada. Por ejemplo, hay un matorral corriente, con ramas blanquecinas en zigzag y una espina en cada cambio de ángulo de la rama. Por lo que he podido averiguar se trata de *Ziziphus lotus*, un arbusto cuyo nombre inglés es *jujube*. En castellano se llama azufaifo. Antes de conocer su nombre co-

28

rrecto lo llamábamos la planta del alambre de púas. La adaptación particular que le permite sobrevivir en condiciones de aridez son sus largas raíces, que pueden encontrar agua en las profundidades del suelo.

Otras plantas son efímeras. La azucena de mar aparece después de las lluvias, produciendo grandes y perfumadas flores blancas, para luego desaparecer en tiempos de sequía. El lentisco, un arbusto o pequeño árbol de hoja perenne, prefiere una forma achaparrada y hojas coriáceas para minimizar la evaporación. Se encuentra por todas partes, despide un olor desagradable y su corteza es la fuente de la goma o resina almáciga. Otra adaptación al medio es la empleada por *Phlomis purpurea*, que posee atractivas flores de color pastel pálido. Tiene las hojas cubiertas de pelos para limitar la pérdida de agua. Los tallos nuevos están cubiertos de pelusa blanca con el mismo fin.

Desde aquí, el paisaje estepario se extiende más allá del Centro de Visitantes de Las Amoladeras hasta el aerofaro, que se asienta en una colina baja a sólo setenta metros sobre el nivel del mar. Las aves especializadas de este entorno estepario pueden verse, aunque normalmente sólo por los afortunados. Quizá el mayor premio para los observadores de aves aquí, y todavía no he visto ninguna, sea la alondra de Dupont. En *Bird* se nos dice de ella «...es una alondra extraña y esquiva, que se encuentra en zonas bastante aisladas de España y el norte de África, sobre todo en lugares secos y muy calurosos en verano». *Birds of Iberia* añade: «La alondra de Dupont es posiblemente la más olvidada de todas las aves reproductoras españolas», y continúa diciendo: «Es un ave extremadamente difícil de observar, ya que las aves al sentirse molestadas huyen del intruso buscando refugio».

En *Espacios Naturales Almerienses*, José Manuel Miralles, como parte de la narración de un paseo por la zona esteparia, dice lo siguiente: "En un momento dado oímos un pájaro. Miramos alrededor y ni rastro. ¡Un momento, ahí, ahí! Fue sólo un segundo, pero bastó. Era la alondra de Dupont, la pequeña joya de las estepas de tomillo, más fácil de oír que de ver y que, por su rareza, estudiaremos el año que viene". Jesús Contreras, que se gana la vida mostrando a la gente la fauna de la provincia de Almería, me dijo que ni siquiera él ha visto nunca una alondra de Dupont, aunque sabe cuándo se puede escuchar su canto: en el mes de marzo entre las siete y las ocho de la mañana.

Otros pájaros especializados de la estepa son la ortega y el sisón (nunca los he avistado) y el alcaraván (este sí). Posee un nombre evocador y es otro personaje aviar peculiar. Uno de sus antiguos nombres en inglés es *goggle-eyed plover*, en referencia a sus grandes ojos amarillos. Aunque es un ave de gran tamaño, su coloración críptica resulta ser un magnífico camuflaje en sus habituales posiciones de pie o agachado en el suelo. Solo cuando echa a volar y despliega sus alas blancas y negras se aprecian bien sus colores.

Lawrence de Arabia

A estas alturas la Playa de Torre García queda atrás. Su continuación es la Playa de las Amoladeras. En este tramo de playa se rodó la escena más espectacular del clásico de David Lean, *Lawrence de Arabia*. Para la escena en la que un tren de once vagones y una locomotora salta por los aires se colocaron dos kilómetros y medio de vía férrea, preparada previamente por sesenta obreros. El productor adquirió dos trenes completos que ya no necesitaba RENFE. El maquinista puso la locomotora a toda velocidad y saltó segundos antes de la explosión.

Además de en las playas del Cabo de Gata, se rodaron también escenas en el Parque de José Antonio (ahora llamado Parque Nicolás Salmerón) en la ciudad de Almería, en Carboneras y en la Rambla El Cautivo, cerca de Tabernas. Otras localizaciones fuera de España fueron Jordania, Marruecos y la catedral de San Pablo, en Londres, donde está enterrado T. E. Lawrence. El rodaje de las partes españolas de la producción tuvo lugar entre el 21 de marzo y el 7 de julio de 1962, con un presupuesto de cuarenta millones de pesetas. La película ganó siete Oscars, entre ellos el de mejor película y mejor director.

A tres kilómetros de la Rambla de las Amoladeras y justo antes de la Rambla Morales hay un hueco en la barrera de madera por el que puedes acceder a la zona conocida como las Dunas de Las Marinas-Mazarrulleque. Las dunas en cuestión son barjanes o medias lunas semicirculares (se escribe *barchan* o *barjan*, como más te guste: la palabra es del Turquestán). El viento, en este caso del oeste, recoge la arena de la playa y transporta las partículas hacia el interior, justo por encima del nivel del suelo. Cuando chocan con un obstáculo, como una planta, el viaje de las partículas se detiene y comienza a formarse una duna. Si el obstáculo es alto y la arena no lo desborda la duna queda fijada. Pero si la duna supera el obstáculo, el resultado final es una duna móvil.

Los barjanes de Las Marinas están dispuestos transversalmente a la dirección del viento. A ambos lados la duna se alarga en «cuernos», que se crean porque la velocidad del viento es mayor en los lados que en el centro de la duna, de ahí la forma de media luna. Las partículas de arena son arrastradas por el viento hacia la parte convexa de barlovento de la duna (la cara expuesta al viento) y ruedan por la parte cóncava de sotavento (la cara protegida del viento). De este modo, el barján migra gradualmente hacia el interior. A medida que la migración avanza se forman líneas continuas de dunas llamadas dunas parabólicas. Estas dunas empezaron a enterrar el pequeño asentamiento de La Mazarrulleque, a un kilómetro y medio tierra adentro. Luego, en los años 70 y 80, antes de la declaración de parque natural en 1987, las cuatro grandes líneas de dunas existentes fueron destruidas por la extracción de arena que se utilizó para mejorar el suelo en el floreciente cultivo intensivo de hortalizas tempranas. Una foto en un panel informativo de Las Marinas recoge el resultado de este vandalismo medioambiental con el conmovedor pie de foto: «Antiguos cordones de dunas parabólicas (1984), hoy desaparecidos».

MAPA B – RETAMAR A LAS NEGRAS

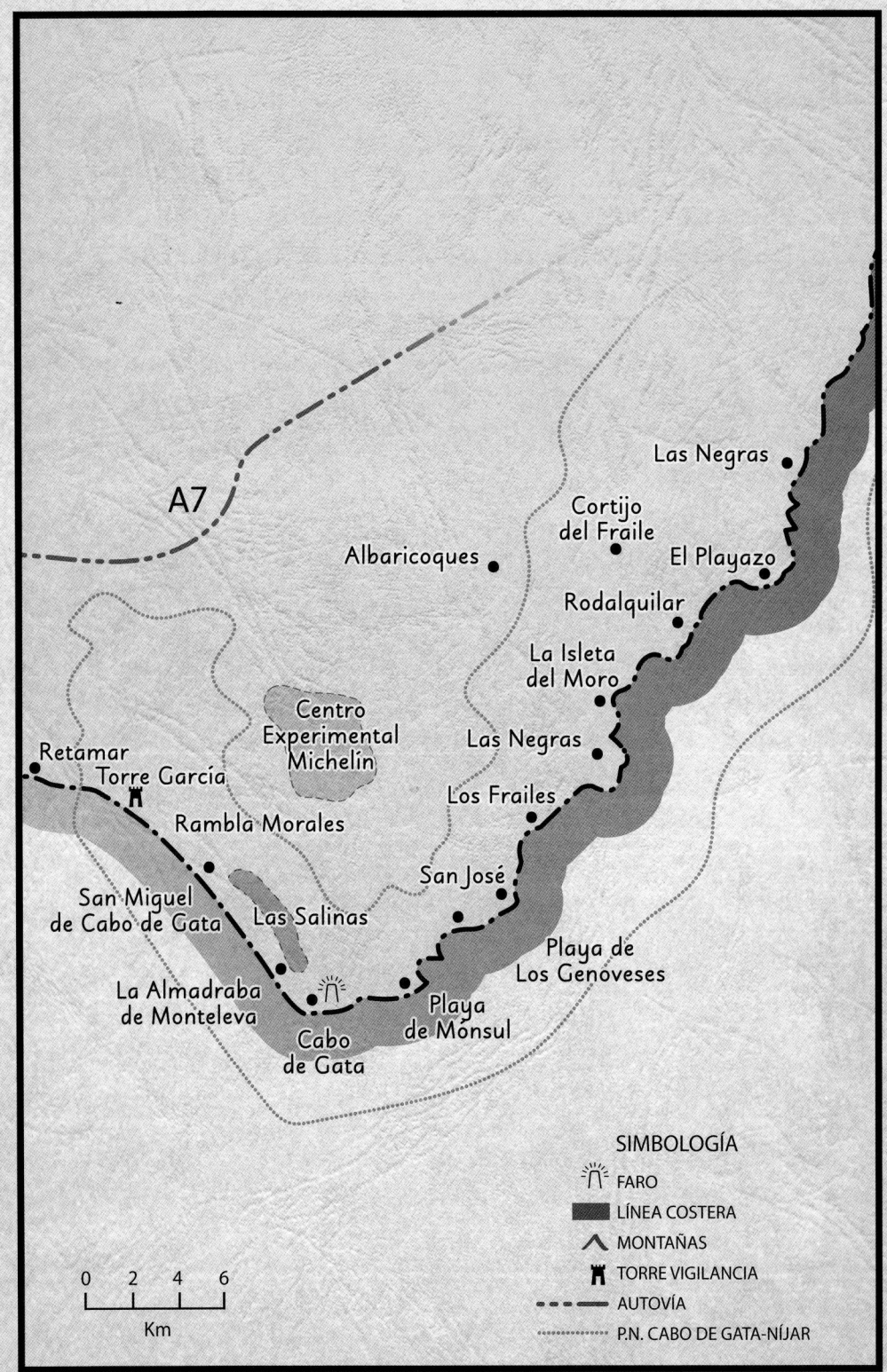

SIMBOLOGÍA

- FARO
- LÍNEA COSTERA
- MONTAÑAS
- TORRE VIGILANCIA
- AUTOVÍA
- P.N. CABO DE GATA-NÍJAR

0 2 4 6 Km

II / Costeando: Tortugas y sal

Cuanto más camino y duermo bajo las estrellas, más rápido llego a la conclusión de que un hombre que no pasa suficiente tiempo pensando en lo preciosa y a la vez misteriosa que es la vida, no adquiere sabiduría.

Walking The Trail
Jerry Ellis

Barcos de pesca en San Miguel de Cabo de Gata.

Reintroduciendo las tortugas bobas

La Playa de las Amoladeras también está teniendo un papel importante actualmente. Como parte de un programa de reintroducción de esta especie se liberaron aquí ochenta tortugas bobas de un año de edad en julio de 2010. Cuando alcanzan la edad adulta son las mayores de todas las tortugas de caparazón duro. Suelen medir hasta un metro de largo y su caparazón tiene una cresta central con cinco placas a cada lado. Su cabeza tiene un diseño segmentado, parecido al de una jirafa. Son criaturas impresionantes, aunque rara vez se ven porque, salvo cuando se reproducen, permanecen en el mar.

Los huevos para el proyecto actual proceden de Cabo Verde (las Islas de Cabo Verde, en el Océano Atlántico, frente a la costa de Senegal). La iniciativa se gestó en 2004, y los primeros huevos llegaron de Cabo Verde en 2006. Desde entonces hasta 2010 se trasladaron a Andalucía aproximadamente mil trescientos huevos, de los cuales setecientos fueron a las playas del Parque Natural Cabo de Gata-Níjar y seiscientos a las incubadoras de la Estación Biológica de Doñana. Otras muchas tortugas nacidas durante el proyecto han sido liberadas en varias playas de la costa mediterránea. Cuando los huevos eclosionan en las playas, las crías se recogen y se llevan al Centro de Gestión del Medio Marino de Algeciras, donde se alimentan antes de ser devueltas con un año de edad a las playas donde nacieron. Las crías tan sólo miden cuatro centímetros y medio al nacer y pesan veinte gramos, por lo que son muy vulnerables a los depredadores (las gaviotas, por ejemplo). Si se protege a las crías durante un año pueden alcanzar un tamaño adecuado y sus caparazones pueden endurecerse, lo que les proporciona una mayor tasa de supervivencia frente a las amenazas de sus depredadores naturales.

El objetivo a largo plazo es que, cuando alcancen la madurez sexual a los quince o veinte años, las tortugas vuelvan a reproducirse en las playas donde nacieron y restablezcan una población estable. En ese momento, si todo va bien, las hembras llegarán a la playa al amparo de la oscuridad para escarbar en la arena y poner nidadas de cien huevos por término medio. Solo será posible evaluar el éxito de este proyecto dentro de muchos años.

El plan de reintroducción está plagado de incertidumbres. Factores como el aumento de las temperaturas, tanto en el aire como en el mar, y la subida del nivel del mar amenazan las playas de cría. Y, esencialmente, el sexo de las tortugas bobas depende de la temperatura de incubación de los huevos, que a su vez está condicionado por la temperatura de la arena circundante. Los que se mantienen a una temperatura constante de veintiocho grados se convierten en machos; a treinta y dos se convierten en hembras, y únicamente a treinta grados constantes habrá un equilibrio entre los sexos.

En 2010 se liberaron un total de trescientas ochenta y seis tortugas jóvenes en la Playa de las Amoladeras y llegaron más huevos: otros quinientos procedentes de nuevo de Cabo Verde, de los cuales cuatrocientos se destinaron al Parque Natural Cabo de Gata-Níjar y cien a la Estación Biológica de Doñana. En el verano de 2011 se echaron al mar otras doscientas setenta y seis tortuguitas. Así que es de esperar que estemos dando los primeros pasos para que estas misteriosas criaturas utilicen las playas de Cabo de Gata para recuperar una población sostenible. Entre las presas de las tortugas bobas, especialmente cuando migran en mar abierto, están las medusas. El 30 de abril de 2009 el *Diario de Almería* informaba de un aumento en los últimos años de la incidencia de la carabela portuguesa. Su picadura puede ser mortal y es ciertamente mucho peor que la de las medusas que se encuentran normalmente en la costa. Se cree que el aumento del número de estas medusas se debe al cambio climático, ya que el agua del mar se está calentando gradualmente. Otro factor que se ha sugerido es que el clima más seco está permitiendo que las aguas del mar abierto se mezclen más fácilmente con las aguas más cercanas a la costa, presumiblemente porque los ríos están vertiendo menos agua dulce. Por lo tanto, una posible consecuencia del plan de reintroducción de tortugas, desde la perspectiva de los bañistas de las playas de Cabo de Gata, puede ser la reducción del riesgo de picaduras de medusas.

La saga de la malvasía cabeciblanca

Mientras seguimos la ruta a lo largo de la costa, en el mapa se puede observar la delgada línea azul que recorre la Rambla Morales y que se ensancha en un lago en forma de embudo conocido como El Charco, justo detrás de la playa. Troy y yo conocimos este lugar por casualidad cuando una tarde en la que nos alojábamos en el Camping Cabo de Gata llegamos hasta allí dando un paseo. Encontramos una joya de humedal con altos juncos, arbustos, aguas abiertas y bordes fangosos: un rico mosaico que sirve de hábitat para las aves.

Aquella tarde la espesa vegetación albergaba un buen número de malvasías cabeciblancas. Hemos vuelto muchas veces desde entonces y casi siempre vemos esta peculiar especie. Un ornitólogo español que conoce el lugar me ha dicho que a las malvasías cabeciblancas les gustan las condiciones eutróficas, es decir, aquellas en las que el agua es muy rica en nutrientes orgánicos. Estas condiciones se dan en Rambla Morales cuando hay grandes cantidades de aguas residuales procedentes del pueblo cercano de San Miguel de Cabo de Gata, donde previamente son tratadas. En verano, cuando hay más gente en la costa, las aguas residuales aumentan. En cambio, una vez que llueve con fuerza en otoño-invierno el agua de El Charco está más «limpia» y hay menos posibilidades de ver a los patos.

La malvasía posee un pico abultado de color azul celeste, cabeza blanca, cuerpo marrón y cola negra erecta. Sin duda, es un símbolo del éxito de la conservación española. No obstante, en 1977 la población de malvasía cabeciblanca en España tras la sobrecaza y la pérdida de hábitat se redujo a veintidós individuos. Entonces, a finales de la década de los 80, la malvasía canela, de aspecto similar, y pariente cercano de la malvasía cabeciblanca, comenzó a aparecer en España y empezó la convivencia. El origen de esta especie invasora se debe al firme y rápido crecimiento de su población en el Reino Unido. En 1991 los agresivos machos de malvasía canela de España, conocidos como «patanes con plumas», empezaron a copular con las hembras de malvasía cabeciblanca, engendrando crías híbridas. Se temió entonces que las cabeciblancas puras fueran genéticamente engullidas y desaparecieran del mapa. Probablemente no ayudó a la imagen de la malvasía canela el hecho de que su pene sea la mitad de largo que su cuerpo y que abandonen a su pareja después del apareamiento.

En un intento de proteger a las malvasías puras en España, a finales de los noventa del pasado siglo los ecologistas mataron noventa y ocho malvasías canela y cincuenta y ocho híbridas. Entretanto, el foco de atención se trasladó al Reino Unido, el lugar de origen de la especie invasora. La historia es algo enrevesada: la malvasía canela fue introducida en Inglaterra en 1948 por Sir Peter Scott, que llevó tres parejas desde Norteamérica a la reserva de vida silvestre y humedales WWT Slimbridge (Wildfowl and Wetlands Trust). Pronto hubo fugas, llegando a establecerse una población asilvestrada. En el año 2000 la población británica era de unas cinco mil aves.

Inicialmente el Reino Unido gastó ochocientas mil libras esterlinas para evaluar la viabilidad de la eliminación de toda la población de malvasía canela en su territorio. En el marco de un plan piloto, en 2002 se habían abatido un total de dos mil quinientos ejemplares. La cuestión fue objeto de una intensa controversia sobre la ética de la introducción de especies exóticas y de la «limpieza étnica», pero en julio de 2002 se dio luz verde al sacrificio de toda la población de malvasía canela del Reino Unido. A principios de 2011 se habían sacrificado seis mil doscientos ejemplares en el Reino Unido con un coste de cuatro millones y medio de libras, unas setecientas cuarenta libras por ave. Sólo quedaban ciento veinte, y la política era perseguirlos hasta no dejar uno. Quienes se oponen al plan, como Lee Evans, fundador de la Asociación Británica de Observación de Aves, siguen sugiriendo que este costoso plan no tiene sentido, dado que otros países europeos, entre ellos Francia, no sacrifican sus poblaciones de malvasía canela.

Ahora, aunque su situación mundial sigue siendo preocupante, la población española de malvasía cabeciblanca supera los cuatro mil quinientos ejemplares; lo sucedido es una «buena noticia», siempre y cuando no seas una malvasía canela británica. En conclusión, en estos momentos las malvasías cabeciblancas y muchas otras especies pueden verse casi siempre flotando dentro y fuera de los juncos que bordean el charco de la Rambla Morales.

Una tarde de octubre de cielo plomizo, tras una racha de fuerte viento y lluvia intensa, volvimos tomando el camino arenoso que lleva al lado sureste del charco. El nivel del agua había bajado mucho y apenas vimos aves. Incluso antes de llegar a la playa comprobamos que se había roto la habitual barrera de arena natural que mantiene la profundidad adecuada de agua en el charco y que permite que la mayor parte de su contenido drene hacia el mar. Me sentí angustiado por el destino de este lugar privilegiado para la fauna y la flora, e inmediatamente pensé en acudir a las autoridades del parque natural para saber si conocían el desastre y si tenían intención de hacer algo al respecto.

Volviendo nos encontramos con un español que salía de los juncos con una cámara. Le expresé mi conmoción por la rotura de la barrera de arena. Sin alterarse, me dio a entender que en unos cuatro meses se habría vuelto a formar y que el nivel del agua se repondría gradualmente con la lluvia. Sólo entonces me di cuenta de que se trataba de un ciclo natural. Los geomorfólogos denominan «fase de alta energía» a los momentos en que la playa se abre, y «fase de baja energía» a los períodos mucho más largos en los que la charca queda sellada en su extremo marino; la «energía» se refiere al potencial erosivo del agua que baja por la rambla. Como en la mayoría de las disciplinas especializadas, el lenguaje técnico es una manera formal de decir algo muy sencillo: mucha agua equivale a gran cantidad de energía y poca agua a casi ninguna, pero eso no suena muy científico.

En mi salida de enero, mochila al hombro, la charca sigue evacuando al mar y tengo que sortear las fugas de agua si quiero mantener los pies secos (seis semanas más tarde, a mediados de marzo, volví a la Rambla Morales, la brecha se había cerrado y el agua de la charca estaba más alta que nunca).

En la Playa del Charco —han vuelto a cambiar el nombre— observo las suaves olas bañando de colores brillantes los guijarros. Y qué colores: amarillo, rojo, ocre, gris, blanco... Todos, da la impresión, menos el verde. Las conchas de berberechos se encuentran aquí en una variedad asombrosa: pequeñas y anaranjadas, grandes y púrpuras, con crestas, con bandas, maravillosas. Al tiempo que la arena resta fuerza a mis pies, veo un pueblo y a unos diez metros de altura un animado charrán pasa chillando y me mira. La brisa procedente del interior se levanta a medida que la tierra se calienta, elevándose y dejando un vacío que se llenará con el aire aspirado desde el mar más frío.

San Miguel de Cabo de Gata es un pueblo que conviene tener en cuenta, de edificios bajos, tranquilo la mayor parte del año, pero siempre capaz de ofrecer sustento al viajero; en mi caso, un delicioso menú del día de diez euros (precio fijo) en un bar del paseo marítimo. Mientras como, dos lanchas de casco rojo, probablemente barcos guardacostas, patrullan la zona. Previendo una noche en la que tendré que arreglármelas solo, me aprovisiono de pan, queso, chorizo y zumo en una tienda cercana y sigo en dirección sureste.

A las afueras del pueblo la menguada flota pesquera está recogida más allá de la línea de pleamar. Tres pescadores se afanan entre cuerdas, boyas, barquillas, flotadores, maderos, redes, cabrestantes y casetas. Muy cerca hay una torre dentro de un recinto amurallado cuadrado. Un cartel anuncia «Guardia Civil» y «Torreón de Cabo de Gata». La guardia civil ya no está allí: ahora tiene un cuartel moderno en el pueblo.

La torre propiamente dicha fue construida en 1756 durante el reinado de Fernando VI. Estaba defendida por dos cañones de pequeño calibre y contaba con dependencias para la tropa, un polvorín y una escalera de piedra que conducía a un puente levadizo. El muro de adobe que lo rodea no se levantó hasta la década de los 80. Como en tantos otros lugares de esta costa, una sensación de historia inacabada y la evidencia de la interacción entre habitantes y lugar, plasmada en los pescadores junto a la torre de vigilancia, enriquecen la experiencia de paso.

Sal y flamencos

A lo largo de varios kilómetros se extiende una playa fina pero expuesta, la Playa de Cabo de Gata. Durante la Semana Santa y el verano está muy concurrida, con coches aparcados a lo largo de las cunetas. El resto del año está prácticamente desierta. En el lado de la carretera que da al mar las dunas bajas con vegetación están protegidas por postes de madera. En el interior, más allá de las dunas con matorrales, se encuentran las salinas.

A cinco metros de mí el sol parece brillar a través de los cortos picos rojos de una pareja de pequeños pájaros posados sobre los postes de madera. Y sólo un pequeño pájaro de esta zona tiene el pico rojo, el camachuelo trompetero, otra especialidad local. El camachuelo trompetero es un vulgar PCM, «pequeña cosa marrón», nada del otro mundo si no fuera porque es un pájaro de los desiertos de Oriente Medio y África, y su único territorio europeo se encuentra en el sureste de España. Se estima en unas doscientas las parejas de camachuelos que han encontrado su hogar entre los barrancos secos, las laderas rocosas y las estepas áridas.

Entusiasmado por este encuentro fortuito, el segundo, aunque fugaz, avistamiento de esta especie, cruzo el camino de arena que lleva a la primera caseta con vistas a las lagunas saladas. Como sucede a veces, aparecen otros tesoros aviares en rápida sucesión: un gran pájaro con un llamativo diseño de alas que vuela hacia el oeste, un alcaraván; luego algo con una larga cola blanca y negra y un tinte rosado en su parte frontal, un alcaudón real; y un pequeño pájaro con un pecho descolorido anaranjado y un cuello con un toque más pálido, una hembra de tarabilla común.

Todo esto incluso antes de llegar al puesto de observación desde donde las formas rosadas distorsionadas se materializan en flamencos dormidos en equilibrio sobre una pata. Se trata de flamencos comunes, con una longitud de hasta un metro y medio y una envergadura de hasta un metro setenta. Una cuña de color rojo vivo que les sobresale por detrás resulta ser la pata levantada, en su mayor parte oculta, al igual que la cabeza, cuyo cuello se retuerce sinuoso hacia atrás mien-

40

tras descansan. Algunos están despiertos y se alimentan activamente, balanceándose con la cabeza en el agua. Echan la lengua hacia atrás para aspirar el agua, que contiene diminutos invertebrados como gambas de salmuera (*artemia salina*), larvas de díptero (*chironomidae*) y varias especies de *hydrobia*, un crustáceo muy pequeño. A continuación, la lengua se mueve hacia delante como un pistón para expulsar el agua y, al hacerlo, los diminutos organismos son filtrados por unas laminillas a modo de peines en las mandíbulas de las aves. Desde algún lugar de las aguas poco profundas llegan sus cantos, un bullicioso estruendo, cacofónico y estridente. El mayor placer es verlos en vuelo, con el cuello erguido y las patas arrastrándose con elegancia, y, en la época de cría, las alas son un estallido de negro y carmesí.

Las modernas salinas comerciales situadas entre San Miguel de Cabo de Gata y La Fabriquilla se encuentran en una albufera natural, un conjunto de lagunas litorales, es decir, una serie de charcones poco profundos detrás de una barrera de playa. El material es arrastrado hasta la costa a través de las ramblas que he cruzado antes y se desplaza, en este caso hacia el sureste, por el proceso de deriva litoral.

La deriva litoral es un proceso común y sencillo. Las olas llegan a la playa en un ángulo determinado, impulsadas por el viento predominante. Al hacerlo, el golpeo del agua que muere en la costa arrastra los granos de arena hacia la playa en ese mismo ángulo. A medida que el agua pierde ímpetu regresa a la playa en forma de resaca, arrastrando algunos de los granos de arena. Este segundo movimiento es perpendicular a la pendiente de la playa. Así, un número indeterminado de granos de arena habrá recorrido una pequeña distancia a lo largo de la playa. Este proceso se repite sin cesar, moviendo trillones de granos de arena uno o dos centímetros con cada ola, día y noche, mes tras mes. Este es el proceso que repara las brechas ocasionales que afectan al charco de Los Morales, como se ha descrito anteriormente.

La evaporación producida por el sol y el viento provoca la concentración natural de las sales en las lagunas poco profundas situadas detrás de la playa. Los fenicios, en el primer milenio a. C., fueron supuestamente los primeros en apreciar el potencial de esta situación y comenzaron a extraer la sal. Sin embargo, durante muchos siglos las salinas sólo se utilizaron de manera intermitente. En 1762 se describía la zona como «un pantano intransitable». Sin embargo, a principios del siglo XX, las salinas pasan a tener una viable situación comercial. Desde 1925 las salinas son explotadas por Unión Salinera de España, S.A. Esta empresa sigue produciendo sal común para fines industriales, así como bromo, bromuro y sulfato de magnesio, con una producción total en torno a las setenta mil toneladas al año.

Para garantizar a las trescientas hectáreas de humedales un suministro continuo y comercialmente viable de agua de mar, con una salinidad de treinta y seis gramos por litro, se conduce a través de un estrecho canal hasta una serie de lagunas poco profundas, cada una de ellas con un color ligeramente diferente, una gama de azules y grises pálidos y, finalmente, casi rosa, a medida que el agua se satura cada vez más de sal. Al final, a razón de unos trescientos o cuatrocientos gramos por litro, los cristales de sal precipitan y se extraen para ser almacenados en resplandecientes montículos.

La producción de sal sigue las estaciones. Las lagunas se llenan durante los primeros meses del año para afrontar las abrasadoras temperaturas del verano, que son las que aceleran el ritmo de evaporación. La recolección de la sal se realiza principalmente entre agosto y octubre.

Junto a las salinas, en el pueblo de Almadraba de Monteleva, existen pequeñas hileras de casas blancas y achaparradas que originalmente eran las casas de los salineros. A mediados del siglo XX, Juan Goytisolo, de visita en la zona, escribió: «Las casas son rectangulares, blancas, casi parecen búnkeres». Su comentario hace un flaco favor a esta arquitectura vernácula, en cierto modo atractiva y adecuada. Junto a las casas hay una iglesia en desuso, la de las Salinas, que data de 1907. Su alta torre forma una llamativa vertical frente a las pálidas horizontales de las lagunas. Durante varios años una gran valla publicitaria anunciaba que las obras de restauración de la iglesia eran inminentes, pero no ocurría nada. En 2011 la iglesia fue revestida de andamios y a lo largo de 2012 fue restaurada y ahora se celebran misas los fines de semana y festivos.

A pocos metros una playa de guijarros inclinada se extiende en ambas direcciones. Los restos de un muelle de mampostería se han desmoronado. Antiguamente unos raíles portátiles lo unían al almacén de las salinas. Una vez, buceando aquí, descubrí trozos de los antiguos raíles en el fondo del mar, justo al lado del muelle. La sal se traía aquí en vagones con tolva arrastrados por personas o animales y se volcaba en barcazas que la llevaban a barcos más grandes que esperaban a doscientos o trescientos metros de la costa, para su exportación. El muelle podía procesar setecientas toneladas de sal al día. Ahora, inevitablemente, toda la sal se lleva por carretera.

Al pasar, el lado de la carretera que da al mar está cerrado por una alta valla de eslabones, detrás de la cual los trabajadores están rellenando robustos encofrados de madera con materiales de playa. En un par de lugares se han hecho rampas de madera bien señaladas con recios pasamanos para permitir el acceso hasta la playa de los discapacitados. Es un ejemplo de la España moderna, integradora, aunque tristemente haya sido a costa de eliminar parte de las antiguas cabañas de los pescadores que otorgaban al lugar gran parte de su carácter.

También forman parte de la escena las embarcaciones volcadas y desvencijadas por el tiempo; los cabrestantes blancos y oxidados; los quioscos de helados cerrados con sus curvas de plástico rojo esperando el verano; y un pequeño hotel que espera algún cliente ocasional en enero. Es un lugar evocador, con cierto misterio y encanto, similar al de algunos lugares de los condados costeros del este de Inglaterra tales como Lincolnshire, el norte de Norfolk o Essex. En temporada baja da la impresión de ser un lugar recóndito, de grandes cielos y horizontes, el mar constantemente atravesado por los alcatraces en dirección oeste, gaviotas que giran y chillan y, a lo lejos, las formas nebulosas de enormes barcos que pasan como ciudades a la deriva. Sobre todo, lo que prevalece es la sensación de que este lugar es diferente, una desolación extrañamente agradable.

III / Costeando: Acantilados y calas

Todo viaje empieza cuando ya no nos espera ninguna almohada

Two Degrees West
Nicholas Crane

Asfódelos (varillas de San José) en la cumbre del Cerro del Barronal.

Hacia el faro

En este extremo sureste las lagunas tienen un aspecto rosado y salino. En la superficie se aprecia un borde costroso: son capas flotantes de halita oscura. Un poco más allá, donde las lagunas se estrechan y terminan, vemos La Fabriquilla. Es un lugar tranquilo y casi siempre que he ido allí ninguno de sus bares estaba abierto. En 2012 leí que la población permanente del pueblo es de sólo seis personas, por lo que no es de extrañar que, al menos fuera de temporada, haya allí pocas señales de vida.

La carretera actual se desvía hacia el interior justo antes del pueblo e inmediatamente comienza a subir por la ladera costera del Cerro de la Testa. La antigua carretera continúa recta entre las pocas casas blancas y el mar. Una placa indica que se trata de la Carretera Antigua del Faro. En la película *El viento y el león*, dirigida por John Milius y protagonizada por Sean Connery y Candice Bergen, se utilizó La Fabriquilla como pueblo de apariencia norteafricana. Era 1974.

Los peatones pueden tomar esta antigua carretera que atraviesa el pueblo. Es corta y nada más pasar las casas sube, bacheada y descuidada, para unirse a la nueva carretera. Abajo, la Playa de La Fabriquilla, la séptima y última de las playas que nos han acompañado todo el camino desde Retamar, desaparece desplazada por las laderas de la montaña. En este último tramo unas rocas voluminosas, de color canela y gris oscuro, se alzan por encima de la pista. Una señal advierte a los conductores de que la carretera se va a estrechar y llega a su fin. La vista hacia atrás es maravillosa: una delgada franja de tierra que alberga los pequeños asentamientos de La Fabriquilla y la Almadraba de Monteleva, entre el mar y los múltiples colores pastel de las salinas; más allá, la costa que se curva, el Golfo de Almería entre azul y plata y la lejana Sierra de Gádor insinuándose sobre una bruma que se desvanece.

Subiendo por la nueva carretera, estrecha y sinuosa, aparece el faro de Cabo de Gata. Unos metros más adelante veo dos hombres que acaban de despejar un desprendimiento de rocas, un trabajo habitual tras

45

las lluvias torrenciales. A mi saludo responden con un alegre: «¡Hola, amigo!». Unos metros más adelante me detengo para disfrutar de una vista más amplia y tengo la suerte de ver una collalba negra, un ave emblemática de estos parajes. De color negro excepto por una grupa blanca que sirve de contraste, es especialista en rocas y acantilados escarpados. Aunque la veas pasando de una percha rocosa a otra, siempre está alerta. No es raro verla si se camina por la parte alta de esta costa.

Desde el punto más alto de esta carretera ves justo debajo El Corralete, una vaguada excavada por la rambla homónima con una playa llamada La Calatilla. Desde la carretera se puede mirar hacia abajo pero sólo como peatón; es demasiado peligroso hacerlo desde un coche. Chirría ver un grupo de seis lujosos chalets, uno de los cuales tiene una pista de tenis. El dinero es lo que cuenta incluso en un parque natural. Pensándolo bien y adoptando una actitud más comprensiva, tal vez se construyeron antes de la declaración de parque natural. Mientras reflexiono sobre la incongruencia de estas seis casas tan bonitas pero que sobran en este lugar protegido, cinco Porsches me pasan, cada uno de un color: una serpiente multicolor de rojo, blanco, azul, negro y plata.

La carretera, y aquí no hay alternativa para el caminante, gira hacia el interior y comienza a adentrarse en la cala de El Corralete, un verdadero reducto del palmito enano (*Chamaerops humilis*), la única palmera endémica de Europa. Se trata de arbustos compactos, más que de árboles. Las hojas adoptan forma de abanico en todos sus ángulos y el conjunto puede llegar a medir tres metros de altura y cinco de diámetro en los lugares protegidos.

Tras cruzar la rambla la carretera sube hacia el faro en un imponente promontorio. Para los fenicios la formación rocosa que se adentra en el mar era el «promontorio de cornalinas y ágatas» que, con los árabes, se convirtió en 'Cabpta Gata' y posteriormente en Cabo de Gata. En 1738 se construyó aquí un fuerte con una plataforma de artillería semicircular. Tras retirarse los cañones a principios del siglo XIX, en 1863 comenzó a funcionar como estación de señalización.

Juan Goytisolo se emocionó hablando de este faro: «Las montañas lo aíslan enteramente de tierra y, batido día y noche por el mar, se yergue, solitario y agreste, atalayando la costa del moro, vigía fiel, hoy, de tempestades y naufragios, ayer, de desembarcos berberiscos».

Desde la zona de aparcamiento y el mirador que hay justo debajo del faro se puede contemplar el Arrecife de las Sirenas, un impresionante peñasco mar adentro. Es un elemento famoso de esta costa, aunque no es más que un detalle entre los muchos de un conjunto espectacular.

Para continuar por la costa hay que retroceder un par de cientos de metros hasta un cruce en el que una carretera conduce hacia el este. Se pasa por el Aula del Mar, un «Espacio de Aprendizaje» para estudiantes que van a conocer el lugar, y que fue notablemente ampliado en 2009. La espectacularidad de la costa aquí es resultado de su estructura, una serie de cúpulas volcánicas de las cuales las dos más importantes son una que hay debajo del faro y otra a solo pocos pasos hacia el este en Punta Baja. Las cúpulas se formaron hace doce millones de años cuando se acumuló una gruesa lava de movimiento lento alrededor de cada respiradero. La característica más visible en la actualidad es la formación de columnas como consecuencia del lento enfriamiento de la lava, dando así origen a su ligero pliegue y a la división en plataformas con forma de tablero hexagonal de basalto. Como una Calzada de los Gigantes (en Irlanda del Norte) en miniatura, estos rasgos distintivos pueden verse bien si se toma el corto recorrido que lleva hacia el cono puntiagudo de Punta Baja. Estas columnas hexagonales, ahora protegidas, fueron retiradas en el pasado para ser utilizadas como pavimento.

Aproximadamente a un kilómetro siguiendo la carretera una pista nos llevará a Cala Rajá. Existe una pequeña zona de aparcamiento junto a la misma. Recientemente se ha mejorado el pavimento y ahora los automovilistas puedan acceder a una nueva zona de aparcamiento más cercana a la playa, si bien todavía en altura. El acceso final a la cala sólo puede hacerse a pie por uno de los dos caminos, bien por una pendiente pronunciada con guijarros sueltos en algunas partes, bien por un barranco en parte obstaculizado por la vegetación y los cantos rodados. Ambos caminos son transitables, pero requieren cuidado. Merece la pena el esfuerzo y, presumiblemente debido al difícil acceso, Cala Rajá es la preferida por los nudistas. La playa es encantadora, el buceo es excelente y la geología es espectacular. Lo que más me llama la atención son las rocas blancas conocidas como tobas, cenizas volcánicas consolidadas resultado de las erupciones del pasado.

Un día de octubre estábamos aquí con unos amigos que venían de Inglaterra a pasar una semana cuando un helicóptero de la Guardia Civil aterrizó en la cima del acantilado. A los pocos minutos, uno de los policías bajó y nos preguntó si habíamos visto un barco lleno de inmigrantes ilegales. Le dije que no y se marcharon. Nuestro amigo Rob, cuando le expliqué lo que me habían preguntado, me comentó que él sí que había visto un pequeño bote lleno de gente. Una hora más tarde, mientras volvíamos a pasar por las salinas en dirección a San Miguel de Cabo de Gata, un grupo de africanos era escoltado por personal de la Guardia Civil. Caminaban a duras penas por la arena, con un lenguaje corporal que sugería que estaban desconcertados por la bienvenida dispensada en esta tierra extraña.

Justo al lado de Cala Rajá se encuentra el Arrecife del Dedo. Una idea extravagante es que se trata de Neptuno haciendo señales al cielo desde su reino. En un documento del siglo XVIII este arrecife era conocido como Frailecico, el Pequeño Monje. Los cormoranes y las gaviotas patiamarillas que lo utilizan como percha, ajenos a los cambios de nombre acontecidos a lo largo de los siglos, lo han coronado, sin más, con un gorro blanco de guano.

Más allá de la Vela Blanca

Vuelvo al asfalto. Es una pendiente llena de baches en muchos lugares, que aumenta y zigzaguea hasta la Vela Blanca (llamada así por un prominente afloramiento de toba blanca). En este lugar una torre de vigilancia ocupa un lugar espectacular justo al borde de un vertiginoso acantilado a doscientos metros sobre el mar. Subiendo con mi mochila de once kilos, que no es una gran carga, pero que a última hora del día y con el camino cuesta arriba se nota, llego a la Vela Blanca a las seis y media.

Ya desde el siglo XII hay constancia de una torre en Vela Blanca, pero la estructura actual se construyó mucho más tarde, en 1767, bajo la supervisión de Francisco Pepín González. Pasó a ser cuartel de la policía en 1850, aunque su ubicación es tan remota que sólo hubiese tenido sentido en esa fecha para labores de guardacostas. En la década de 1960 fue comprada al Estado y pasó a manos privadas, supuestamente con la intención de convertirla en una vivienda exclusiva. Finalmente, fue Telefónica la que instaló justo al lado de la antigua torre una antena y todo un sistema de transmisiones, haciendo que el edificio perdiese todo su atractivo. En la actualidad, el recinto de Telefónica es un solar lleno de basura y desechos en el que hay, entre otras cosas, una vieja bañera. Este cercado impide totalmente el acceso a la torre de vigilancia a no ser, claro, que uno esté dispuesto a escalar muros y vallas. Y la torre, como sus compañeras de la costa, no puede ser visitada a no ser que tengas superpoderes, ya que su única puerta está a unos cuatro metros y medio de altura con respecto al suelo y presumiblemente cerrada.

En el punto más alto de la carretera hay una barrera y ahí acaba el asfalto. Más allá sigue una pista con el ancho justo para un vehículo. La barrera fue instalada hace unos años por las autoridades del Parque Natural y así se impide el paso de vehículos a lo largo de la costa. Un golpe maestro. Gracias a estas valientes decisiones, esta parte de la costa española se ha librado en gran medida de la profanación ocurrida en amplios tramos de la Costa Blanca y la Costa Brava. Está atardeciendo y sopla una brisa fresca cuando el sol se pone a finales de enero. En cuestión de minutos el horizonte muta los colores: desde los tonos ambarinos a los dorados para acabar en los rojos bronceados. Los vencejos descienden vertiginosamente desde los pronunciados salientes de las lomas lejanas que hay en el pico más alto de estos parajes, el

Bujo, de trescientos setenta y tres metros. La noche parece caer casi instantáneamente. Los aviones roqueros se vuelven invisibles, o tal vez no vuelan después del crepúsculo. La luna llena ya está en lo alto, su disco de color crema pálido es un compañero adecuado para el continuo viento que sopla ahora mucho más frío.

Es demasiado pronto para parar y hacer noche y, al haber recorrido este tramo varias veces antes, sé por dónde voy. Además, no me preocupa perderme los tesoros que haya en el camino. Hace unos años, cuando vinimos por primera vez, mi pareja, Troy, había localizado el endémico dragoncillo de Cabo de Gata (*Antirrhinum charidemi*) bajo los afloramientos rocosos que hay junto a la desvencijada pista. Luego trajimos a unos amigos aquí un par de meses más tarde, en un raro día de lluvia, y encontramos muchos más ejemplares. Son matas con una delicada flor rosa que brillan en los acantilados rojos donde coloniza.

A la luz de la luna sigo caminando, aunque mi corazón se detiene por un momento cuando un par de perdices rojas despegan violentamente bajo mis pies. En la base de la pendiente abrupta que hay en la Vela Blanca otra barrera surge en la rotonda hecha para dar la vuelta. Esto es lo más lejos que pueden llegar los vehículos si se han acercado desde el este. Continúo más allá, hacia la encantadora cala de la Media Luna. En los primeros días tras llegar a esta zona pasamos muchas noches aquí en nuestra autocaravana hasta que, una mañana, un educado hombre uniformado de la Agencia de Medio Ambiente llamó a la puerta, tomó los datos de nuestra matrícula y mi pasaporte, y nos explicó que no podíamos aparcar allí durante la noche. No hay problema en pernoctar en lugares poblados, nos explicó, pero en las playas más remotas no está permitido. Encuentro un lugar resguardado para pasar la noche no lejos de la ensenada de Mónsul. La luz de la luna me permite ver mi escaso picnic. El tópico de que la comida sabe mejor al aire libre lo comparto, incluso en una noche fría. Al terminarlo, extiendo mi esterilla de espuma, meto mi saco de dormir en su bolsa protectora de vivac, me quito las botas y me acomodo. Orión destaca en un cielo repleto de estrellas. Miro un rato, decidido a aprender más sobre las constelaciones, y luego me cubro la cabeza con el saco de dormir para protegerme del viento. Son sólo las nueve de la noche, lo más temprano que me he acostado en años.

Indiana Jones

Cuando me despierto al amanecer, unas perdices rojas cantan cerca aunque no las veo. La playa virgen y desierta de la ensenada de Mónsul, de arena fina y aguas poco profundas, está a un minuto a pie, pero en un día de enero, aunque sea luminoso, hace demasiado frío para que un chapuzón resulte atractivo.

Estas playas también han atraído a muchos cineastas. En 1964 Sidney Lumet dirigió aquí *La Colina*. En la playa de Mónsul se rodó en 1988 una parte de *Las aventuras del Barón de Munchausen*, de Terry Gilliam, y al año siguiente, *Indiana Jones y la última cruzada*, de Steven Spielberg. En el centro de visitantes de Las Amoladeras, más allá del pueblo de Cabo de Gata, hay buena información al respecto sobre este curioso lugar.

Uno de los lados de la playa de Mónsul está bordeado por La Peineta, un remanente de la actividad volcánica que tuvo lugar hace entre 10 y 12 millones de años. El nivel del mar era entonces más alto y los volcanes entraban en erupción bajo el agua, depositando el material erupcionado en capas, apiladas sobre el lecho marino.

Subo por los bordes de una enorme duna de arena, otro de los rasgos distintivos de Mónsul. La arena aquí está estabilizada en gran medida por agaves de sisal y palmitos. Los depósitos de arena que forman son mucho más recientes que los elementos volcánicos, que quedan cubiertos parcialmente. Unas huellas me llevan hasta el único acceso a una cala relativamente escondida, la cala del Barronal. Me encamino a la pequeña colina adyacente llamada Cerro del Barronal cuando, de repente, alcanzo un punto en el que las dunas terminan y chocan con las columnas hexagonales de roca volcánica. El sisal también desaparece aquí. Sólo crece en la arena y no puede afianzarse en la lava andesítica.

La roca fragmentada, cubierta de líquenes grises y anaranjados, facilita la escalada hasta la cumbre, a sólo ciento sesenta y tres metros sobre el nivel del mar, pero constituye un gran mirador. Atrás, más allá de la playa de Mónsul, la torre de la Vela Blanca se aprecia claramente, con crestas que se adentran hacia el interior y se elevan hasta la mole del Bujo. Hacia el este, un cuello de tierra alta se adentra en el mar y termina en el morrón de los Genoveses. Unas pocas edificaciones blancas indican el asentamiento de San José, oculto en su mayor parte tras las colinas intermedias, y más allá se eleva el cono de El Fraile, de cuatrocientos noventa y tres metros, el punto más alto del Parque Natural de Cabo de Gata-Níjar.

Justo al lado del montón de piedras que señalan la cumbre del cerro del Barronal florecen las altas espigas de asfódelos blancos. Los bloques de piedra y los guijarros sueltos hacen que el descenso sea a veces incómodo en la continuación de este recorrido. La siguiente cumbre menor, sin nombre, tiene una altura de ciento cuarenta metros. Las rocas volcánicas de color gris y crema sobre las que estoy sentado están salpicadas de líquenes anaranjados y pequeñas suculentas rojas. Es un lugar ideal para un segundo desayuno. Tomo lo mismo: pan, chorizo y queso, frutos secos y zumo de pomelo. Esta también fue mi cena, pero todo me sabe delicioso y, en una mañana inigualable y con esta vista, me encuentro genial.

Abajo, al norte, se encuentra la amplia franja baja del Campillo de Genoveses, hermosa por ser virgen, y utilizada en el pasado para la producción de cereales, vino y leña. A finales del siglo XVIII la zona se utilizó para el pastoreo de caballos y fue entonces cuando se construyeron los cortijos más grandes. La finca fue protegida durante mucho tiempo por el terrateniente José González Montoya, especialmente durante las décadas del gobierno franquista, que siempre favoreció el desarrollo económico por encima de las consideraciones medioambientales. Los herederos de José González han seguido renunciando al dinero fácil que obtendrían si vendiesen su terreno.

(Actualización: en enero de 2022 *El País* informó de que las autoridades andaluzas habían aprobado la reforma de un antiguo cortijo situado detrás de la playa de Los Genoveses. El proyecto transformaría un conjunto de edificios ruinosos en un hotel de treinta habitaciones y setenta plazas de aparcamiento. Ocupando una antigua fábrica de cuerdas y una granja, el hotel estaría a unos novecientos metros de la playa, actualmente virgen. Sin embargo, el plan ha sido denunciado por numerosas asociaciones ecologistas y más de doscientas cincuenta mil personas han protestado contra él en la plataforma de peticiones Change.org.

La responsable autonómica de Medio Ambiente, la almeriense Carmen Crespo, ha defendido la iniciativa alegando que se trata de una «restauración», pero su postura cuenta con la oposición de organizaciones como Ecologistas en Acción o Greenpeace, que aseguran que el hotel atraerá el turismo de masas a una zona con ecosistemas frágiles y protegidos.

Las autoridades andaluzas subrayan que ahora es el ayuntamiento de Níjar el que debe dar la luz verde definitiva al proyecto. Sin embargo, en el pasado la alcaldesa de Níjar, Esperanza Pérez, ha afirmado en repetidas ocasiones que tiene las manos atadas porque la aprobación del hotel «depende exclusivamente del Gobierno regional». Ahora, con su decisión favorable, la consejería de Medio Ambiente de Andalucía permite un plazo de cinco años para que se inicie la construcción, pero también impone una serie de condiciones relacionadas con los accesos, la gestión de residuos y las infraestructuras. Al igual que con otros acontecimientos polémicos, como el hotel del Algarrobico –véase el capítulo 7–, es posible que pase algún tiempo antes de que veamos lo que realmente le depara el futuro a este proyecto).

Tomo mi mochila, ahora algo más ligera, y continúo el camino entre la vegetación baja, disfrutando de momentos inesperados. Veo un cernícalo volando bajo, un sapo que se abre paso entre las diminutas flores que se agitan con la brisa. Un sendero pedregoso lleva hasta el punto geodésico del morrón de los Genoveses, cuyos modestos setenta y tres metros nos permiten contemplar una bella panorámica de la larga y suave curva de la playa y de la bahía hasta el cerro del Ave

María. Mucha gente considera que el nombre se remonta a 1147, cuando la flota genovesa, con una fuerza de pisanos, catalanes y navarros, la utilizó como refugio durante un ataque a Almería. El valor estratégico de la bahía y la riqueza agrícola de su interior hicieron que en 1570, 1584 y 1733 se elaborasen planes para protegerla con fortificaciones, pero nunca se construyó nada importante.

En este luminoso día de invierno la playa está desierta, salvo por un puñado de medusas de gran tamaño, conchas, erizos de mar sin púas y una pequeña bandada de zancudas que se alejan antes de que pueda identificarlas. En el extremo norte de la playa, entre una arboleda de eucaliptos, un viejo búnker de hormigón ha sido pintado con espray de forma psicodélica, dándole el aspecto de una obra de arte. Desde la rendija del búnker se otea toda la playa, de más de un kilómetro de longitud.

Detrás del búnker un estrecho camino asciende a través de una plantación de sisal. Desde aquí un camino más amplio y llano en la ladera del cerro de Ave María conduce a las calles de San José. Las dos calles que te encuentras al llegar, la de Cerro Gordo o la calle de La Mora, te adentran en el pueblo, siendo esta última quizá un poco más rápida para llegar al centro.

IV / Costeando: Parte Central

Basta con estar en el camino, es suficiente con avanzar.

Enough To Be On Your Way
James Taylor

Batería de San Felipe en Los Escullos.

El camino desde San José

San José creció como pueblo pesquero y minero durante el siglo XIX, pero cuando esta industria se fue a pique atravesó por momentos muy difíciles. A Juan Goytisolo no le causó buena impresión cuando en los años 50 pasó por aquí. En *Campos de Níjar* lo retrata como "un pueblo triste, azotado por el viento, con la mitad de las casas con goteras y la otra mitad con las paredes agrietadas". El entonces alcalde de Níjar (en cuyo término municipal se encuentra San José), que pretendía urbanizar la zona, expresó públicamente su deseo de colgar a Goytisolo "por las pelotas" (sic). En la actualidad, San José, el mayor asentamiento del Parque Natural de Cabo de Gata-Níjar con diferencia, depende del turismo para su supervivencia económica. Cuenta con hoteles, un camping, bancos, restaurantes, un puerto deportivo y una serie de comercios que atienden a los visitantes.

Desde hace varios años un servicio de autobuses funciona los fines de semana en verano conectando San José con las playas del sur. Se ha controlado el acceso en coche a las playas por la carretera que hay sin asfaltar. Este hecho provocó en 2010 una disputa entre los empresarios y residentes de San José, por un lado, y la Junta de Andalucía, por otro. La Junta tomó la decisión de poner una barrera en las afueras del pueblo y permitir el acceso a las playas de sólo ciento cincuenta coches al día. Los lugareños exigieron que en vez de ciento cincuenta fuese cuatrocientos cincuenta coches y que la carretera sin asfaltar se arreglase (presumiblemente y sin decirlo querían una superficie asfaltada). En una ocasión, a finales de julio, los lugareños forzaron la barrera para permitir el paso libre de vehículos. Se llegó entonces a un compromiso con la Junta y se fijó en doscientos cincuenta los coches que podían acceder a las playas a lo largo del día. Y todavía los negocios de San José se quejaban de que esto no era suficiente.

Quince días después la Junta de Andalucía cambió de opinión y anunció que permitiría el acceso sin restricciones a las playas antes de las once de la mañana y después de las siete de la tarde. Eso sí, si los aparcamientos de las dos playas principales, Genoveses y Mónsul, que pueden albergar unos cuatrocientos setenta coches, se llenaban antes de las once de la mañana, la barrera se cerraría antes. Hasta el 31 de agosto los autobuses podrían circular entre San José y las playas a intervalos de media hora todos los días de nueve a veintiuna horas. El alcalde de Níjar, Antonio Jesús Rodríguez, que según algunos periódicos españoles estaba detrás de las protestas, dijo que se alegraba de que la situación se hubiera resuelto. En cambio, los ecologistas se mostraron consternados por este cambio de postura de la Junta. Juan Pedro González, en nombre del grupo Cóndor, dijo que la gente se había acostumbrado a utilizar los autobuses para llegar a las playas en verano y que la medida de la Junta desharía años de buen trabajo, y añadió: "Si quieren permitir el acceso sin restricciones, debería ser en temporada baja, cuando no hay tantos visitantes". Todo esto que cuento son sólo pequeños detalles de una larga historia, pero es un claro ejemplo de las tensiones que surgen cuando un gobierno local se ve atrapado entre las preocupaciones medioambientales y las económicas. Para cuando leas esto es posible que el modo de hacer las cosas haya cambiado de nuevo.

San José carece de una arquitectura distintiva pero su situación es atractiva, sobre todo en las laderas del cerro del Ave María (lado sur de la bahía). El puerto deportivo se encuentra bajo la joroba cónica del Cerro de Enmedio, que se eleva a ciento treinta y seis metros al noreste del pueblo. Aquellos que valoran las restricciones impuestas al desarrollo por el estatus de parque natural podrían preguntarse por la reciente y sustancial expansión que se aprecia en San José. Esperemos que el laberíntico y lento funcionamiento de la legislación urbanística española no permita que dicha expansión continúe. Siempre me ha gustado el ambiente de San José y, a pesar de que gran parte de los comercios (es un día de enero entre semana) están cerrados, me tomo un buen almuerzo. Me he pedido una tostada de atún y un par de cafés bajo un sol que pega fuerte en una cafetería de la calle principal. En la pastelería de al lado me he dado un capricho y me he zampado un pastelito. Me abastezco de más pan, salchichón y otro litro de zumo de pomelo, me echo la mochila al hombro y dejo el pueblo por el camping Tau que, como muchas otras cosas en San José, está cerrado porque hace su agosto entre los meses de marzo a septiembre.

En una de sus novelas, Ian McEwan afirma que "hay un sencillo placer en entrar y salir de un pueblo a pie. Se puede mantener temporalmente la ilusión de que mientras los demás tienen vidas fijas en torno a las casas, las relaciones y el trabajo, uno es autosuficiente y libre, sin el lastre de las posesiones y las obligaciones. Es una sensación privilegiada de ligereza que no se puede tener pasando en coche".

Una amplia pista conduce a Cala Higuera, donde he leído que se han encontrado vestigios, aunque no estoy seguro de cuáles, de asentamientos prehistóricos. Antes de llegar a la cala otro camino se desvía a la izquierda, ganando altura de forma constante a través de los flancos de uno de los salientes del volcán El Fraile. En lo alto, a doscientos veintisiete metros sobre el nivel del mar, se alza otra de las antiguas torres de vigilancia costera, la de Cala Higuera. La vista desde allí debe de ser espectacular. Un día subiré.

Hay una ascensión pronunciada hasta llegar a un puesto de tiro bien conservado, una estructura circular hueca de piedra seca, camuflada con el espeso esparto de hierba. Que se pongan a salvo perdices y conejos de patas rojas. A continuación, tras un breve descenso, se inicia un último tramo empinado cubierto de infinitos destellos de polvo de roca. Desde aquí disfruto de una magnífica vista del mar. Sorteo un importante desprendimiento de rocas procedente de los estratos blancos sobre la ladera. Son muchas las toneladas de roca que se han caído. Un largo paseo por la costa puede deparar sorpresas: una de ellas llega ahora, con un grupo de media docena de camachuelos trompeteros. Pasan revoloteando y en cuestión de segundos desaparecen. Estoy asombrado y me siento privilegiado por haber visto esta especie en dos días consecutivos. Una mujer se acerca, se quita los auriculares y me pregunta si va bien camino a San José. Regreso al pasado cuando oigo la canción que escucha. Es una que los de cierta edad podemos recordar; era Dionne Warwick, ¿verdad? *Do You Know the Way to San Jose?* La cantaba allá por 1968. Un San José diferente, por supuesto. Le digo que no está a más de media hora, me da las gracias y se pone de nuevo la música. Me encanta la música, pero cuando estás caminando por un lugar como este, con la posibilidad de escuchar a los camachuelos trompeteros, ¿por qué querrías que te llegara a los oídos un estímulo totalmente diferente y ajeno?

El Pequeño Monje y la Casa del Tomate

Paso por más roca columnar, una característica del vulcanismo. Este parece el tramo más complicado de la caminata hasta ahora. Todo se puede relativizar ya que estoy a menos de una hora del pueblo más cercano, y sin embargo tengo una buena sensación de naturaleza en este camino sinuoso por encima del mar. Hablando de vulcanismo, la evidencia está bastante cerca. Estoy rodeando los picos de Los Frailes. Para ser más concretos, son El Monje (trescientos noventa y tres metros) y el más reciente El Fraile Chico o Monje Joven (trescientos cuarenta y cinco metros). ¿Monje aprendiz? ¿Monje novato? ¿Novicio? ¿Monjito? La mente se desborda de ideas. Es capaz de hacerlo cuando no estás conectado a un iPod.

Las partes inferiores de estas dos cumbres representan los restos de una serie de acontecimientos increíblemente complejos. Técnicamente, se describen como andesitas anfibolíticas. Tampoco sé qué significa eso, pero intentaré interpretar la situación. Más o menos ocurrió lo siguiente: como resultado de enormes explosiones, grandes cantidades de lava fueron expulsadas de una cámara de magma que luego colapsó. Se formó así una mezcla caótica de fragmentos de roca que incluía restos de la cúpula del volcán y trozos de flujos de lava. Estos episodios violentamente explosivos añadieron tobas (fragmentos volcánicos compactados y polvo) de diversos tipos al conjunto. A esto hay que sumar una serie de intercalados de rocas sedimentarias ricas en fósiles que son los vestigios de episodios marinos de poca profundidad y de playa. Los expertos difieren en sus opiniones respecto a cuándo ocurrió exactamente esto, pero coinciden en que pudo ser hace diez o quince millones de años, no más lejos. El hecho de que haya cierta discrepancia es alentador para un aficionado como yo, que se esfuerza por comprender incluso lo más básico de lo que ocurrió aquí en el pasado geológico y se maravilla ante la habilidad de aquellos que pueden leer las rocas antiguas de una forma tan natural.

La parte superior de Los Frailes data de hace unos ocho millones y medio de años. Los sedimentos marinos asociados indican que fue una isla volcánica durante su formación. Había dos respiraderos que emitían lava a una temperatura de unos mil grados, y sólo durante la fase final de la actividad volcánica se desarrollaron los dos conos. Estos marcan los lugares en los que los dos respiraderos quedaron definitivamente sellados. Los conos actuales presentan una amplia disyunción columnar que revela el lento enfriamiento y la contracción de la lava. Este hecho facilitó su explotación como cantera para adoquines en el pasado.

Poco después de las tres de la tarde, al doblar un recodo del camino, me encuentro con un gran edificio en ruinas que claramente se ha incendiado en algún momento. El mapa me dice que se trata de la Casa del Tomate. ¿La Casa del Tomate? Luego, cuando busco «tomate» en el diccionario, por si acaso, descubro que también puede significar «agujero» y que junto a la casa hay una gran cantera en desuso. Supongo que era la casa/oficina del capataz y tomo nota para luego buscar más detalles.

Encuentro una forma de entrar en el edificio. La mayor parte de las paredes, de dos pisos, siguen en pie. Un tramo de escaleras está cubierto de escombros. Todavía se ve algún madero del tejado, pero el tejado en sí ha desaparecido. Las paredes están chamuscadas, con el habitual despliegue de grafitis que anuncian quién estuvo aquí y cuándo. Una vieja pileta de baño, una campana de chimenea, una cacerola volcada. Hay escombros por todas partes, pero quedan suficientes restos para demostrar que este edificio fue una vez impresionante y está en un lugar realmente espectacular con una amplia vista sobre el Mediterráneo.

Desde donde me encuentro, un camino lateral desciende hacia la inmensa hondonada blanca de la cantera. En el fondo hay un lago, aunque puede tratarse de una inundación temporal causada por las recientes lluvias. En momentos como este me gustaría ser geólogo. La cantera en sí, aunque está muy por debajo de la Casa del Tomate, sigue estando muy por encima del nivel del mar. ¿Qué estaban extrayendo aquí? Todas mis preguntas son inútiles. Nadie parece tener ni idea y ni siquiera en Internet se habla de ello. Sólo tres años después, por casualidad, cuando investigo sobre la bentonita, descubro que esto era lo que buscaban. (Para más información sobre la bentonita, véase el capítulo 26.)

Cuervos y dunas fósiles

Pasa otro camachuelo trompetero. Su canto es a menudo comparado con el sonido de una pequeña trompeta de juguete, de ahí su nombre; es ciertamente un canto único, prolongado de una manera peculiarmente nasal. Las collalbas negras descienden por las peñas. Los aviones roqueros aletean por las paredes de las rocas. Es un pájaro bastante anodino, de color pardo pálido, pero su habilidad en el aire es una delicia. Rob Hume, en *Bird*, describe perfectamente su vuelo: "La más elegante de todas las golondrinas y martines, por su picado y fluidez de vuelo...".

Dos cuervos pasan por encima, llamando en voz alta: *cronk, cronk...* Hay algo en los cuervos que me hace sonreír, tal vez esa posibilidad de verlos volar de espaldas, a veces incluso hasta hacer un giro completo, aparentemente sólo para demostrar que pueden hacerlo. En inglés es curioso que el sustantivo colectivo para designar a los cuervos en bandada sea "grupo cruel", un término que el Diccionario Oxford recoge ya desde el siglo XV. Lo de 'cruel' me parece bastante injusto y no lo comparto. A los cuervos los encontramos por todo el mundo y están estrechamente vinculados a la humanidad. Ya aparecen en el *Génesis* y en numerosas obras literarias y topónimos. Se han visto algunos descender por laderas nevadas de Gales. En esta parte de la costa española, en las zonas más remotas, también es posible verlos. Y nunca se me había ocurrido hasta ahora, pero me pregunto si el hecho de haber vivido un par de años en Raven Road, Calle del Cuervo, en Sheffield, a principios de la década de 1970, fue sólo una coincidencia. No, no tienen nada de cruel.

El camino continúa y tropiezas con un panel informativo sobre la Reserva Marina de Cabo de Gata-Níjar. Explica que los distintos tramos de la costa tienen diferentes niveles de protección. Los que tienen el estatus más alto son los llamados Reserva Integral/Zona de Especial Conservación, donde está prohibida toda actividad marina, incluidas la pesca, el snorkel y el buceo. Estas zonas son muy importantes para la salud del ecosistema marino; y por cierto, España da lecciones al Reino Unido pues, mientras escribo esto, la enorme presión ejercida por los organismos de conservación allí sólo ha dado sus frutos recientemente y de forma parcial. Tuvo que llegar el mes de noviembre de 2009 para que una Ley de Acceso Marino y Costero allanase el camino que protege estos hábitats en Inglaterra y Gales.

Al bajar las laderas volcánicas de Los Frailes el camino lleva a un santuario rodeado de cactus. En el interior hay una conmovedora foto de una adolescente que murió a los dieciséis años en 1997. Sólo está la foto y ese dato.

Ahora me encuentro de nuevo a nivel del mar. Hay una amplia zona con unas cuantas autocaravanas. Por las matrículas deduzco que se trata de gente del norte de Europa que viene aquí a pasar el invierno. Frente a la costa hay unos cuantos islotes rocosos sin vegetación alguna. Esta es la Cala del Embarcadero. ¿Podría ser aquí a donde se traía la bentonita de la cantera junto a la Casa del Tomate para llevársela por vía marítima?

La imponente mole cuadrada de la Batería de San Felipe, en Los Escullos, se encuentra delante, con el resplandor blanco de la Isleta del Moro un par de kilómetros más allá y, aún más lejos, los negros acantilados que se adentran en el mar. La batería o fortín se construyó en 1765 bajo el reinado de Carlos III. Tenía una plataforma de artillería con cuatro cañones, una capilla, viviendas y cuarteles. Tras muchos años de abandono el fuerte fue restaurado a principios de la década de 1990 a instancias de las autoridades del Parque Natural.

El Fuerte de San Felipe se alza sobre un espectacular afloramiento de dunas oolíticas fosilizadas. Esta roca blanca extrañamente contorneada es el mejor ejemplo de este tipo de elementos en el Parque Natural. Las dunas en cuestión se formaron durante el último periodo interglaciar, hace entre 128.000 y 100.000 años. Los oolitos estaban formados por un núcleo, un grano de cuarzo o el excremento de alguna criatura marina, alrededor del cual se acumulaban capas concéntricas de aragonito. Esto tuvo lugar en aguas marinas cálidas muy poco profundas, saturadas de carbonato y muy agitadas por las olas. Posteriormente, después de que los sedimentos oolíticos se elevaran sobre el nivel del mar, el viento creó dunas con ellos.

Sin embargo, no sirve de mucho mirar de cerca las dunas fósiles con la esperanza de ver oolitos. Se necesitaría un microscopio para poder ver esa cantidad de detalles. Lo que sí se ve a simple vista son las capas de sedimentos fósiles con sus ángulos ligeramente variables. Muestran las diferentes fases de formación de las dunas, dependiendo de la naturaleza precisa de los vientos dominantes. El nombre del lugar, Los Escullos, proviene de "escollos" y se refiere al derrumbe de grandes bloques de piedra de las dunas fósiles.

A la Isleta del Moro

Un sendero une Los Escullos con La Isleta del Moro, aunque sospecho que es reciente ya que no aparece en los mapas. No es difícil de recorrer pues sigue la Playa del Arco. Hay un maravilloso conjunto de guijarros de colores y luego algo de arena pero, cuando paso, está en gran parte oculta bajo una gran acumulación de algas que ha traído el oleaje. En la orilla veo a tres personas pescando. Llevan botas impermeables y, como si estuviesen petrificados, no mueven un músculo.

La ruta se vuelve un poco más compleja y no siempre estoy seguro de ir por el camino correcto. ¡Qué paciencia! En el sendero te encuentras algunos postes de madera con flechas que te orientan y te dan seguridad. No en vano estamos ante subidas y bajadas a calas empedradas para luego avanzar a trompicones por alguna que otra pendiente difícil. De cualquier manera, la posibilidad de perderse no es muy grande porque siguiendo la línea de costa La Isleta está a sólo un kilómetro de distancia.

La Isleta está en perfecta sintonía con su paisaje: desciende suavemente por una ladera y ocupa el cuello de tierra que conduce a un pequeño promontorio cuya cúpula termina en acantilados bajos pero escarpados. Y justo al lado del mar hay una isla, cuya forma tan apropiada me hace pensar que tal vez exista un poder superior con buen ojo para crear paisajes. Se llama Isleta del Moro Arráez, por el nombre de un líder bereber llamado Mohamed Arráez.

A ambos lados del camino en el que me encuentro ha habido un intento de replantación, creo que de arbustos en lugar de árboles, pero tras observar muchos de los tubos de plástico protectores deduzco que lo que fuese el proyecto ha tenido un éxito limitado. En el extremo sur de este lugar, con la marea batiendo a mis pies, llego a unos escalones de madera que conducen a un mirador. Desde allí, más allá de Los Escullos, se puede contemplar un panorama inconfundible de los conos gemelos de los volcanes Frailes.

La Isleta es un lugar muy atractivo que no ha crecido más allá de lo que es su sitio natural. Por tanto, aunque ahora viva en gran medida del turismo, todavía conserva el aspecto de un pequeño pueblo de pescadores. No tuvo electricidad hasta 1969, ni carretera asfaltada hasta 1979, ni teléfono hasta 1982. Posee dos calas, una de arena orientada al norte, la Playa del Peñón Blanco, y otra más pequeña y empedrada orientada al sur. Hay lugares para alojarse y comer, unas pocas tiendas de comestibles y varias escuelas de buceo. A un lado de la pequeña plaza ves un lavadero público que luce una nueva y elegante placa informativa. Nos dice que estos lavaderos eran un lugar de encuentro comunitario, donde las mujeres y los jóvenes se reunían para charlar y cotillear, y que la llegada de las lavadoras ha hecho que estos espacios queden obsoletos. Ahora sirven para recordar a los visitantes la vida en una época diferente, dice, una época en la que la ropa se limpiaba en los pilones de piedra comunales. Mientras leo esto y constato que el lavadero fue renovado como elemento de interés etnológico en octubre de 2009, una de las mujeres del pueblo se afana en fregar la ropa de su familia en una de las pilas. Aquí no todo el mundo tiene lavadora.

He enviado un mensaje a Troy para informarle de que aquí voy a pasar la segunda noche de mi paseo costero y ella ha bajado con la autocaravana, llegando poco después que yo. La espero sentado en un banco para salirle al paso y juntos encontrar un lugar donde pasar la noche. Verla y tener la oportunidad de compartir con ella mis experiencias, bebiéndonos un buen vino en un algo sitio con encanto, hará la velada mucho más agradable.

MAPA C - LAS NEGRAS A PUERTO REY

SIMBOLOGÍA

LÍNEA COSTERA
MONTAÑAS
CARRETERA
AUTOVÍA
P.N. CABO DE GATA - NÍJAR

V / Costeando: Más allá de la Amatista

...un intenso escrutinio de detalles minúsculos...

William Blake

Minero de Rodalquilar.

Mirador de la Amatista

Para el siguiente tramo del camino no hay más alternativa que la carretera. Menos mal que no suele estar muy transitada. Una barrera montañosa separa La Isleta, donde me encuentro, de Rodalquilar, mi siguiente objetivo. En poco menos de una hora subo al Mirador de la Amatista. Debajo de la ornamentación de hierro de las balaustradas se extienden espectaculares acantilados y, de nuevo, al suroeste y a unos diez kilómetros de distancia, los picos gemelos de los Frailes perforan el cielo.

Justo después del mirador la pendiente alcanza por fin su cima y el amplio Valle de Rodalquilar se extiende por delante. Después de haber conducido muchas veces por aquí, sólo ahora que estoy caminando me doy cuenta de los pequeños detalles: un par de avellanos, por ejemplo, que normalmente no se ven entre los altos eucaliptos que bordean la carretera. Estos últimos son especies invasoras, pero se han adaptado bien a este rincón de España, especialmente a lo largo de las ramblas, donde hay más agua accesible. Se le suelen desprender ramas de forma imprevisible, así que tenga cuidado si decide hacer un picnic debajo de uno de ellos.

El moderno pueblo de Rodalquilar se encuentra justo en el interior de una pronunciada curva a la derecha de la carretera principal. En el cruce en el que una carretera se desvía a la izquierda hacia el pueblo hay una estatua metálica de un minero. Tiene gran altura y nos recuerda la importancia de la antigua industria del oro aquí. (Para más información sobre este tema, véase el capítulo «Oro y muerte»). Gran parte del pueblo fue abandonado tras el cese de la extracción en 1966, y todavía hay muchas pruebas de ello. En la margen izquierda del pueblo las calles están sin asfaltar, flanqueadas por casas en ruinas y valladas debido al estado ruinoso de las construcciones.

Pasada la rambla, la imagen del pueblo cambia mucho. Se ve actividad, casas habitadas, algún que otro bar y toda una serie de alojamientos turísticos cuya gestión recae en la Consejería de Medio Ambiente de la Junta de Andalucía. Sin embargo, aún es temprano y quiero seguir adelante, así que dejo atrás el Jardín Botánico y vuelvo a la carretera principal.

Junto a un par de casas un cartel anuncia Los Méndez. Al otro lado de la carretera un complejo bajo de terracota es el Hotel de la Naturaleza y, justo detrás, el Hotel Rural El Ajillo. Un centenar de metros más adelante hay un desvío a la derecha hacia la Torre de los Lobos y la Cala del Carnaje. Se trata de un desvío de ida y vuelta bastante largo, de unos 10 kilómetros, así que decido dejarlo para otro día.

Ese otro día llega por fin a principios de 2012. El desvío hacia la Torre de los Lobos es una carretera asfaltada aunque con algunos socavones espectaculares. Se puede conducir durante un rato, tal vez un kilómetro más o menos, hasta que una enorme verja metálica bloquea el camino y sólo se puede seguir a pie. A partir de aquí hay una caminata de cuarenta minutos por el asfalto hasta una serie de zigzags que llevan a la torre. Construida en 1764, la torre de vigilancia es utilizada actualmente por la Autoridad Portuaria de Almería como faro, el Faro de la Polacra.

Tanto el faro como la colina en la que se asienta no deben su nombre al lobo, como podría parecer, sino a la foca monje que antiguamente vivía en esta costa. Es una especie en grave peligro de extinción, conocida por los sonidos que emitía, como «lobos marinos», de ahí su nombre.

El Faro de la Polacra constituye uno de los grandes miradores de toda la costa, a pesar del elemento algo perturbador que suponen las antenas junto al faro. Es un lugar precioso y te sientes recompensado si eres capaz de subir hasta aquí andando. Si miras en dirección suroeste, más allá de la Isleta del Moro, ves los picos gemelos de Los Frailes. En dirección opuesta, caminando unos cuarenta metros hasta el vértice geodésico, es visible el castillo de San Pedro. Más allá todavía aparece la prominente y estratégicamente situada Mesa Roldán, con su antigua torre de vigilancia y su faro, que parece sobresalir del mar. En realidad, como confirma el mapa, sólo son un par de kilómetros pero la panorámica que tiene es muy atractiva. Entre estos dos extremos mencionados y hacia el interior se encuentra el lugar del que vengo, Rodalquilar y los silenciosos restos de la desaparecida planta de procesamiento de oro.

La bajada es mucho más fácil que la subida, no sólo porque la gravedad está a tu favor, sino también por una serie de atajos estratégicamente situados. Estos son mucho más fáciles de ver desde arriba que desde abajo y están junto a los montículos de piedras en equilibrio que la gente hace. Uno de estos atajos baja más o menos paralelo a la carretera, pero es interesante porque teje su camino a través de hierbas altas y llega hasta la barrera inicial.

Una vez que has vuelto a la carretera principal muy pronto otro camino te sale a la derecha. Esta es la ruta para volver a la costa. El cruce está adornado con una serie de señales: tres indican hacia dónde queda el Hotel Los Patios y dos te dan indicaciones sobre El Playazo. La carretera serpentea por el llano Valle de Rodalquilar y llega a unos muros de mampostería: son los restos de un antiguo acueducto y depósito de agua. En esta zona se encontraba el pueblo original de Rodalquilar y aún se conservan algunos de los edificios más antiguos, o su versión renovada. Junto a la rambla se encuentra La Noria, ahora una casa privada con la noria que le da nombre sobresaliendo de forma bastante extraña de su parte superior. Hay una torre circular adyacente, y luego la aldea de La Ermita, el sitio de la iglesia original, con otra torre, así como una mezcla de ruinas, casas modernas y el discreto Hotel La Ermita.

Sin embargo, en este camino el broche de oro es la Torre Fuerte o Castillo de los Alumbres (tiene dos nombres). Esta fortaleza del siglo XVI, situada en un terreno justo al lado de la carretera actual, es una sombra de lo que fue pero sigue siendo impresionante. Se trata de una sólida torre de planta cuadrada dentro de una muralla exterior con salientes bulbosos en cada esquina. Es posible encontrar una forma de acceso por el muro exterior derribado y también por una pequeña puerta en el muro interior. Me asomo a los restos de una escalera de caracol de piedra y bajo a través de un gran agujero en el suelo que presumiblemente fue una mazmorra y a la que seguro no me gustaría ir a parar (para más información sobre esto, de nuevo ver el capítulo «Oro y muerte»). Recordé esta historia que cuento cuando un día de mayo de 2013 leí en *La Voz de Almería* que el ayuntamiento de Níjar tiene la intención de poner rejas en las entradas al castillo y vallar las ruinas para evitar accidentes.

Aves migratorias y comida decepcionante

El mar está a sólo un kilómetro de distancia, más allá de una gran plantación de palmito a la derecha de la carretera. En el lado norte de la playa del Playazo y sobre un zócalo de antiguas dunas fosilizadas se asienta desafiante el Castillo de San Ramón –ahora una casa privada–. Mientras exploro los fósiles, fascinado por las numerosas huellas y fragmentos de conchas de vieira, dos alsacianos ladran para advertirme de su presencia en el tejado del castillo.

A un par de cientos de metros del castillo hay un panel informativo que da detalles del sendero que hay más adelante, el Sendero La Molata. Son dos kilómetros y una hora hasta la Cala del Cuervo. Ahí está de nuevo ese pájaro emblemático. El sendero se desvía hacia la izquierda por una senda de fuerte desnivel que luego sube y se estrecha. De repente desciende y aparece abajo, junto a la Rambla del Cuervo, un camping llamado La Caleta. No encaja en este lugar para nada. Una veintena de autocaravanas han marcado su territorio en las parcelas y se protegen del sol bajo los toldos. Para esta gente los americanos tienen un término: "aves migratorias". Son aquellas personas que llegan a estos lugares para pasar el invierno desde el norte de Europa.

Un descenso pronunciado que termina en un barranco rocoso te lleva a la rambla. A continuación subes por un tramo asfaltado que conduce a Las Negras. Un promontorio llamado La Molatilla flanquea este lugar al sur. No es un pueblo grande pero últimamente se ha extendido hacia el interior. Como en otros pueblos el turismo ha sustituido a la pesca como principal actividad económica. Hace medio siglo no se esperaba a ningún turista, a juzgar por las observaciones de Juan Goytisolo: "En la única calle trazada hay un bar y un estanco, los cerdos gruñen en el interior de las cochiqueras y el mar alborota y da tumbos en la playa".

Es la hora de comer cuando llego y supongo que habrá algunos restaurantes con un menú del día a buen precio. En anteriores visitas he tenido experiencias decepcionantes. Me doy un par de vueltas por los pocos sitios que están abiertos y hay muy poca oferta. Acabo en un lugar con un menú de 15 euros en el paseo marítimo, con una comida muy normal de plato único y un servicio lento e indiferente. La única opción de postre es una manzana. Menudo sablazo.

Mientras estoy comiendo llega una barca, tan pequeña que la suben con facilidad a la playa. Se ve que han estado pescando y descargan las capturas en varios cubos y cestas. Aparece gente como de la nada y se agrupa alrededor. Se hacen algunas ventas, pero los dos chicos del barco suben por la playa con la mayor parte de la pesca y se alejan pueblo adentro. Lo mejor de mi almuerzo es poder ver a un cormorán deslizándose por el agua y zambulléndose en busca de peces casi en la orilla.

Hacia el pueblo escondido

Para salir del pueblo has de coger la calle llamada Las Agüillas. Verás una señal verde en la pared de una casa que indica el camino a la Playa de San Pedro. Luego hay un par de señales más y a continuación una rambla tras la cual las casas se diseminan. Un poco más allá un cartel muestra un mapa del sendero a El Plomo y Agua Amarga e indica la distancia y el tiempo hasta allí, doce kilómetros con un tiempo estimado de cuatro horas y media.

Un sendero bien trazado se eleva en zigzag por una amplia plataforma en la ladera. Desde lo alto tienes una amplia vista sobre Las Negras y las colinas que se extienden más allá. Al noreste las oscuras piedras de la Punta del Cerro Negro se asoman al Mediterráneo. Dos cuervos vuelan sobre ella y graznan amenazadoramente.

La ruta alcanza la cima principal del Cerro Negro (172 m.) y en pocos minutos se puede ver un estrecho sendero que a la izquierda lleva al Cortijo de Ricardillo. Los aficionados al *rock'n'roll* de los primeros tiempos pueden emprender el corto camino de «ida y vuelta» para explorar este Cortijo de Little Richard, pero sólo encontrarán unas ruinas en la ladera del cerro homónimo (Cerro de Ricardillo, 309 m.) elevándose en las proximidades. El camino principal gira a la derecha en este punto recorriendo las laderas costeras de la Sierra de la Higuera. Dos currucas rabilargas revolotean por el camino. Con un ojo rojo brillante y partes inferiores de color burdeos que contrastan con el dorso gris azulado, este pequeño pájaro no se ve con frecuencia ni fácilmente, así que cuando tienes esa suerte la experiencia es aún más memorable.

En menos de una hora desde Las Negras se divisa en un valle muy abrupto la Cala de San Pedro con su castillo mirando al mar, al modo de una aguamarina difuminada en la costa. No se puede llegar aquí por carretera y un mapa en relieve deja claro el porqué: sería una empresa sumamente costosa y contaría con la oposición de mucha gente. A finales de 2011 dos grupos, Amigos del Parque de Cabo de Gata-Níjar y Ecologistas en Acción, manifestaron su oposición a los planes del ayuntamiento de Níjar de abrir una carretera de acceso a San Pedro, alegando que desde hace años existe un «interés especulativo» en la zona. Consideran que la cala de San Pedro es «uno de los lugares más emblemáticos del Parque» y afirman que la Junta de Andalucía y el ayuntamiento de Níjar no deberían ceder a «chantajes y planes especulativos».

La característica que hizo de San Pedro un lugar históricamente atractivo fue su manantial permanente. Un atlas de puertos realizado por los mallorquines Yafuda y Abraham Cresques en 1375 denomina al lugar 'santo', y en un mapa dibujado antes de finales del siglo XV aparece como 'San Pero'. En 1583 se construyó aquí una torre con una guarnición de doce soldados. Casi inmediatamente fue bombardeada por cinco barcos musulmanes, aunque sólo le causaron daños menores.

Lo peor estaba por llegar. En la víspera de año nuevo de 1658 la torre fue parcialmente destruida por un terremoto, muriendo el gobernador. Fue reconstruida por Baltasar de Almansa y a finales del siglo XVII se reforzó con una plataforma de artillería. Posteriormente, la fortificación fue bombardeada en varias ocasiones, una de ellas en 1743, durante el reinado de Felipe V. Un barco inglés con sesenta cañones estuvo haciendo fuego desde el amanecer hasta el anochecer, causando daños a pesar de los cincuenta proyectiles disparados en respuesta.

San Pedro fue abandonado y cuenta desde hace varias décadas con una población fluctuante de *hippies* e idealistas que viven en un batiburrillo de tiendas de campaña, refugios y ruinas reconvertidas. Este hecho se omite extrañamente en las guías del Parque Natural de Cabo de Gata-Níjar, que quieren hacernos creer que este idílico valle está desierto, con frases como: "Hay algunas construcciones sorprendentes en el valle que hasta hace relativamente poco tiempo todavía albergaban a varias familias", o "surgió una pequeña aldea, ahora abandonada desde hace tiempo".

La comunidad *hippie* tiene el compromiso como seña de identidad. La imaginación y el trabajo han hecho que las antiguas ruinas sean habitables, incluido el antiguo palomar circular, lleno de hornacinas de cerámica que ya no son visibles para el visitante porque se las han llevado. Algunos de los antiguos bancales están cultivados. Hay curiosos carteles pidiendo a los visitantes que respeten la belleza del entorno local. Sin embargo, cuando escribo esto, parece que el ayuntamiento de Níjar tiene la intención de tomar medidas contra los que considera okupas en San Pedro.

Un cartel pintado a mano junto al antiguo palomar –»Agua Amarga 12 kms.»– indica el camino a seguir. Algo falla aquí ya que esta era la misma distancia citada varios kilómetros atrás en Las Negras. Para ir hasta allí tienes una larga y dura subida con continuas curvas, como descubro a medida que avanza la tarde. Mis piernas notan el esfuerzo realizado hoy y doy fe de que si haces este ascenso a las cuatro de la tarde un sol inclemente azotará tu espalda.

Una vez que llegas arriba el sendero serpentea entre el esparto. Una pareja de españoles, mayores que yo al menos treinta años, sube por el sendero detrás de mí y finalmente me pasa mientras me tomo un respiro aprovechando un punto con vistas a la costa. Desde aquí refulgen las casas de Agua Amarga y un poco más alla se perfila Mesa Roldán, con su achaparrada torre cónica y el esbelto faro blanco encaramado en la zona costera.

Después de seguir el borde de la meseta durante un rato, el camino baja hacia la derecha por la cara lateral que da al mar. He recorrido este tramo tres veces y en todas ellas he visto cuervos: siempre he creído que es un buen presagio. Pronto se ve la Cala del Plomo, y en ese preciso momento mis gafas de sol se desajustan. Uno de los pequeños tornillos debe de haberse aflojado y caído, pero me doy cuenta de que puedo llevarlas con una sola patilla. Menos mal que la luz es ya tenue a esta hora de la tarde. Ahora el camino bordea un pequeño asentamiento de apenas cuatro casas y ya sale a la Cala del Plomo. En el siglo XVI tuvo su propio puesto de vigilancia para proteger los cultivos locales y vigilar los desembarcos enemigos, pero ahora las cosas están más tranquilas.

VI / Costeando: Un arrecife de coral en el cielo

Lo importante es moverse; sentir más cercanas las necesidades y dificultades de nuestra vida: bajar de este lecho de plumas de la civilización y encontrar bajo los pies el suelo de granito cubierto de pedernales cortantes.

Travels with a Donkey in the Cevennes
Robert Louis Stevenson

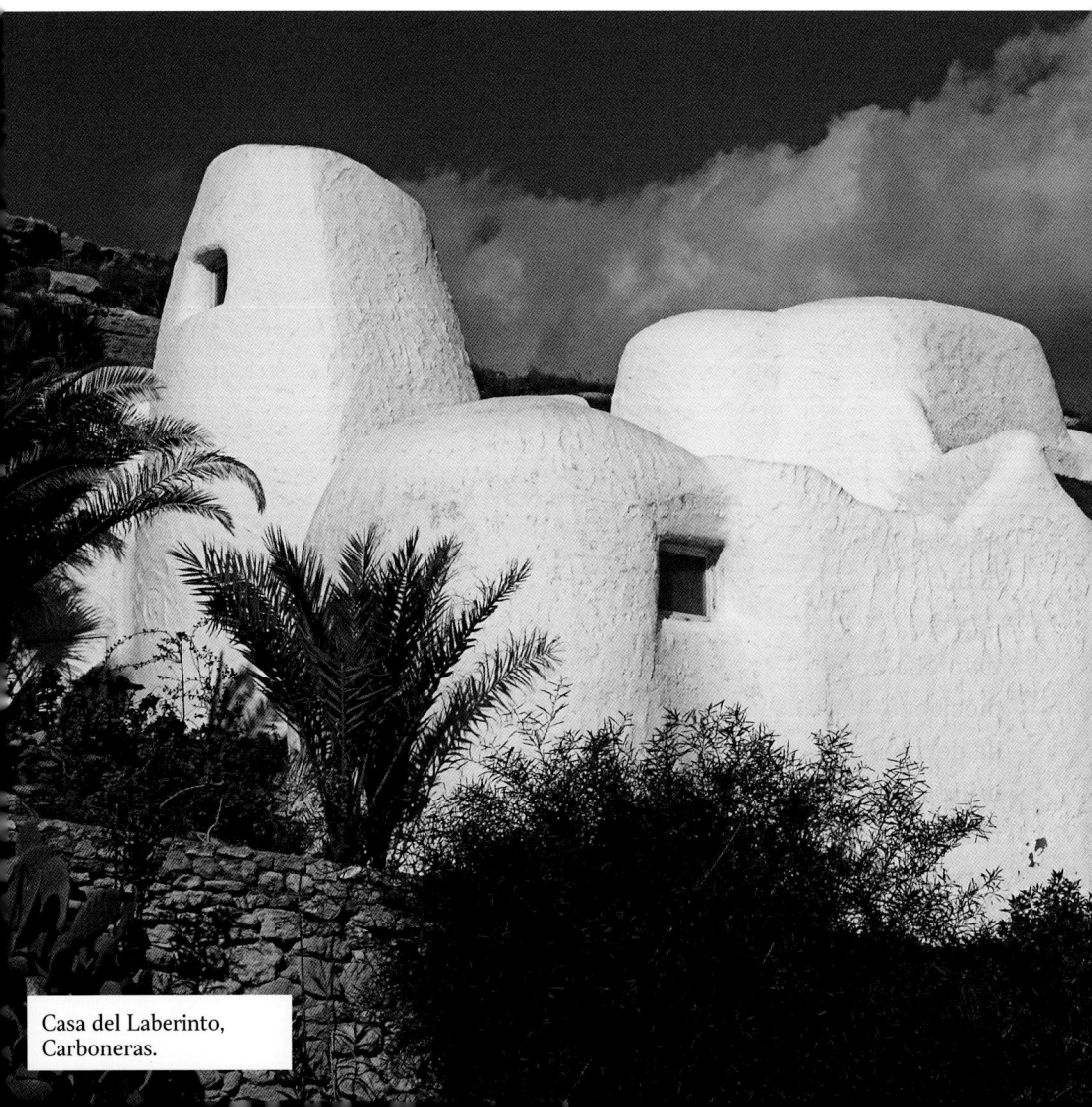

Casa del Laberinto, Carboneras.

Hacia Agua Amarga

Desde la Cala del Plomo sigo un camino sin asfaltar, el único acceso por tierra a la cala, hasta que un poste bajo de madera a la derecha me indica el camino a seguir. Este camino se eleva inicialmente sobre un lecho de roca y asciende de forma constante antes de descender suavemente hacia un edificio inacabado, aparentemente abandonado, que se encuentra en el interior de la preciosa playa de la Cala de Enmedio. Merece la pena visitar este lugar virgen. Su playa de arena fina está flanqueada por acantilados de arenisca blanquecina y plataformas de abrasión, formaciones rocosas erosionadas por la acción del mar en la base de los acantilados. Con el tobillo izquierdo cada vez más dolorido por el roce de la bota, lo dejo para otra ocasión.

Conozco el camino a Agua Amarga (aún no he podido averiguar el porqué de su nombre) de anteriores visitas aquí. Se sigue un camino estrecho que se desvía a la izquierda junto a otro poste indicador de madera. De nuevo el camino sube, al principio sobre una plataforma de roca lisa que, si miras en dirección sureste, te lleva a una vista de la Cala de Enmedio. El sendero rocoso se empina y llega pronto a una zona llana, el Cerro del Cuartel, a unos cien metros sobre el nivel del mar. Estoy empapado de sudor por la gran subida de San Pedro, así que aprovecho para ajustarme la mochila y poner mi camiseta a secar con los últimos rayos de sol. Las probabilidades de que consiga que se seque son mínimas. A los pocos minutos empiezo a descender hacia Agua Amarga y el camino pasa a ser de asfalto cerca de la rambla que divide el pueblo.

Protegida entre Mesa Roldán y el Cerro del Cuartel, Agua Amarga tuvo una importante industria pesquera dedicada al atún en el siglo dieciocho. Se cree que las antiguas cuevas excavadas en la piedra blanda del lado oeste de la playa, a las que todavía se puede entrar, fueron utilizadas antiguamente por parte de la población local. Agua Amarga recibió un impulso económico en 1896, cuando se construyó un ferrocarril de treinta y dos kilómetros desde las minas de hierro de Lucainena hasta las terminales situadas justo al este de la playa. Esta iniciativa empresarial (véase el capítulo «El ferrocarril perdido» para más detalles) funcionó hasta 1942.

Más recientemente, el turismo ha sido el sustento del lugar, además de alguna que otra película. Un elegante chalé situado en las laderas del pueblo sirvió de escenario para la violenta película *Sexy Beast*, protagonizada por Ben Kingsley, Ray Winstone y Amanda Redman en el año 2000.

Mi esperado punto de reabastecimiento, el supermercado, está cerrado. Como resulta que no tengo nada más que hacer que comer comida fría, pensar y dormir, he pensado en dirigirme a la playa y pasar la noche en una de las cuevas, pero todavía es algo temprano. Así que, antes de marcharme del pueblo, me tomo una coca-cola y un café al fresco en la terraza de un bar, observando a un par de lugareños que beben a esta hora, y sin moderación, unos coñacs.

Encontrar un vivac

Mi siguiente objetivo es encontrar un lugar para pasar la noche entre los restos de las instalaciones de carga de mineral. Me planteo la idea de subir por la antigua pendiente del cargadero que se coge directamente desde la colina de la playa. Ya lo he hecho una vez y recuerdo que es bastante empinada e incómoda. Mientras estoy en la playa, con un viento gélido, observando lo que me espera, un tipo con un pequeño perro ladrador mira mi mochila y dice: «Hace frío. Deberías buscar una cueva para dormir». Ha anochecido y pienso que esta vez no voy a hacer lo mismo, así que me vuelvo a la carretera principal de Carboneras camino de Mesa Roldán.

Unos minutos más tarde, al pasar junto a un grupo de casas, se activa una alarma y todas las luces de seguridad. ¡Pero si yo no he hecho nada! Sigo mi camino. Es sábado por la tarde, alrededor de las siete y media, y a esta hora afortunadamente el tráfico es escaso.

A un par de kilómetros hay una zona de aparcamiento y un punto de información que hace referencia a la Playa de los Muertos, una de las más populares de la zona; sólo se puede llegar a ella mediante una dura bajada a pie. Desde el punto en el que estoy la carretera sube ya a Mesa Roldán. Al poco de iniciar el ascenso te encuentras el cartel que pone "Sendero de Mesa Roldán".

La luna ya ha salido y brilla con fuerza. La noche es espectacular. A mi izquierda aparecen los acantilados pálidos y brillantes de un arrecife de coral de cinco millones y medio de años. Un toque surrealista lo aporta el haz del faro, que barre regularmente la línea del horizonte. Abajo, al norte, Carboneras, al que llaman Las Vegas de los pobres. Son muchas las luces pero las rojas de la chimenea de la central eléctrica, de doscientos cuarenta metros de altura, perforan el cielo nocturno.

Estoy algo espeso, y sólo cuando llego a la mitad del camino, después de haber encontrado algunos tramos de asfalto y quitamiedos de hormigón en el borde exterior del sendero, me doy cuenta de repente de que se trata de la carretera original que debía llegar hasta el faro, de ahí la regularidad de la pendiente. El sendero rodea el lado sur de la meseta y finalmente sale cerca de la antigua torre de vigilancia.

Sus doscientos cuarenta metros sobre el nivel del mar convirtieron a Mesa Roldán en un lugar ideal para la defensa de la costa. Hacia 1501 ya había dos guardias, pero hasta 1765-66 no se construyó ninguna estructura. La torre de artillería, la Torre de Mesa Roldán, contaba con dos cañones atendidos por una guarnición de dos soldados rasos y un cabo. Se construyó según los planos del ingeniero militar José Crame, pero resultó estar demasiado alejada del mar y demasiado elevada para que su artillería fuera eficaz. No hay constancia del efecto que esto tuvo en la reputación de Crame. No obstante, siguió utilizándose como puesto de vigilancia. Fue ya a mediados del siglo XIX cuando se construyó el faro actual.

Estoy buscando un lugar para dormir. Necesito resguardarme del viento helado, evitar el haz de luz que me llega directo del faro, alejarme del resplandor de Carboneras y de la carretera actual que sube por la meseta desde el norte. Tiene que ser también un lugar en el que pueda evitar encontrarme con parejas que escogen el sábado por la noche en busca de un lugar tranquilo por esta zona. Me acomodo en un sitio casi llano cerca del final del sendero, escondido detrás de unas grandes piedras y con una magnífica vista hacia el sur. Abajo se ve Agua Amarga y, al oeste, creo que son las luces del parque eólico de Lucainena, que debe de estar a más de treinta kilómetros de distancia. El pequeño termómetro que llevo en la mochila marca cuatro grados. Hago una cena ligera y a las nueve y diez ya me he metido en el saco de dormir, con gorro de lana y todo.

Un arrecife de coral en el cielo

Me despierto contemplando una escena totalmente distinta. La luz del día ha roto el encanto, pero no las magníficas vistas de este maravilloso lugar. El sol está en todo su esplendor detrás de la torre de vigilancia. Sigue soplando un viento fresco y una luna pálida y fría se cierne casi inadvertida sobre la Sierra de Gádor. Para desayunar tengo pan, queso, salchichón, una barrita de sésamo, pasas, cacahuetes, chocolate y agua. Me sabe a gloria: tal vez la vista le da un sabor extra.

Después de guardar todo en la mochila me dirijo al vértice geodésico, la teórica cima de Mesa Roldán. Está justo al lado de un mástil de telecomunicaciones, pero también está en el filo mismo de la meseta, donde hay una visión amplia de Carboneras y, más cerca, de los escarpados acantilados del arrecife de coral y del sendero por el que subí anoche.

Mesa Roldán es un domo volcánico de casi nueve millones de años con depósitos sedimentarios que incluyen arrecifes de coral sobre los restos del volcán. Hace unos seis millones de años la cúpula del volcán, que estaba bajo el agua en esa etapa, creó un fondo marino que permitió a los corales formar un arrecife exactamente igual que los que se forman en los mares tropicales actuales. Los esqueletos de los corales se acumularon como sedimento calcáreo. Éste fue sometido a la erosión, y luego, hace unos cinco millones de años, comenzó a formarse otro depósito sedimentario construido a partir de arrecifes de coral. En esta fase las capas de coral, de uno o dos metros de altura, estaban rodeadas de sedimentos oolíticos, una prueba más de que existía aquí un clima tropical. Oolítico, por cierto, significa compuesto de granos diminutos como los huevos, o las huevas, de un pez.

A medio kilómetro al noreste hay una meseta más pequeña, unos metros más alta que el vértice geodésico de la meseta principal. Yendo hacia allí me cruzo con un señor muy amable que acaba de aparcar. Va con su perro, al que deja salir del coche para su paseo matutino. Tiene más energía que su dueño, por lo menos veinte veces.

La estructura de la meseta más pequeña, que por lo que yo sé no tiene un nombre concreto, es de piedra volcánica y está coronada por arrecifes que se muestran como un llamativo y abrupto farallón de pared vertical. Me gusta llegar a las cumbres, así que dejo mi mochila y me abro paso hasta la base del arrecife a través de una vegetación que me llega hasta los muslos y que oculta incómodos peñascos. Sería posible subir sin excesiva dificultad escalando pero no me atrevo a intentarlo estando solo. Tal vez más allá por la izquierda haya un camino más fácil. ¡Ay! La bota izquierda me roza desde hace dos días, tengo la parte exterior del tobillo muy dolorida y la verdad es que me apetece dar por terminada la caminata. Mejor vuelvo algún día con Troy y lo hacemos juntos. Retrocedo y me dirijo a la carretera principal.

La pendiente en descenso ayuda. En menos de una hora he llegado a un paseo pintado de azul y a la parte industrial de Carboneras. Por el camino he dejado atrás el Parque Natural de Cabo de Gata-Níjar, del cual Carboneras fue excluido debido a su industria. El límite del parque, que por su componente marino suele estar a dos kilómetros de la costa, se desvía de repente hacia el interior justo al sur de la fábrica de cemento y las respectivas canteras de piedra caliza. A continuación se dirige hacia el norte en paralelo a la costa y unos tres kilómetros hacia el interior. Allí se topa con la rambla del río Alías, que sigue hasta la costa.

El mayor contaminador de España

Rápidamente dejo atrás, por este orden, la cementera, una nueva instalación de reciclaje de aceite de cocina, una planta desalinizadora y, por último, la Central Térmica, una planta de carbón propiedad de la compañía eléctrica Endesa. Esta central, inaugurada en 1985 y que da empleo a doscientas cincuenta personas, es el mayor proveedor de electricidad de Andalucía. Un amplio informe publicado por la Agencia Europea de Medio Ambiente a finales de 2011 la identifica como la mayor fuente de contaminación ambiental de España y la número cincuenta y siete en el ranking de las más contaminantes de Europa. Grupos como Greenpeace llevan años criticando la falta de limpieza de la central por parte de Endesa. Según el informe de la AEMA, después de haber emitido una media de más de seis millones de toneladas de CO2 a la atmósfera cada año, las reformas que han acometido han supuesto que los niveles anuales de emisiones de CO2 se reduzcan, ligeramente, a cinco millones. En términos de salud pública y daños medioambientales, dice el informe, la contaminación industrial cuesta al gobierno español entre seis mil cuatrocientos y diez mil millones de euros anuales.

Tanques de almacenamiento y chimeneas dominan la escena. Largas escolleras y espigones de piedra y hormigón dan cobijo al muelle. A la vista de estos datos no hubo más remedio que excluir esta parte de la costa del parque natural. El *Navios Luman*, pintado de rojo y registrado en Panamá, está en el puerto. Me arriesgo a decir que está descargando carbón, ya que las cintas transportadoras llegan desde la central hasta el puerto.

Es domingo por la mañana. La carretera llanea durante varios kilómetros, una rareza en esta costa. Los ciclistas, los corredores, los que hacen *footing* y los ciclistas de montaña son numerosos. Una breve digresión: la diferencia entre los que hacen *footing* y los corredores es que los primeros son más lentos que los segundos y no recorren tantos kilómetros a la semana. La diferencia me la explicó mi amigo Fil Tebbutt, que se enfada mucho si le dicen que hace *footing*. Se trata del mismo caso que el de los ornitólogos profesionales, a los que la gente desinformada llama «pajareros». También soy consciente de que antes yo era corredor, pero ahora irremediablemente voy más limitado y estoy pasando de hacer *footing* a caminar.

Me detengo para descansar un poco. En cinco minutos tres personas, caminando con brío al estilo Rajoy, por ejercicio y no como mero paseo, han llegado hasta donde estoy y se han dado la vuelta. Y mientras hago mis anotaciones aparece una cuarta. El caminar de forma recreativa es una costumbre muy extendida en España. En ambientes rurales se hace una o dos horas antes del atardecer, cuando las mujeres del pueblo, rara vez los hombres, salen y charlan durante uno o dos kilómetros por la carretera, y luego vuelta al pueblo. Ejercicio y cotilleo: dos pájaros de un tiro.

En medio de la gran mole térmica, y dominada por la chimenea de la central, se encuentra la Casa del Laberinto. Fue diseñada por el arquitecto, escultor y editor francés André Bloc en 1964 como reacción al racionalismo que dominaba la arquitectura europea de la época. Bloc nació en Argel en 1896 y murió en Nueva Delhi en 1966, sólo dos años después de la construcción de la Casa del Laberinto. No hay aristas, tiene pocas ventanas exteriores («aperturas» sería una palabra más adecuada a tenor de lo que ves) y parece tener dos plantas o quizá tres en algunos puntos. Está a pocos metros de la carretera, y una gran puerta metálica te invita a que te vayas e impide el acceso. No está abierto a los visitantes y es una pena, ya que sería fascinante ver cómo una construcción tan sinuosa e inusual se traduce en algo habitable. Al no poder investigar más, me marcho camino al centro del pueblo.

(Actualización, marzo de 2022: Las cosas han cambiado en la Central Térmica. En diciembre de 2021 varios dignatarios acudieron a Carboneras para celebrar que la central de carbón de Endesa quedaba oficialmente sin servicio. De hecho, la producción de electricidad había cesado un mes antes. Era parte de una estrategia en la que todas las centrales de carbón de España ya habían cerrado o estaban en proceso de hacerlo. Esto se debe a que la reducción de las emisiones de

CO2 a los niveles actuales de la UE tiene un coste prohibitivo. Endesa pretende producir mil doscientos megavatios de electricidad a partir de energías renovables, principalmente paneles solares fotovoltaicos. Tras un concurso para encontrar usos alternativos al emplazamiento se han elegido catorce proyectos que permitirán seguir dando empleo a las ciento veinte personas que todavía trabajan directamente allí).

VII / Costeando: Carboneras y El Algarrobico

El dilema es el siguiente: el desarrollo puede ser justificable desde el punto de vista del bienestar de la comunidad, pero la contrapartida es la no preservación del medio ambiente. En otras palabras, el desarrollo supone la muerte segura del mundo natural y la pérdida del espíritu humano.

Setting Foot on the Shores of Connemara
Tim Robinson

El disputado hotel del Algarrobico.

Carboneras

Carboneras significa literalmente "tolvas para carbón», lo cual puede resultar engañoso, pues nunca se ha hallado carbón mineral en esta zona. El lugar apareció como 'Carbonayrola' en el atlas de puertos de Cresques de 1375. Prosperó como pueblo pesquero y también como proveedor de carbón vegetal (que también es carbón, por supuesto) obtenido de los bosques que había detrás del pueblo. La guía más autorizada de la costa, *El Litoral*, explica el origen del nombre de la ciudad y el destino de los bosques: «Debe su nombre a los prístinos encinares, talados a gran escala y convertidos sin piedad en carbón vegetal, con escaso rendimiento comercial pero enormes costes ecológicos, entre los siglos XVIII y XIX». A poca distancia de la costa se encuentra la isla de San Andrés, que, aunque pequeña, sirvió de refugio a los barcos en momentos de mal tiempo.

Todo esto fue suficiente para hacer de Carboneras un lugar estratégico, por lo que, dado el riesgo de incursiones que siempre tuvo esta costa, era casi inevitable que se hiciesen fortificaciones en ella. En 1587 Felipe II dio permiso a un hombre con un presuntuoso nombre, Diego López de Haro y Sotomayor, para que construyera dicha fortaleza. El resultado fue el Castillo de San Andrés, cuadrado y realmente imponente, con una torre del homenaje en una esquina. A mediados del siglo XVIII contaba con una guarnición de treinta soldados.

Aún sigue en pie pero está vallado por reformas. Como no puedo visitarlo me voy a un bar y me tomo un par de cafés y media tostada para reponer fuerzas. El propietario explica que sus bajos precios y la buena calidad de sus productos son una respuesta a «la crisis», la recesión económica. Miro hacia el castillo y me doy cuenta de que justo al lado de su puerta principal, arqueada por enormes piedras y sobre la que se encuentra un blasón tan erosionado que resulta irreconocible, hay una toma de corriente múltiple, una papelera y un buzón amarillo chillón. ¿Quién, me pregunto, es el responsable de algo tan surrealista?

Me dirijo al paseo marítimo, en dirección norte. Me gusta Carboneras. No tiene pretensiones. Sí, aquí hay industria, sobre todo al sur del pueblo, pero el lugar también acoge a los visitantes y lo hace sin pretender ser un centro turístico de primer orden. Da la sensación de ser un pueblo trabajador y, quizá por ello, un buen lugar para vivir. Paso por vallas publicitarias que anuncian apartamentos: «¡Aproveche la oportunidad!», dicen. Una de las empresas implicadas se llama Indalgestión. Este nombre se compone de dos elementos. "Indal" viene de Indalo, el símbolo de la suerte aquí, una figura que se encuentra originalmente en las pinturas prehistóricas de la Cueva de los Letreros, cerca de Vélez-Rubio, y que ahora se encuentra en tazas, camisetas, paños de cocina y muchas otras cosas que tienen las tiendas de recuerdos. Y "gestión" significa negociaciones o dirección de un negocio. Por lo tanto, es un nombre perfectamente lógico para una agencia inmobiliaria, pero para un hablante nativo de inglés recuerda a «indigestión». Así que probablemente no les compre un piso.

Vuelvo a Carboneras en noviembre de 2013 y estoy impresionado por los cambios que ha habido. El paseo mencionado al final del capítulo anterior tiene ahora un carril bici de color azul intenso y una estatua blanca que rinde homenaje a sus pescadores, con una cita muy evocadora del poeta Antonio Machado a sus pies. Y en la plaza mayor, para conmemorar el quincuagésimo aniversario del rodaje de *Lawrence de Arabia* en la zona, se encuentra una impactante escultura del propio Lawrence con su túnica al viento, obra de Carmen Mudarra. El rostro se parece mucho al de Peter O'Toole, más que al personaje original a quien interpretó con tan buen resultado.

Otra enorme valla publicitaria anuncia un «Plan de Recuperación del Atún Rojo», «para nuestros peces de hoy y de mañana», pero sin dar ninguna pista sobre cómo se ayudará a recuperar las poblaciones de atún rojo. Una especie de buzones metálicos se encuentran espaciados regularmente a lo largo del paseo marítimo. Una pequeña silueta de un perro, junto con la leyenda «KiosPap», deja clara su función. Pasear por Carboneras supone un entretenimiento constante.

Más adelante hay un «Parque Saludable para los Mayores», una zona de ejercicios para la tercera edad. Entre palmeras adultas hay en la playa un despliegue de misteriosos aparatos alegremente pintados de rojo y amarillo con instrucciones para su uso correcto. Un cartel aconseja consultar al médico antes de realizar los ejercicios. En el Reino Unido la gente gasta una fortuna en ir a los gimnasios para hacer esto y aquí lo tenemos completamente gratis en una playa maravillosa con un clima increíblemente bueno. Eso sí, nadie está utilizándolos, pero cerca hay ocho personas de edad algo avanzada que se divierten jugando a la petanca.

Lawrence de Arabia otra vez

A la salida de Carboneras la carretera comienza a subir. Un pequeño letrero torcido anuncia la distancia a Mojácar: veintiocho kilómetros. En la ladera que da al mar se apilan unas casas blancas en forma de cubos. «Desde 130.000 euros», proclama un cartel; «Un paraíso frente al Mediterráneo... visite el piso piloto... financiación garantizada...».

La única alternativa para continuar el camino es la carretera mencionada, que continua subiendo más allá del Residencial Tortugas y el Hotel Balneario Valhalla, de cuatro estrellas. Luego pasa por delante de la Torre del Rayo, una más de las antiguas torres de vigilancia de la costa, con una vista estratégica sobre la ciudad. La carretera se dirige ahora hacia la Playa del Algarrobico, donde la rambla del río Alías llega al mar y donde el límite del parque natural, tras bordear Carboneras, también regresa a la costa.

En 1962 se rodaron aquí escenas de *Lawrence de Arabia*, del director David Lean. Fue la primera gran película rodada en Almería. No estaba hecha la actual carretera, por lo que se pudo recrear con todo detalle la ciudad jordana de Aqaba. Doscientas personas trabajaron durante tres meses para levantar trescientos edificios. Más hacia el interior había un campamento militar turco con más de setenta tiendas de campaña. El trabajo de construcción y la necesidad de extras implicó a casi toda la población disponible de Carboneras. En la conquista de

Aqaba participaron cuatrocientos sesenta caballos y ciento cincuenta y nueve camellos. Se utilizaron mil extras, cuatrocientos técnicos, de los cuales doscientos cincuenta eran españoles, y la película dio a conocer Almería. Luego llegaron muchas otras, sobre todo los *spaghetti westerns* de Sergio Leone (véase el capítulo "Detrás de la gran pantalla»). Omar Sharif, uno de los protagonistas de la película, dijo que David Lean estaba «loco» y describió la película como: «árabes en camellos vagando por un desierto durante cuatro horas». Sin embargo la gente cambia de opinión, y para la celebración del quincuagésimo aniversario de la película a finales de 2012, Sharif vino al pueblo y dijo: «David Lean era brillante. Ahora sé que, en verdad, nunca se equivocó. Tenía una imaginación extraordinaria".

Hace sólo veinte años el viaje por carretera de Carboneras a Mojácar era una aventura casi de tintes épicos. Al llegar al Algarrobico, como muchos caminos rurales siguen haciéndolo en España, el asfalto terminaba, los vehículos cruzaban como podían la gravilla y las piedras de la rambla del río Alías, y al otro lado comenzaba de nuevo el asfalto. Cuando llovía con fuerza era imposible conducir entre Carboneras y Mojácar, a veces durante unas horas, a veces durante un par de días. La alternativa era una carretera peligrosa, de un solo carril en algunos puntos, por las laderas de Sierra Cabrera. Años más tarde se cerró durante dos años para hacer mejoras en los tramos más antiguos y se construyó un puente robusto pero sin ningún encanto sobre la rambla del Algarrobico.

El asunto del hotel del Algarrobico

El estado de la carretera no es el problema en estos últimos años. Carboneras tiene un dilema y no sabe cómo gestionarlo. Quiere que la gente viva aquí y que otros compren su floreciente *stock* de apartamentos vacacionales. Se asoma al mar y hace gala de su clima. Pero no parece preocuparse demasiado por un lugar tan asombroso y rico como el Parque Natural de Cabo de Gata-Níjar, que lo rodea por completo.

En el extremo norte de la playa del Algarrobico hay un enorme hotel sin terminar. Es una historia larga, compleja y lamentable, pero la versión resumida es la siguiente. En 1988 se autorizó la construcción de un hotel en este lugar, pero no se llevó a cabo. Posteriormente, en 1997 se creó el Parque Natural Cabo de Gata-Níjar. No fue hasta mayo de 2003 cuando los promotores, Azata del Sol, decidieron finalmente aprovechar su licencia de obras y seguir adelante con su proyecto. Se olvidaron de tener en cuenta que el lugar se encontraba ahora dentro del Parque Natural.

El resultado fue una estructura monolítica, una especie de zigurat inclinado hacia atrás desde la línea de costa, de veintidós pisos de altura y con cuatrocientas once habitaciones. Muchos vecinos de Carboneras apoyaron el proyecto por los puestos de trabajo que generaría. Las marchas de protesta organizadas por los opositores al hotel desde Carboneras hasta el emplazamiento del proyecto recibieron apoyo, aunque no generalmente de los residentes del pueblo, y los argumentos a favor y en contra se sucedían. El 22 de febrero de 2006 la construcción se detuvo por decisión judicial. Greenpeace formuló preguntas sobre la situación en el Parlamento español y esto llevó el asunto del Algarrobico a la atención nacional e internacional. A lo largo de los años siguientes se han dictado unas cuantas sentencias judiciales y el proyecto se ha declarado definitivamente ilegal. El Ministerio de Medio Ambiente y la Junta de Andalucía han llegado a un acuerdo sobre el procedimiento a seguir, a saber, el Ministerio pagará la demolición del hotel y la Junta pagará la limpieza del lugar y la restauración a su estado anterior, pero ninguno de los dos parece tener dinero en sus presupuestos para hacerlo.

Una cuestión que parece no haber sido tenido en cuenta es simplemente esta: dada la actual recesión económica, con un mercado turístico que ha caído en picado, incluso si el edificio se terminase, ¿dónde encontraría un hotel de cuatrocientas once habitaciones en una parte tan poco conocida de la costa española, aunque impresionante, suficientes visitantes para ser económicamente viable? Muchos otros hoteles de la costa almeriense ya están sufriendo bajas tasas de ocupación y abren sólo durante períodos limitados cada año. En febrero de 2013 el enorme Hotel Vera, a veinte kilómetros de aquí, cerró de repente sin previo aviso.

En el Algarrobico todavía hay litigios pendientes, entre ellos el de las posibles indemnizaciones a los promotores si la demolición sigue adelante. Y dicha demolición únicamente se producirá cuando se hayan resuelto todos los casos judiciales pendientes. En una extraña intervención en marzo de 2013, el ministro de Medio Ambiente, Arias Cañete, dijo que esperaba «contratar a una gran empresa de explosivos» para volar el hotel una vez que hayan terminado todos los casos judiciales. Mientras tanto, siete años después de que se detuviera la construcción, aún colea el asunto del gigantesco mamotreto erigido en una playa antes virgen. Para acercarme al Algarrobico he optado por una ruta no pavimentada, caminando a lo largo de la playa y a través de la rambla, de modo que cuando el coloso blanco se asoma a la vista, se eleva muy por encima de mí.

(Actualización: En septiembre de 2021 el ayuntamiento de Carboneras confirmó que el hotel inacabado ocupa suelo no urbanizable, reiterando que infringe la legislación española porque se encuentra dentro de la franja marítima estatal que se extiende cien metros desde la línea de pleamar. Los grupos ecologistas calificaron de triunfo la decisión de modificar la normativa urbanística de Carboneras y clasificar el recinto del Algarrobico como «especialmente protegido». Sin embargo, en el momento de escribir esta actualización, en marzo de 2022, el hotel sigue asolando el litoral y no hay indicios de que vaya a ser demolido en breve).

Después de todas estas consideraciones sobre la situación del Algarrobico, mi paseo termina con un gemido de dolor. A estas alturas mi tobillo izquierdo está lo suficientemente lastimado como para que caminar sea una verdadera tortura. El límite final del Parque Natural Cabo de Gata-Níjar está un par de kilómetros más adelante. Y el único camino desde el Algarrobico es la carretera de Mojácar que sube hacia

Sopalmo. Quiero ir allí para conocer más detalles geológicos. A un kilómetro de la Rambla Granatilla, que lleva desde el pequeño pueblo de Sopalmo hasta el mar, hay cárcavas multicolores en las que afloran las rocas de fuerte pendiente de la falla de los Colorados, una de las tres subdivisiones de la compleja falla de Carboneras. Las placas tectónicas están aquí en conflicto. Siento que me estoy acobardando un poco, pero me comprometo a hacerlo en otra ocasión y, de todos modos, creo que será mejor que venga con un geólogo para que me ayude a entender lo que estoy viendo.

Saco el móvil para enviarle un mensaje a Troy y decirle que he terminado la caminata. Me había dicho que vendría a recogerme. No hay señal. La única solución es volverme hacia Carboneras cojeando. Pruebo el teléfono a intervalos, pero sólo cuando me encuentro en las afueras del pueblo encuentro cobertura. Resulta irónico que el lugar donde espero que me recoja sea el que señala la bandera azul y amarilla de la oficina de ventas de una nueva y reluciente urbanización. Mientras Troy conduce hasta aquí para recogerme tengo una hora más para reflexionar, en más de un sentido, sobre las venturas y desventuras de la costa española.

VIII / Un sentimiento de pertenencia

Nos dedicamos a dar sentido a las manchas de colores al mismo tiempo que hacemos un esfuerzo por saber dónde estamos. Es lo lógico: cuando uno se muda, intenta conocer bien el barrio.

Pilgrim at Tinker Creek
Annie Dillard

Cima principal del Cerro de los Lobos, Sierra Cabrera.

Las antiguas terrazas

Después del prolongado paseo por la costa es hora de volver al interior y centrarse en una de las sierras de aquí, Sierra Cabrera. Mucho de lo que veamos en este lugar será aplicable también a otras zonas del levante almeriense.

Cuando miramos desde nuestra cocina en La Rondeña vemos, más allá del valle, las laderas de Sierra Cabrera. Están salpicadas de arbustos y se elevan hacia una cresta, los picos gemelos del Cerro de los Lobos. Es una vista hermosa y, ocho años después de haber comprado una casa aquí, seguimos admirando este paisaje, maravillados por el azar y las decisiones que nos trajeron a este lugar. Dondequiera que haya un indicio de valle, un atisbo de que miles de años de lluvia han erosionado ligeramente una línea de pendiente, ahí encontraremos restos de terrazas de distintos tamaños. El trabajo acumulado que atestiguan es asombroso.

Al principio creía de manera inocente que estábamos viendo directamente el legado de la agricultura árabe del siglo XV, pero ahora sé que en muchos casos las terrazas datan sólo de la época en que esta zona tuvo su máxima población a finales del siglo XIX y principios del XX, coincidiendo con la máxima actividad de las distintas empresas mineras de la región. El transporte de productos básicos era todavía muy limitado, por lo que el cultivo de alimentos a nivel local era fundamental.

En el valle hay olivos, almendros y algún algarrobo. Aparte de algunas huertas con lechugas, habas y pimientos, eso es prácticamente todo. Los olivos y los almendros están casi siempre encaramados en el borde exterior de cada terraza. Esto debe de estar relacionado con el buen conocimiento del drenaje, de ahí que esa sea la posición óptima para los árboles. Muchos de estos bancales están ahora abandonados, pero los olivos siguen ahí al ser especialmente longevos. Son los monumentos vivos de otro tiempo. Los algarrobos también parecen ser elementos permanentes del paisaje, y sus duras vainas de color marrón oscuro son una delicia para las cabras y las mulas.

La pared rocosa y el cerro

Nuestra casa está enclavada en la cima de un cerro. La gente a la que se la compramos había hecho excavar una zona detrás de la casa con vistas a ampliarla. Esta excavación creó una «pared rocosa» que se encuentra al descubierto y tiene hasta diez metros de altura. Se inclina hacia abajo en ambos extremos y rodea más o menos un lado y medio de la casa. La exposición es desconcertante para un no geólogo, así que cuando llegó la oportunidad de preguntar a los expertos aprovechamos la ocasión.

A finales de 2009 un equipo de geofísicos de la Universidad de Liverpool buscaba veinticuatro emplazamientos en el levante almeriense en los que ubicar aparatos de registro sísmico. Se trataba de un proyecto de investigación encuadrado en una campaña mundial destinada a mejorar el conocimiento de la estructura interna de la Tierra. Uno de sus contactos clave en la zona era Lindy Walsh, del Centro de Estudios de Medioambiente de Urrá. Lindy rebuscó en su libreta de direcciones y realizó llamadas telefónicas a algunos de los investigadores para ponernos en contacto.

Cuando los geofísicos de la Universidad de Liverpool nos hicieron una primera visita no sólo sentimos curiosidad por su trabajo sino que también les preguntamos por nuestra pared rocosa. Nos dijeron que Sierra Cabrera emergió del mar hace sólo unos cinco millones y medio de años, pero las rocas que la componen son mucho más antiguas. Tenemos limolitas fácilmente desmenuzables, formadas por granos muy finos que se fueron depositando en episodios de baja energía lejos de la costa. Una parte de la limolita visible es de color púrpura, lo que indica que se ha oxidado; otras zonas, igualmente desmenuzables pero de color beis en lugar de púrpura, se han reducido, lo que significa que han perdido el oxígeno. Las tensiones del levantamiento se muestran claramente en la pared rocosa, con algunos de los estratos inclinados a sesenta grados.

Algunos de los estratos inclinados son más compactos, de arenisca, color terroso y con partículas más grandes que la limolita, lo que indica que la deposición se habría producido en condiciones de mayor energía. En cristiano, había más agua en los ríos y, por tanto, más fuerza para arrastrar las partículas de mayor tamaño hacia el mar. La parte más alta de la pared rocosa es de dolomita, un tipo de caliza rica en magnesio, también depositada originalmente en el lecho marino, de color rosa cremoso y muy resistente. Data del Triásico, hace unos doscientos veinte millones de años.

Debido a que la pared rocosa quedó al descubierto hace poco tiempo, algunas partes son inestables y hemos tenido desprendimientos de roca bastante importantes, como describo en el capítulo dieciséis. En el interior de la pared rocosa hay una serie de agujeros y cavidades que proporcionan puestos de anidación ideales para los pájaros intrépidos. La primera primavera después de comprar la casa una pareja de collalbas rubias, de hermosos y elegantes dibujos, crio una nidada a unos tres metros de altura. Al año siguiente el terreno bajo la pared rocosa estuvo ocupado por obras y no volvieron. Cuando se terminó la construcción, la casa, de dos pisos ya, estaba a sólo un par de metros de la mencionada pared, lo que resultaba demasiado molesto para ellas pero no para los gorriones comunes. Varias parejas anidan ahora y nos 'deleitan' con un interminable estruendo que ellas confunden con un canto. Otra pareja anida justo encima de una de las ventanas de nuestro dormitorio, donde un pequeño agujero bajo una teja era una invitación abierta al espacio del techo. Y por si fuese poco, otra más ocupa felizmente una caja-nido en nuestra terraza delantera.

Esta última pareja me dio la idea de intentar alejar a los ruidosos gorriones de nuestro dormitorio y así reducir el número de decibelios. Hicimos una caja-nido de tres alturas y la fijamos a la pared frente a la pared rocosa, lejos del sol directo y, lo que es más importante, bien lejos de donde intentamos dormir. Hasta ahora los gorriones no han mostrado ningún interés en ella, aparte de cagar en su techo. Las cinco parejas que parece que tenemos se aferran con decisión a sus tradicionales lugares de anidación cuidadosamente seleccionados.

96

Desde lo alto de la pared rocosa, una ladera se inclina hacia el norte y a unos veinte metros se encuentra con una carretera estrecha. Ésta conduce a las casas de dos de nuestros vecinos, donde abruptamente termina. Justo encima de esas casas está el depósito que abastece de agua a nuestro vecindario. Recientemente se ha pintado de blanco brillante y en el lateral dice: DEPÓSITO DE AGUA PARA CONSUMO HUMANO. Desde el depósito hasta el punto en el que «el cerro» se estrecha conforme la carretera se curva hasta nuestra puerta, la distancia es de unos cuarenta metros. En lo que se refiere a la perturbación de la paz, por esta pequeña porción de terreno apenas se ve a nadie, salvo los animales de Paco, el cabrero, los únicos visitantes ocasionales. La flora es rica y nadie mejor que las cabras de Paco para dar cuenta de ella.

Algunas de las plantas son bastante fáciles de identificar, al menos por familia. Tenemos el gladiolo, que produce espigas de flores de color púrpura rojizo en abril. En concreto, creo que este es el gladiolo bizantino. También está el asfódelo común, que se distingue por su elegante forma de lanza alta. Y está el *phlomis purpurea*, un arbusto de hoja perenne con hojas y cálices grises afelpados, muy común en esta zona y otro que ya habíamos conseguido identificar. También hay mucha ruda. Otras plantas, generalmente amarillentas y sin características especiales para el ojo inexperto, son más complicadas de identificar. Para satisfacer nuestra curiosidad tuvimos la suerte de contar con la ayuda de un entendido en la materia. Lindy convenció a Roy "Alex" Alexander, de la Universidad de Chester, un botánico que se aloja regularmente en su centro de estudios de medioambiente, para que viniera y nos diera una clase magistral.

Como le ocurriría a cualquier otro entusiasta de las plantas, fue una delicia pasar un rato en compañía de Alex. Sin ser exhaustivo, ni agotador, dedicó casi tres horas a enseñarnos algunas de las plantas que crecen en los más o menos cuarenta metros de ladera. Entre otras, identificó la *Thapsia*, una planta perenne fibrosa con grandes umbelas amarillas; la *Sideritis,* una planta anual con pelos ásperos y flores de color amarillo sucio; la *Coronilla juncea*, otra planta amarilla especialista en hábitats abiertos y rocosos; y la *Anthyllis*, otra planta amarilla. No todo era amarillo; había *Atractylis cancellata*, un cardo herbáceo anual de color rosado, por ejemplo. Y luego está el *Atriplex*, llamado localmente *salao*. Se trata de un arbusto resistente del que hablan muy bien los libros de jardinería del sur de España. Tolera el pleno sol y la sequía, es resistente al fuego, una ventaja clave aquí, y se le puede dar forma de seto. Es bueno en la naturaleza, en las cimas, pero puede ser un incordio en el jardín. Una vez que desarrolla su sistema de raíces, es ferozmente tenaz. Vaya, he empezado a divagar con cuestiones de jardinería y de mi ambigua relación con el *salao*.

Tenemos el *Teucrium*, de la familia de las labiadas, al igual que el amarillo *Ononis natrix*, descrito en una de las mejores guías de plantas como un «subarbusto enano muy ramificado». Una planta parecida al geranio es el *Erodium* o pico de cigüeña, y podemos deleitarnos también con el *Phagnalon rupestre*, o posiblemente el *Phagnalon saxatile*; son tan parecidos que incluso los botánicos especialistas de zonas áridas no siempre pueden distinguirlos. Ah, y son amarillos. El *Bupleurum fruticosum*, un arbusto aromático de hoja perenne conocido como oreja de liebre, también ha encontrado un hogar en la ladera rocosa. No puedo dejar de mencionar el *Chrysanthemum coronarium*, la margarita de la corona. No os voy a decir de qué color son estas dos últimas especies. Este es, sin duda, el lugar ideal para los amantes de las plantas amarillas. La visita de Alex fue en mayo, así que es posible que algunas de las plantas que florecen en otras épocas del año desplieguen una gama de colores más amplia.

Lo más interesante que nos contó fue que en la parte superior de la mayoría de las rocas que sobresalen de la ladera hay unas capas de liquen de color naranja brillante. Cuando las rocas descuellan, esos cincuenta centímetros extra de altura son la percha perfecta para los pájaros, cuyos excrementos proporcionan un aporte de nitrógeno ideal para estimular el crecimiento del liquen.

Puesta de sol en la Mezquita

Justo antes del anochecer miro hacia el Cerro de la Mezquita, la cumbre más alta de Sierra Cabrera. El aire corta y la sensación es de mucho frío. Los rescoldos del sol iluminan un pequeño faro blanco, el vértice geodésico, que se encuentra encaramado en el macizo rocoso. La montaña muestra su característica piel, normalmente marrón, pero ahora con una textura entre el rosa y el melocotón justo antes de que el día llegue a su fin. Más allá de la cima, una única nube, un cúmulo-estrato, teñida de un color salmón, se desplaza hacia el sur. Un minuto más tarde vuelvo a alzar la vista desde el montón de compostaje al que estoy añadiendo tiras de uña de gato. La nube se ha ido, la montaña ha vuelto a oscurecerse y el día ha terminado.

Cerro de los Lobos

Un mes de marzo subo con Alec, un amigo que se aloja con nosotros, al collado entre las dos cimas del Cerro de los Lobos. Vamos parando y charlando, apreciando las vistas al mar que sólo se descubren al llegar a este punto y observando a las cabras que están a pocos metros, en la ladera que lleva a una de las cumbres. El cabrero, Paco, está sentado un poco más arriba en la ladera opuesta, dejando a su pequeño hatajo de perros flacos e inquietos para que se encarguen del rebaño. Le grito y baja hacia nosotros, preguntando: "¿No vas a la cima? (Está acostumbrado a verme con mi ropa de deporte haciendo precisamente eso). No te preocupes por las cabras, no las molestas". "No", le digo: "Estamos esperando a las mujeres. Vienen en el quad". Asiente con la cabeza y sonríe. "¿Cuántas cabras tienes?", le pregunto. "Ciento veintiocho. No son muchas en realidad, sobre todo cuando hay tanto pasto". En ese momento se oye un ruido bronco, que se hace cada vez más fuerte, y Troy y Margaret aparecen.

Los cuatro subimos a pie, quizá unos cuarenta metros de desnivel vertical, hasta el vértice geodésico de la cima que yo llamo taquigráfi-

99

camente 601; esa es su altura en metros. La otra cima del Cerro de los Lobos es el 603, pero podría decirse que no es tan buen mirador. Damos una vuelta por la cima, comprobando si hay nuevas vainas en el antiguo algarrobo que se encuentra a unos metros de la ladera norte, y luego dirigimos los prismáticos hacia los dos senderos grises de la autopista. La carretera serpentea, silenciosa a esta distancia, más allá de la Venta del Pobre, atravesando el brillante mar de plástico del Campo de Níjar que llega hasta Almería.

Miramos en dirección a nuestro valle: un paisaje complejo y accidentado con colinas y barrancos, casas blancas diseminadas, a veces en grupos y, no muy lejos, de nuevo aparece Paco ladera abajo. Su rebaño está pastando como siempre; él dirige a los perros con una serie de gruñidos y gritos ininteligibles, pero está sentado, descansando, habría que decir. Recuerdo que Enrique González nos demostró a un grupo de personas, una vez que caminábamos juntos cerca de Urrá, cómo los cabreros se sentaban en un gran matojo de esparto, acomodándose en su "mullida" aspereza.

Parece que a los cabreros y a los pastores se les llama indistintamente pastores. A pesar de que las cabras superan en número a las ovejas, parece que no se utiliza el término específico de cabrero para el hombre o niño que pastorea las cabras. Yo pensaba que los cabreros eran siempre hombres hasta que un amigo mencionó a una mujer (¿sería una cabrera?) que cuidaba un rebaño. En fin, a la sierra donde vivo se la conoce como Sierra Cabrera.

En 1953 el historiador Clemente Flores visitó por primera vez Sierra Cabrera, alojándose en varios caseríos y comprobando de primera mano cómo la gente que vivía en la montaña utilizaba las cabras para mantener el campo limpio, es decir, para mantener la vegetación corta. Pero con la emigración en masa en los años 50 se redujo el número de personas al cuidado de las cabras y, sobre todo, que las mantuviese en determinadas zonas del terreno.

Flores dice sin ser muy claro: "Alguien de la Administración introdujo el jabalí...". Con el tiempo, el jabalí encontró en la Sierra un hábitat ideal, sintiéndose a resguardo debido a la falta de "limpieza" de las cabras. Flores continúa afirmando que los jabalíes no causaron ninguna molestia a "la Administración", pero sí destruyeron árboles y bancales, lo que provoca la erosión del suelo por escorrentía.

Hoy no cabe duda de que hay muchos jabalíes por los alrededores. Son nocturnos y rara vez se les ve, pero he comprobado que escarban en muchos lugares, algunos tan cerca como a cincuenta metros de nuestra casa, en la parte baja de la ladera de enfrente. En los años que llevo caminando por la zona he visto dos veces jabalíes durante el día, ambas a última hora de la tarde en diciembre, justo antes del anochecer. En cada ocasión el encuentro tuvo lugar en lo alto de las laderas del Cerro de los Lobos. Una vez, en el barranco que lleva al collado entre las dos cumbres principales, dos ejemplares adultos y dos jóvenes se dirigían monte arriba. Estoy seguro de que sabían que yo estaba allí, veinte metros más arriba en la ladera, pero les daba igual. El segundo incidente fue justo antes de la Navidad de 2011. Un crujido en la maleza me detuvo y me regaló la visión de un enorme jabalí adulto, imponente, lo suficientemente cerca como para que la naturaleza erizada de su pelaje fuera claramente visible. Poco a poco se fue alejando por uno de los estrechos senderos curvos que ellos mismos han hecho en la ladera de la montaña. Cada pocos segundos se detenía, olfateaba el aire, resoplaba y seguía avanzando sin prisa. En ninguna de las dos ocasiones pasó nada y tampoco me sentí amenazado. No tuvieron la misma suerte Chris, el hijo de un conocido que entonces vivía en Mizala, a ocho kilómetros de distancia, y su novia Charlie. Una noche un jabalí los derribó de la moto en que viajaban. Chris oyó gritar a Charlie y se giró justo cuando la bestia estaba casi encima de ellos, cargando a toda velocidad, presumiblemente atraída o molesta por la luz del faro. Aparte de las magulladuras y el susto, Chris y Charlie resultaron ilesos. En cuanto a la moto, sorprendentemente no sufrió ningún daño. El jabalí salió corriendo, esperemos que también indemne.

Noche en la cumbre

Sábado 14 de octubre de 2006. Troy ha vuelto al Reino Unido para pasar un tiempo con su madre, que está muy enferma. Decido dormir en la cumbre del Cerro de los Lobos. Salgo de casa a las siete de la tarde con la mochila llena y, caminando a paso ligero, llego a la cumbre 601 en cuarenta minutos. Me dispongo a montar la tienda de campaña a unos metros del vértice geodésico. Una lona de plástico verde para el jardín sirve de lona adicional para proteger el suelo de la tienda contra las piedras y cualquier otra cosa que pueda estar al acecho. Hacía tiempo que no montaba esta tienda; a la luz del crepúsculo no tengo muy claro qué palos se deslizan por qué fundas. Al final lo consigo, más o menos.

Utilizo como refugio el vértice geodésico y una columna de hormigón derribada, que me sirve de asiento y estantería. Hasta casi las nueve y media de la noche me quedo observando las estrellas: la Vía Láctea es un pálido manto justo encima de mí. Pequeños grupos de luces salpican la oscuridad, algunos debajo de mí, otros mucho más en la distancia. Por sus posiciones relativas puedo saber qué pueblos son: La Rondeña, Gafarillos, Gacia Alto, Mizala, Peñas Negras, Venta del Pobre. Al principio las chicharras ponen la banda sonora, pero a medida que se enfría la tarde se van callando.

No he traído hornillo, así que toca cena fría, pero ojo a lo que voy a tomar: almendras, vino tinto, pasta con salchichas, berenjenas y pesto, uvas, tortas de avena y queso, chocolate y brandy. Es una vida dura, la de la acampada. Una brisa fresca se levanta y me obliga a ponerme el polar. Las luces de navegación de los aviones pasan sobre la Sierra de los Filabres al noroeste. Otras luces parpadean a lo largo de la autopista a unos kilómetros de distancia, pero no llega ningún sonido desde esa dirección. Un patrón rítmico de cuatro destellos desde el faro de Mesa Roldán envía un haz de luz al cielo. Mientras bebo vino tinto, la Osa mayor se me antoja un carro celestial. Puede que se me esté subiendo el vino. Este lugar es tranquilo, fresco y hermoso, un lugar ideal para acampar en la naturaleza. Le envío un mensaje de texto a Troy, que está en Londres, y cenando con su exsuegro. El viento es cada vez más fuerte y frío. Es hora de acostarse y qué mejor que una buena tienda de campaña, a salvo de las inclemencias del tiempo pero disfrutando del aire puro en la cima de esta montaña.

Kathleen Dean Moore dedica un capítulo de su libro *Riverwalking* a considerar las razones por las que pasamos tiempo en lugares salvajes. Sugiere que uno de los mayores placeres que obtiene la gente al viajar a un lugar salvaje es la sensación de seguridad que proporciona la experiencia. Esa sensación proviene de saber que, pase lo que pase, se puede estar a salvo y cómodo sólo con lo que se lleva a la espalda. La sensación de intimidad, en su opinión, es el placer central de la experiencia en la naturaleza. Al adentrarse en lugares salvajes, sugiere que la pregunta: «¿Qué es lo mínimo que...?» termine en una frase que generalmente no se acaba, pero que siempre se entiende: «...y aun así sentirte seguro y cómodo?".

IX / De conversación con Pedro

Algo nos hace sentir bien después de años y años tomando notas de lugares y cosas que merecen la pena.

Getting Higher: The Complete Mountain Poems
Andrew Greig

Piedra de la Aguila, cerca de Gafarillos.

Los desayunos de montaña de Pedro

Llegamos con un par de minutos de retraso a la cita con nuestro vecino Pedro en el cruce de la carretera donde hemos quedado. A las ocho de la mañana vamos a iniciar el paseo por la montaña que nos había propuesto. Tomamos durante medio kilómetro la carretera asfaltada que sale desde nuestra casa para luego comenzar a ascender por una pista sin asfaltar. Pasamos por delante de almendros con un reguero de cáscaras debajo. "Jabalíes", dice Pedro. Le pregunto cómo se las arreglan los jabalíes para comer almendras. "Las trituran con los dientes", dice. "Son como máquinas, pero las rompen con tanta habilidad que la cáscara cae en dos mitades. Compara eso con la forma en que lo hacemos nosotros".

Señalando el fondo de un valle escarpado con algunos olivos y almendros plantados en las terrazas, nos cuenta que una mañana, hacia las seis, mientras subía tranquilamente por aquí vio un jabalí adulto con media docena de jabatos. Cuando le pregunto dónde se acuestan durante el día, me indica que lo hacen en barrancos con vegetación más espesa. "Si las cabras pasan, incluso muy cerca, los jabalíes no se mueven", dice, "pero si las cabras huelen a los jabalíes, se apartan y hacen ruidos de hociqueo".

Llevamos sólo cuarenta minutos cuando Pedro pide que hagamos un alto en el camino. De su pequeña mochila saca una Milky Bar y una bolsa isotérmica de la que extrae una botella de vino tinto frío. No es nuestro desayuno habitual. Troy aporta unas tartaletas de espinacas bastante apetecibles que Pedro mira con desconfianza hasta que se toma una y asiente con alegría.

Volvemos a pasar por el collado y nos muestra tres piedras apiladas, que marcan el límite de una de sus parcelas. Hacia el este se puede ver Mesa Roldán y la chimenea de la central eléctrica de Carboneras, con el Mediterráneo al fondo. Al sur, incluso en un día nublado como este, el Campo de Níjar brilla con sus invernaderos, que abastecen al norte de Europa de grandes cantidades de verdura a bajo precio.

Le pregunto a Pedro si una pequeña instalación situada más adelante, en un recinto vallado, es una especie de estación meteorológica.

"Sí, envía datos a Almería". En la pequeña caseta de ladrillo hay un panel solar de gran tamaño. Un poco más allá, Pedro señala el tocón de un almendro y dice que él y su mujer Isabel solían subir aquí. La última vez que ambos vinieron fue en su todoterreno hace unos años. A Isabel siempre le gustó la montaña y los dos eran muy aficionados al senderismo.

Desde el pequeño hito de tres piedras Pedro nos pregunta qué camino queremos tomar. Hay tres opciones: izquierda, derecha o volver por donde hemos venido. Queremos saber más sobre estas colinas y le decimos que queremos ir por la izquierda. Tomamos un camino apenas perceptible debido a la gran cantidad de matorral. "Solía estar bien cuidado", dice, "pero ahora nadie lo usa y es sólo un camino de cabras". Nos abrimos paso pero tanto Troy como yo vamos en pantalón corto desollándonos vivos. Pedro, tan astuto y veterano como su rebaño, tiene pantalones largos de tela Moleskin y avanza rápido. Mi mujer machaca aceitunas y se unta las piernas con aceite para calmar el picor causado por los pinchos de los matorrales. Pedro estalla en carcajadas, apreciando el gesto.

Hemos visto una casa nueva, aún inacabada, bajando por el valle, y ahora que llegamos a ella y vemos otras ruinas está claro que aquí hubo una vez una comunidad importante. "Los Loberos es el nombre de este lugar", dice Pedro. Hace comentarios despectivos sobre la calidad del trabajo de construcción mientras pasamos por la casa de ladrillo rojo. Mencionamos el nombre del rumano que sabemos que la está construyendo. "Es un nombre gitano", dice Pedro. "¡Nadie en España tendría ese nombre!"

"Antes vivían aquí unas cuarenta personas, pero los jóvenes se fueron y los viejos, poco a poco, también. José y Ana vivían allí", dice, señalando una ruina que hay encima de donde los rumanos están trabajando actualmente. "Se mudaron a una nueva casa en nuestro pueblo". "¿Cuándo fue eso?", preguntamos, porque José y Ana son nuestros vecinos más cercanos y Pedro habla como si esa mudanza fuera relativamente reciente. "Oh, hace 30 o 40 años", responde.

Troy dice que es momento para un descanso. "Pronto", dice Pedro, "estamos a punto de llegar a la fuente". Pasamos por delante de un enorme algarrobo viejo y allí está la fuente, el agua goteando en un abrevadero grande de hormigón. Enciende un fuego con ramitas y madera caída de las adelfas y algarrobos de los alrededores. Saca de su mochila una barra de pan. Lo tostamos y él ensarta tres grandes trozos de morcilla en palos afilados. Añadimos trozos triangulares de queso blando (¿recuerdas La Vaca Que Ríe?, a ese me refiero) y nos comemos todo acompañado de un buen vaso de vino tinto frío. Le ofrecemos pequeñas tabletas de chocolate que una visita reciente nos dejó en la nevera cuando se volvieron al Reino Unido. Nos recuerda las lejanas experiencias que teníamos cuando de niños hacíamos una hoguera. Luego, más pan y gruesas lonchas de tocino, un noventa por ciento de grasa. Está delicioso, tostado y crujiente.

Este lugar, de nuevo con ruinas diseminadas por doquier, se llama Granadino. Justo antes de irnos, Pedro señala los restos de una casa en la ladera y nos cuenta que el hombre que vivía allí se pegó un tiro. "Era el padre del que tiene la casa debajo de la mía. Ya sabéis, la pareja que vive ahora en Barcelona. Vivía solo y estaba muy enfermo y decidió que había llegado el momento. Una sola bala", dice señalando su frente.

"Cuando yo era joven esta rambla llevaba agua la mayor parte del año. Ahora sólo tiene una vez cada ocho o nueve años". Está hablando de un cambio que viene ocurriendo desde hace años: se están llevando el agua para nuevos desarrollos urbanísticos o campos de golf como en otras partes del sur de España. A ello se añade el cambio climático, suponiendo que la memoria de Pedro sea exacta. También explica, dice, por qué se han abandonado muchas de las lejanas terrazas con sus almendros.

En otra ocasión, de hecho la primera vez que estuvimos en la montaña con él, estábamos en la cima 601 del Cerro de los Lobos. Justo al lado del vértice geodésico hay tres piedras colocadas verticalmente en el suelo para prender fuego. Las habíamos visto antes, pero sólo ahora nos damos cuenta de que se trata de uno de los sitios habituales donde

Pedro hace sus hogueras. Sin embargo, está sintiendo el viento y decide que hay demasiado aire, así que bajamos unos treinta metros por el lado oeste de la colina hasta otro de sus "puntos de encendido".

Hemos traído manzanas, barritas energéticas y una botella de agua. Pedro tiene otras ideas. Saca de su mochila tres latas de cerveza a pesar de nuestras protestas (no muy fuertes, la verdad) de que es demasiado pronto para eso. Para ser un hombre de sesenta y muchos años, cruza la ladera con agilidad y recoge leña de un algarrobo cercano. En un par de minutos ha sido capaz de prender un buen fuego. Lo que parece ser un trozo de pizarra lo coloca sobre las llamas. Le preguntamos por qué no se agrieta y nos dice que es una especie de piedra especial de Andorra tratada con aceite. A continuación pone sobre la piedra una loncha de tocino que ha cortado en tres pedazos con su navaja, luego una morcilla y después hace unos bocadillos con una barra de pan, aceitada y calentada. Luego dicen que la comida sabe bien al aire libre, pero todavía más cuando no te la esperas como en este caso. Para terminar, o eso creíamos, naranjas. Las naranjas de Pedro se cultivan en el cielo.

Eso no fue todo. Para terminar sacó una cafetera y tomamos café, seguido de unos chupitos de aguardiente. Te bebes uno de un trago e inmediatamente después te metes un terrón de azúcar: la culminación de un real desayuno. Desde el vértice geodésico 601 nos dirigimos hacia el noroeste, bajando por la cresta hasta el punto 579, y luego hacia el oeste. Mirando hacia el noroeste desde aquí hacia el valle está el Rincón de los Buitres. Dentro hay un peñasco llamado Piedra del Águila. Se encuentra a una altura de 456 metros en El Llano de Don Antonio. Sin embargo, los nombres que acabo de mencionar no figuran en ningún mapa. Cuando la gente que creció aquí pase a mejor vida, también desaparecerán o habrán desaparecido los nombres de los lugares en que vivieron. Aunque sea de forma insignificante, el lugar se empobrecerá aún más.

Continuamos sin rumbo fijo a través de la vegetación arbustiva, hablando de plantas, de quién es dueño de cada finca, de nombres de pájaros. "Huellas de zorro", dice Pedro en respuesta a una pregunta que le hacemos, mientras seguimos una línea prácticamente invisible entre arbustos con pinchos. Dos minutos después a Troy se le escapa un grito. Miramos hacia arriba y a cincuenta metros un zorro se nos cruza.

Muchas terrazas de almendros y olivos están abandonadas y cubiertas de maleza ya que sus propietarios se marcharon a la ciudad. Cuando llegamos a los bancales de Pedro, muy bien cuidados, le preguntamos qué significan las botellas de plástico boca abajo que hay en las cañas, imaginando que son espantapájaros. "No", nos dice, "son para decirle al de las cabras que sus animales no se acerquen por aquí."

Pedro recuerda

Joe Moran, hablando de la literatura que tiene como tema principal el medio ambiente, sugiere «... que nuestras vidas adquieren propósito y significado a partir de particularidades concretas, la textura y el detalle de las existencias individuales forjadas en localidades únicas a lo largo de muchos años». Creo que ocurre lo mismo con nuestros vecinos. Pedro, que ahora vive en una casa moderna en el lugar donde nació, me habló de su infancia en el valle. Esto debió de ser en los años cuarenta. Mis comentarios aparecen a continuación en cursiva y entre paréntesis.

«La escuela estaba en La Herradura, en una casa reconvertida, al lado de donde vive Juan. Aprendí a leer y escribir un poco. Números, un poco. Nada más. El maestro estaba en prácticas. Sólo había siete u ocho alumnos.

Estábamos en la escuela entre las nueve y la una. Por las tardes ayudaba a mi madre en la casa y a mi padre y a mi hermano en el campo. Mi familia y otras familias de aquí tenían cerdos, pollos, pavos, patos, conejos, cabras y ovejas. También perros, pero perros de caza, no mascotas. No teníamos vacas. Había vacas en Mizala y en el Cortijo los Arejos, cuatro o cinco en cada lugar, para la leche. ¿Qué animales salvajes y aves había? Zorros, liebres, martas, gatos monteses. Los gatos monteses se han ido; ya no quedan. Había más pájaros: águilas, por ejemplo.

¿Qué cultivaba la gente? Bueno, antes llovía más. Cultivábamos trigo, maíz, cebada y centeno para los animales, judías, pimientos, tomates y garbanzos. Había trillos que se usaban con mulas, no con caballos. Había un molino de agua en Granadino y cinco en Los Molinos de Río Aguas. El último molino estaba en Los Perales. Cada molino utilizaba el agua del anterior.

Aquí había catorce familias, normalmente con sólo dos o tres hijos, pero en la casa de abajo, en la de José y Ana, había una familia de nueve. En Los Garcías había nueve familias (*Los Garcías es ahora un caserío totalmente abandonado en la cabecera del valle*) y cinco familias más arriba en el barranco. En total, calculo, más o menos un centenar de personas.

Entonces no había carreteras ni coches en La Rondeña, sólo caminos estrechos. Para el transporte sólo había caballos y mulas. En las casas no había electricidad ni agua. Todo el mundo sacaba el agua de la fuente. Siempre había agua, pero no mucha porque había mucha gente. «Creo que cada familia hacía su matanza. Los cerdos pesaban doscientos o trescientos kilos. ¿Y las fiestas? En La Rondeña y en La Herradura nunca hubo fiestas, pero en Gafarillos sí. En Gacia Bajo no hubo fiestas durante veinticuatro años, hasta que el año pasado las volvieron a hacer."

En Gafarillos había dos tiendas que vendían de todo. En Sorbas estaba el mercado y algunas tiendas, pero no muchas. Yo iba con mi padre con las bestias (*en mula, creo que significa esto*) directo a Sorbas por los caminos (*al menos doce kilómetros y muy empinados*). Cuando era joven, recogíamos esparto (*una hierba dura y nervuda que se describe con más detalle en el capítulo 13*) y caminábamos hasta Carboneras para venderlo (*de nuevo, doce kilómetros con mucha pendiente*). El esparto se cargaba en barcos. Tenía quince años cuando fui por primera vez a Almería. Había un autobús de La Venta del Pobre a Níjar y luego a Almería. La primera vez que nadé en el Mediterráneo tenía veinte años. Entonces sólo había once cortijos en el Campo de Níjar y cuatro o cinco cortijos grandes en Fernán Pérez.

A los dieciocho años me fui a Andorra a trabajar en una central hidroeléctrica. Luego, a los veinte, me fui a Alemania. Allí trabajé en una fábrica de productos metálicos haciendo cocinas de campaña para el ejército. (*¿Qué ejercito era ese en los años 50?* ¿Fuerzas británicas y estadounidenses estacionadas en lo que entonces era Alemania Occidental?). Había muchos emigrantes españoles, griegos, italianos y turcos».

Vemos a Pedro muy a menudo. En el valle nos saludamos desde la distancia agitando la mano o a gritos desde nuestro jardín, o él pasa con el coche y nos pita, ya que necesariamente tiene que pasar junto a nuestra casa cuando quiere ir a cualquier sitio; o se acerca, como hizo el martes pasado, con una bolsa de granadas, almendras y un bote de aceitunas. Para ver a Isabel tenemos que visitarla; es diabética desde hace casi cuarenta años y ahora está recluida en casa. Les invitamos un día de San Esteban y fue una paliza importante para ella. Tiene problemas para ver, aunque sigue las telenovelas, así que programamos nuestras visitas para evitar que se las pierda.

Tiene un gran sentido del humor, pero es más difícil de entender que Pedro. Como él fue *gastarbeiter* («trabajador invitado») en Alemania durante un tiempo, tiene más en cuenta nuestras limitaciones lingüísticas cuando habla. Isabel, a pesar de su enfermedad, sabe más que los ratones coloraos. Ambos son muy auténticos y tienen mucha energía. Yo mido menos de un metro setenta y cada uno de ellos sólo me llega a los hombros, así que no deben medir mucho más de un metro y medio. Son aguerridos, obstinados, y a veces nos damos cuenta de que somos meros testigos mientras discuten algún asunto menor. Como es costumbre en España, un intercambio de opiniones suena al oído inexperto como una pelea.

Es un verdadero privilegio haber sido acogidos por ellos. Isabel nos propuso el reto de aprender diez palabras nuevas al día. Ahora ha reducido este objetivo a dos, como resultado, sospecho, de la forma en que chapurreamos regularmente el castellano. Estuvimos comentando que el aprendizaje de un idioma implica algo más que el vocabulario; está la cuestión de los verbos y los tiempos, de los modismos. Y, por supuesto, invocamos la vieja historia de que es mucho más fácil aprender un nuevo idioma cuando se es joven.

X / Una perspectiva histórica

Juan Goytisolo se enamoró del desierto de Almería en la primera visita que hizo a esta tierra a principios de los años cincuenta. Al pararse en un bar en Sorbas no pudo reprimir su entusiasmo por más tiempo y le soltó al camarero "Aquí tenéis el paisaje más bello del mundo". Sin embargo, este reaccionó de un modo que Goytisolo no esperaba. Dejó lo que estaba haciendo, y dirigiéndole una mirada de reproche le contestó con algo que nunca olvidaría: "Caballero, esta es una tierra maldita".

Andalucía
Michael Jacobs

Cabras y algunos compadres en La Rondeña (Sorbas)

Una perspectiva histórica

Ahora un poco de historia. Gafarillos es nuestro pueblo más cercano. Sus coordenadas son 37° 3» 0» latitud norte y 2° 1» 0» longitud oeste. Los antiguos registros de población que hay de Gafarillos indican que aquí vivía mucha más gente. No nos debe sorprender; cada una de las casas en ruinas que vemos tiene su historia. Aprender de lo que aquí ocurrió me llevará a nuevos conocimientos, así que me sumerjo en el pasado y estudio fascinado las estadísticas de población y los cambios acaecidos en el número de habitantes a lo largo de los años. Sorbas, el municipio del que depende Gafarillos, resulta ser una de las claves de la historia. Las cabras resultan ser otra.

El pueblo de Sorbas es un lugar pequeño con apenas un par de miles de habitantes. Apenas se menciona en las guías que abarcan todo el país. La *Rough Guide to Spain* menciona a regañadientes Tabernas y Sorbas, diciendo: «Ambos pueblos tienen un aspecto extraordinario, especialmente Sorbas, cuyas casas cuelgan del borde de un desfiladero ceniciento, pero ninguno de los dos es un lugar para detenerse, esto está en el medio del desierto». Elisabeth de Stroumillo, en *Southern Spain*, le concede una quinta parte de una frase, refiriéndose al «pueblo alfarero de Sorbas, que se alza espectacularmente». En *The Shell Guide to Spain*, Angus Mitchell lo ignora. Incluso la *Rough Guide to Andalucía* solo encuentra espacio en sus seiscientas cincuenta páginas para menos de diez líneas sobre el pueblo.

En 1445 Sorbas formaba una única unidad administrativa con Lubrín, un lugar de tamaño similar. Sorbas está a casi treinta kilómetros del mar, y Lubrín, aunque a unos quince al nornordeste de Sorbas, está casi a la misma distancia hacia el interior debido al ángulo de la costa. Sin embargo, mi pueblo tuvo una influencia importante. En la costa, justo al este de Agua Amarga, hay una Cala Sorbas, a unos treinta kilómetros del pueblo. A la misma distancia, en Carboneras, la calle principal también lleva el nombre de Sorbas.

Durante la segunda mitad del siglo XV los cristianos fueron arrebatando amplias zonas de Al-Andalus a los musulmanes, que las habían dominado durante siglos. A esto se le llamó la Reconquista, que alcanzó su punto álgido con los reyes Fernando e Isabel. Los cristianos tomaron Almería en 1489, y en 1492 estaban a las puertas de Granada. En ese año, el último gobernante nazarí, Abur Abd Allah, conocido como Boabdil, se rindió a los cristianos y abandonó Granada. Huyó a las Alpujarras, luego a la ciudad costera de Adra y finalmente al norte de África.

Se calcula que un cuarto de millón de musulmanes abandonó el Reino de Granada o murieron durante los enfrentamientos. Sin embargo, se cree también que otro cuarto de millón permaneció en Andalucía oriental después de 1492 y, de hecho, tras la capitulación, los cristianos les ofrecieron unos términos de rendición generosos. Los musulmanes que vivían bajo el dominio cristiano eran llamados mudéjares. Se les permitió seguir practicando su religión y conservar su modo de vestir y sus tradiciones a condición de que se mantuvieran alejados de sus asentamientos fortificados, como la Alhambra de Granada y la Alcazaba de Almería.

En 1492 Sorbas y Lubrín figuran como pertenecientes a los dominios de don Pedro Fernández de Velasco, condestable (más o menos equivalente a comandante en jefe) de Castilla. Tres años después, las poblaciones pasaron a manos de don Diego López de Haro. En esta época la zona del este de Almería, que incluía las llanuras de Níjar y Tabernas y las sierras Alhamilla, Bédar y Cabrera, era conocida como la Axarquía Almeriense.

Sin embargo, la situación no tardó en deteriorarse y en 1499 estalló una revuelta después de que el cardenal Cisneros, partidario de la línea dura y recién llegado a Granada, ordenara el bautismo de sesenta mil musulmanes. La rebelión comenzó en las Alpujarras y se extendió por Andalucía oriental antes de ser finalmente sofocada en 1501. Todos los musulmanes no convertidos fueron expulsados de Andalucía, y a los que se habían convertido, conocidos como moriscos, se les ordenó hablar español y vestirse con ropa occidental. Sin embargo, según el embajador veneciano Andrea Navagero, que describió Granada en 1526, los moriscos continuaban profesando su propia fe, vistiendo su propia ropa y hablando su propia lengua. Navagero hizo un llamamiento a la tolerancia instando a que se respetasen sus formas de vida.

No fue así y en 1568 Felipe II hizo un nuevo y más fuerte intento de aplastar la cultura musulmana. Una nueva rebelión comenzó en el barrio granadino del Albaicín y se extendió a la sierra, de ahí el nombre de Guerra de las Alpujarras. Hasta 1571 no se sofocó definitivamente esta revuelta. La consecuencia esta vez fue la expulsión definitiva de todos los moriscos del Reino de Granada.

La Guerra de las Alpujarras afectó también a la provincia de Almería. Pocos días después de la llegada a Sorbas de Don Juan de Austria, el 6 de abril de 1570, los moriscos fueron expulsados a patadas de sus tierras y se dispersaron dejando la zona casi desierta. Según Rosa María Piqueras: «...todos los moriscos de Sorbas, junto con los de Lubrín, y algunos de Serena y Cabrera fueron enviados a las tierras del Marqués del Carpio en Córdoba». De un total de ochocientos moriscos expulsados de Sorbas y Lubrín, menos de la mitad sobrevivieron al viaje hasta Córdoba. Los dos pueblos quedaron prácticamente despoblados.

En junio de 1573 comenzó la repoblación, con doscientos cincuenta colonos traídos de Murcia, Cartagena, Lorca, Aragón y otros lugares. En un censo de Sorbas de 1576 se recogen una serie de normas para los nuevos pobladores. Tenían que registrar sus viñedos, árboles, incluidas las moreras, y tierras de regadío y de secano. Tenían que pagar por la limpieza y el mantenimiento de las líneas de riego y la restauración de las presas en el río. El uso de los molinos de harina y aceite era gratuito durante los seis primeros años siempre que se mantuvieran en buen estado. Los nuevos colonos estaban obligados a cultivar según las costumbres de la zona. Por último, debían poseer una espada, un arcabuz (una pistola antigua), una ballesta o una alabarda (una pica larga) y un escudo redondo.

No eran estas las únicas dificultades. Muchas de las personas que vinieron a repoblar la zona procedían de lugares con hábitos agrícolas muy diferentes a los que encontraron en el distrito de Sorbas. Algunos de ellos procedían de regiones con mucha más agua y les resultaba muy difícil adaptarse a las prácticas agrícolas de secano.

Además, al estar la zona tan cerca de la costa, corrían el riesgo de sufrir saqueos. Muchos de los moriscos expulsados habían ido a parar al norte de África y, conociendo bien la zona de Sorbas, actuaban como guías de las incursiones de los piratas, que apresaban a las personas que encontraban y las vendían en los mercados de esclavos de Argelia. Cuenta J. A. Tapia Garrido que en 1578 los piratas saquearon la ciudad de Sorbas y se llevaron cautiva a la población. Poco después, Sorbas fue repoblada de nuevo, esta vez con treinta personas. A finales del siglo XVI la población se había estabilizado, pero seguían existiendo amplias zonas del municipio sin habitantes.

Un siglo y medio después, en 1749, se iniciaron los trabajos para elaborar un censo y un estudio estadístico a gran escala llamado Catastro de Ensenada. Abarcó población, propiedades, edificios y otros detalles, y se llevó a cabo bajo el mando del rey Fernando VI y su ministro, el marqués de la Ensenada, de ahí su nombre. Los resultados mostraban que Sorbas, que en ese momento formaba parte del señorío del Duque de Alba, tenía «doscientas cuarenta y nueve casas y doscientos once cortijos»: las casas en el propio pueblo y los cortijos en los alrededores. Así pues, ciento cincuenta años después de la expulsión de los moriscos volvía a haber una importante población asentada en la zona.

Nuevos datos aparecen más de un siglo después con el censo de 1887, que cifraba en dos mil doscientas el número de viviendas en el municipio, mil trescientas ochenta y tres de ellas dispersas por las afueras del pueblo. En los ciento treinta años transcurridos desde el Catastro de Ensenada se había producido un gran aumento de la población hasta alcanzar los siete mil quinientos habitantes. Parece que muchos estos pequeños núcleos se originaron entre mediados del siglo XVIII y mediados del XIX, creciendo sin duda en torno a lo que en un principio eran simples cortijos. Poco a poco se fue estableciendo un patrón que sigue siendo visible hoy en día, el de núcleos simples, algunos con más de doscientos habitantes y aglomeraciones de casas diseminadas por el campo.

El historiador Diego Molina Simón ha investigado los modelos de población que hubo en el pasado en Gafarillos. Una de sus principales fuentes fue el granadino Francisco Molina Méndez (1843-1939), quien, en una foto que se conserva, tiene la cabeza grande, el pelo blanco y corto y una mirada firme y decidida. Se le atribuye la siguiente frase: «El primer habitante de La Rondeña fue un cazador de lobos que venía de Ronda, en Málaga. Algo parecido ocurrió con Los Loberos, donde se asentaron algunas familias de cazadores de lobos. En Granadino hubo una familia cazadora de lobos que vino de Granada. En el caso de Los Gacia (Alto y Bajo) el primer habitante fue un moro llamado Gacia».

Como se describe en otro capítulo, la conexión de estas tierras con el lobo es estrecha, tal y como apreciamos en los topónimos. Lo cierto es que los lobos hace tiempo que desaparecieron de Sierra Cabrera. De hecho, la población total en España llegó a mínimos en los años 70, existiendo solo alrededor de quinientos ejemplares. Desde entonces, una lenta recuperación ha llevado el total a unos dos mil quinientos. Se encuentran sobre todo en el noreste, con una pequeña población en la zona de Jaén-Cuenca de Sierra Morena, estimada en 2005 en entre ocho y diez manadas, con un número de entre cuarenta y setenta animales, y posiblemente en ligero aumento. Por lo tanto, los lobos más cercanos a Sierra Cabrera están ahora a unos doscientos kilómetros de distancia, sin posibilidad de recolonización. (Mi editora, Helen, vio esto y respondió: «¡Nunca digas nunca!». Bueno, personalmente estaría encantado de que los lobos volvieran a la Cabrera, pero no veo que vaya a ocurrir pronto).

Despoblación

El censo de 1887 daba una población de 1.358 habitantes para la pedanía de Gafarillos y enumeraba 13 núcleos de población, de los cuales los más grandes eran Mizala (doscientos diecinueve habitantes) y Gacia Alto (ciento sesenta y nueve). En 1910 el total era de mil trescientos cuarenta y cuatro y en 1930 el nivel de población de la pedanía seguía siendo muy similar y se repartía entre quince lugares distintos: Alpañeces, Cerrada (Gafares), Arejos, Campico, Gafarillos, Gacia Alto, Gacia Bajo, Granadino, Herradura, Loberos, Mizala, Peñas Negras, Rellana, Rondeña y Varguicas.

En 1950 las cosas cambian y las cifras muestran un claro descenso. Parte de la variación de las cifras de los distintos lugares se debe a los cambios administrativos, pero todos los núcleos de población experimentaron fluctuaciones similares, con el nivel máximo registrado entre finales del siglo XIX y principios del XX.

Los tiempos fueron muy duros tras la Guerra Civil y la gente se fue a buscar trabajo a otros lugares. Algunos no se fueron lejos: al Campo de Níjar (veinte kilómetros) o a El Ejido (ochenta kilómetros), por ejemplo, pero muchos se fueron a Cataluña o a Alemania. Migrar para encontrar trabajo no es un fenómeno nuevo. En 1950 el número de habitantes de Gafarillos había descendido a unos mil, una pérdida de más de trescientas personas, la mayoría en los veinte años anteriores, una media de quince personas al año.

He oído, pero no lo he podido confirmar, que una de las razones de la despoblación de los pueblos periféricos en las décadas de 1940 y 1950 fue que el gobierno de Franco quería reducir el número de ayuntamientos. Para conseguirlo centró sus esfuerzos en los pueblos pequeños y dijo que las decisiones a tomar respecto a ellos se basarían en la población total, no del municipio, sino sólo del pueblo. Sorbas y Lubrín estaban prácticamente empatados a este respecto. Como consecuencia, las autoridades de Sorbas (y presumiblemente también las de Lubrín) se mostraron reacias a instalar servicios básicos y otro tipo de comodidades modernas en la periferia, concentrando sus esfuerzos en persuadir a la gente para que se trasladara de las zonas rurales al núcleo urbano del pueblo, donde sí podrían tenerlas.

Por lo que se refiere a los elementos constitutivos de Gafarillos, en la primera mitad del siglo XX la población de La Herradura descendió de doscientos veinticinco a cien, la de Los Loberos de ciento setenta a setenta y cuatro, la de Granadino de sesenta y ocho a ocho. En 1950 Los Arejos aparece con cero habitantes (en 1887 había tenido veinticinco). El mismo destino, la despoblación absoluta, había afectado a Los Alpañeces en 1970, y tanto a Granadino como a Los Loberos en 1991.

La mayor fuga de población se produjo entre 1975 y 1991. Una de las principales razones por las que la gente se marchó de estos lugares remotos fue su "grado de atraso", sin agua corriente ni electricidad. En la mayoría de los lugares pequeños alrededor de Gafarillos estos servicios no se instalaron hasta finales de los años 70 o principios de los 80.

Aunque en lugares como Granadino no se registraba población permanente, algunas casas eran mantenidas y habitadas durante cortos períodos. Ocurría, por ejemplo, durante la recolección de la aceituna cuando venían familias cuyo domicilio fijo estaba ahora en otro lugar como Carboneras o Almería. Estas casas siguen siendo utilizadas como lugares de visita de fin de semana o de retiro por los que antiguamente se marcharon, o para volver a ellas en momentos significativos como la fiesta del santo de la localidad. En el caso de Gafarillos es San Lorenzo, el 10 de agosto. Mientras escribo esto hoy, Viernes Santo, la gente ha regresado a un par de casas de nuestro valle que normalmente están vacías. Para estas personas la Semana Santa es un momento importante de vuelta a sus raíces.

En 1857 la comunidad donde está nuestra casa era próspera; tenía ciento quince personas. En 1900 había ciento nueve y en 1950 todavía sesenta y nueve. Pero la historia es la misma que en otros lugares; sesenta y dos en 1970, bajaron a cuarenta en 1981 y volvieron a bajar a diecisiete en 1991. Ahora sólo viven aquí una docena de personas en seis casas habitadas permanentemente. Durante los fines de semana y el verano, y también con las reuniones familiares, la cifra aumenta con la llegada de gente procedente de Carboneras, Los Gallardos, Barcelona e incluso Inglaterra porque, de la docena de residentes actuales aquí, tres son ingleses. En algunos núcleos de población, como Peñas Negras, no hay británicos, pero en el resto de la pedanía la mayoría de los lugares tienen al menos una pareja y en algunos sitios, como Gacia Bajo, un grupo. Añada a la mezcla algún belga, holandés, alemán y rumano y entenderá el motivo por el que las cifras de población no han descendido a niveles aún más bajos.

De cabras

Si nos remontamos en la historia (en sentido estricto, si nos retrotraemos a la prehistoria) de Sierra Cabrera, el registro polínico indica que hace diez mil años la zona estaba cubierta por bosques con abundantes especies de encinas debido tanto al clima como a la escasa presencia del ser humano en la zona. Sin embargo, hace unos cinco mil años la cultura capsiense se estableció en la actual provincia de Almería. Se trata de una cultura mesolítica originaria del Magreb (norte de África), que toma el nombre de la ciudad de Gafsa, en la actual Túnez. Desde el Neolítico se sabe que domesticó animales de la subfamilia *Caprinae*, que incluye a las cabras y al muflón europeo, este último considerado el antecesor de la oveja moderna.

Los historiadores consideran que el pueblo capsiense introdujo el pastoreo nómada en Sierra Cabrera. A partir de ese momento se inició el declive de los bosques como consecuencia de dos factores, el fuego y el pastoreo. El fuego era la herramienta más fácil con la que los capsienses podían aumentar la cantidad de matorral que servía de pasto para sus animales. El número de animales, principalmente cabras, aumentó de forma constante hasta la Edad Media. Desde entonces el paisaje de Sierra Cabrera, aparentemente semisalvaje, ha sido en realidad el resultado directo de la gestión humana y de la creciente aridez del clima.

El predominio de las cabras dio nombre tanto a la sierra como a un asentamiento concreto, conocido desde antes de 1500, y aún hoy, como Cabrera. Bernard Vincent, director del Centre de Recherches Historiques de París y eminente investigador de la historia social española, destaca la importancia de la ganadería en el Reino de Granada

120

durante la época medieval. Como confirman otros historiadores, un hogar musulmán típico de aquella época tendría una media de dieciocho cabezas de ganado. Bernard Vincent también confirma la importancia de la trashumancia, el movimiento estacional del ganado para encontrar mejores pastos. En las grandes zonas de montaña, como los Alpes, suele tratarse de una migración en altitud, pero en el sur de España también es un movimiento estacional del ganado a distancias considerables.

Al llegar el verano la hierba del sur de España se marchita, por lo que los ganaderos y sus rebaños se trasladan al norte en busca de nuevos pastos. En invierno es al revés: es frío en el norte y los pastos frescos crecen en el sur, así que los ganaderos y sus animales regresan. Como consecuencia de este patrón anual se desarrolló una red de caminos de trashumancia, ciento veinticinco mil kilómetros en total, que cubren el uno por ciento de la superficie de España. Estos caminos estaban supervisados por la Mesta, una organización formada principalmente por ganaderos de ovino que, en su momento álgido, a principios del siglo XVI, trasladaba tres millones de ovejas al año. Las cañadas por las que el ganado podía transitar legalmente y pastar bajo la protección de la corona solían tener hasta cuarenta metros de ancho (para más información sobre las antiguas rutas, véase el capítulo 27).

En el siglo XVI se trajeron rebaños de ganado desde otros lugares para forrajear en pastos alquilados de Sierra Cabrera. Esto aumentó después de que la sierra fuera desalojada de sus habitantes, que huyeron a África en 1505. Un indicio de la riqueza de la flora de Sierra Cabrera en esa época es el hecho de que los habitantes que huyeron abandonaron ochenta y ocho colmenas.

En esta época Mojácar y Vera parecen haber sido los asentamientos cercanos que más influencia tuvieron en Sierra Cabrera. En 1497, muy poco después de la reconquista, el concejo de Mojácar tuvo una disputa con el de Vera por las licencias de pastoreo. El control y el arrendamiento de los pastos siguió siendo un problema durante todo el siglo

XVI, siendo el archivo municipal de Vera una fuente inagotable de detalles sobre el asunto. Allí consta que más de dos mil ovejas y cabras pasaron el invierno de 1530 en Vera, mientras que al invierno siguiente sólo estuvo Juan Xarqui, con sus mil cabezas de ganado.

A lo largo del siglo XVI se intentó repoblar los asentamientos de Teresa y Cabrera, en lo alto de la sierra, pero tras el desalojo de los moriscos en 1570 ambos quedaron desiertos. La despoblación de la zona se acentuó aún más tras el asalto de los moriscos a Cuevas del Almanzora en 1573, cuando doscientos veinticinco cautivos fueron llevados a África. A lo largo de los dos siglos siguientes la recuperación de la población fija de Sierra Cabrera fue muy lenta, pero los cabreros, con sus corrales en aquellos remotos caseríos, fueron de los que nunca se marcharon.

A principios del siglo XIX, con la costa ya fortificada entre otras estructuras por el Castillo de San Andrés en Carboneras, la población aumentó lentamente y comenzó a explotar de nuevo los recursos de la sierra. La ganadería se convirtió en un complemento de la agricultura y de la explotación de la leña de los montes.

Además de suministrar carne y leche, las cabras eran útiles para la limpieza de las malas hierbas de las zonas alrededor de los cultivos y para mantener los arbustos a un tamaño razonable. Esto ayudaba de dos maneras: evitaba la invasión de las zonas cultivadas por semillas no deseadas y limitaba el riesgo de incendios forestales. Sin embargo, también restringía el restablecimiento de los árboles en la zona. La importancia del ganado caprino fue tal que a mediados del siglo XIX había más de dos mil cabezas en Turre, en cuyos alrededores pacían. En aquella época, aproximadamente el cuarenta por ciento de la población del municipio de Turre vivía en Sierra Cabrera, y así se mantuvo prácticamente hasta mediados del siglo XX.

A mediados del siglo XIX la red de cañadas reales seguía en pleno funcionamiento. Ninguna de las rutas principales pasaba por Sierra Cabrera, pero sí lo hacían las rutas secundarias que enlazaban con ellas. A menor escala, el modelo de pastoreo ligado a las estaciones creaba rutas y cortafuegos, un factor importante para limitar los daños de los incendios forestales. Aunque se siguen guardando rebaños de cabras en las colinas de Sierra Cabrera se ha producido una reducción general de la actividad de pastoreo y se cree que ésta es una de las razones por las que los incendios forestales (véase el capítulo 15) han sido más frecuentes en los últimos años.

XI / Acebuches y olivos

La jardinería auténtica y genuina es aquella que lleva lo salvaje en su interior.

Wild
Jay Griffiths

Aceituna cosechada.

Acebuches

Justo fuera de nuestra casa, junto a los escalones más altos que bajan a los bancales donde intentamos cultivar frutas y verduras, hay un acebuche. Cuando llegamos aquí era el único árbol de la parcela. El acebuche es el ancestro silvestre del olivo cultivado y produce frutos más pequeños. Nos dijeron que el aceite de acebuche era uno de los mejores aceites cosméticos que existen, así que recogimos algunas de las pequeñas acebuchinas e intentamos prensarlas nosotros mismos. Fue un completo fracaso. No obtuvimos aceite alguno: los frutos parecían ser todo hueso y nada de pulpa.

Desde entonces no nos hemos molestado en recolectar el acebuche con verdadero interés; el árbol está en una pendiente pronunciada que hace imposible poner una manta debajo y la mínima recompensa que obtenemos no merece el esfuerzo que supone. Hoy, sin embargo, necesitando una actividad tranquila y de ritmo fácil para reajustar mi cuerpo y mi cabeza después de demasiado chocolate y vino durante las Navidades y el Año Nuevo, cogí un cubo de plástico verde y empecé a recoger las acebuchinas. Pequeños misiles de color púrpura atronaban al caer en el fondo del recipiente. Estaban maduras, supongo que demasiado maduras, porque mientras las recogía muchas se espachurraban, y por el color de mis manos parecía que hubiese estado cogiendo moras.

Después de dos horas tenía casi un cubo lleno. Eran cinco kilos, que equivalen más o menos a algo más de un litro de aceite. Algo para tener en cuenta: no recibiríamos nuestro propio aceite, tan arduamente conseguido, por separado. Se mezclaría con el resto de aceituna que llevamos en el último viaje de esta temporada a la almazara, perdiéndose así este aceite de supuesta alta calidad en el conjunto de nuestra remesa.

Mientras tanto, ya habíamos podado nuestros olivos. Las ramas se amontonan en medio del bancal. A las cabras les gustan las ramas de olivo. El otro día, mientras conducíamos a casa, el rebaño de Paco bajaba la pendiente hasta la carretera, a unos doscientos metros de nuestra casa, guiado por sus perros y por unas cuantas piedras bien tiradas. Detuve el coche, bajé la ventanilla y le grité que teníamos ramas de olivo. "Las cabras se las comerán cuando pasemos otro día", me respondió.

Efectivamente, unos días más tarde vi a las cabras dando buena cuenta de las podas en el lugar donde las habíamos dejado, justo enfrente de nuestra puerta. Bajé y charlé con Paco. Sus peludos perros grises mantenían a raya a las cabras. "¿Cuántos perros tienes?", le pregunté. "Cuatro aquí y muchos más en casa", sonríe. "¿Son de alguna raza especial para guardar cabras?", volví a preguntar. "Sí", dijo, "perros pastores". Para el ojo inexperto parecen un montón de chuchos flacuchos, cada cual a su bola. Al cabo de media hora el rebaño se había marchado, dejando un rastro de tallos y ramas finas arrasadas a su paso. Se emplearon a fondo con las ramitas, esparciéndolas y desordenando el primer montón que habíamos hecho, como si un pequeño festival de rock de cabras acabara de terminar, la basura esparcida por todas partes y la multitud tambaleándose feliz y ajena a aquel caos.

Diario: 31 de diciembre de 2005

Ayudé a Pedro a terminar de recoger su olivo más preciado. Afirma que ya existía cuando los árabes estaban en esta tierra. Esto supondría que su edad es superior a quinientos años, perfectamente posible. Las aceitunas son pequeñas, pero muchas. "Sin agua, llenas de aceite", dice. Calcula que obtendremos más de cien kilos sólo de este árbol. "Cuando se ponga el sol, daremos de mano", dice. El sol se pone y se echa encima el frío. Por hoy es suficiente.

Recogiendo la oliva de Lindy

La recogida de aceitunas no es que sea un proceso complejo. Se coloca un fardo o manta bajo el árbol y, como si estuvieses ordeñando

126

el olivo con las manos (también se usan rastrillos), dejas caer estas pequeñas balas brillantes que cuelgan entre las delgadas hojas plateadas. Algunas aceitunas son gordas, brillantes y negras, otras son pequeñas y verdes, y muchas se encuentran entre estos márgenes de tamaño y color; se trata de una gama interminable que va desde el púrpura y el burdeos hasta el rosa rojizo y el verde pálido.

Estamos a mediados de enero y el sol brilla con fuerza para esta época del año. Sopla una suave brisa. Subido en lo alto de un olivo contemplo kilómetros y kilómetros de bancales, barrancos fuertemente erosionados, afloramientos rocosos y matorrales. Para ser esto casi un desierto la vista es increíblemente hermosa. A un kilómetro de distancia y algo más abajo se encuentra el Cortijo Urrá, la casa y centro de estudios de medio ambiente propiedad de Lindy Walsh. Nos ofreció la posibilidad de recoger sus aceitunas, siendo el trato que ella se quedaría con una proporción del aceite cosechado.

Algunas de las aceitunas están fuera de nuestro alcance, así que la vara entra en acción. Las olivas llueven sobre la manta, una enorme malla negra y rectangular de nylon, extendida como mejor se puede debajo del árbol. A menudo, sobre todo teniendo en cuenta que estos árboles han estado relativamente descuidados, pasamos quince o veinte minutos limpiando el suelo, quitando la maleza y cortando los pinchos para poder colocar la manta de tal manera que cuando las aceitunas caigan no se salgan del borde y se pierdan.

Si utilizas los rastrillos, el método más rápido, sueles llevarte por delante un buen número de hojas y ramitas, las más grandes de las cuales hay que quitar del aparato. Hay que esmerarse y llevar las aceitunas a la almazara (palabra árabe que significa molino de aceitunas) sin demasiadas impurezas. También es posible recogerlas a mano, peinando con los dedos las ramas de forma que arrastras el fruto y desprendes la hoja. Nosotros solemos combinar ambos métodos. Mientras tanto, resuenan cerca en algún lugar del barranco los chillidos de las grajillas de Lindy. El otro día calculé que habría unas trescientas, formando bandadas de un color semejante al hollín y celebrando ruidosamente su paso y su habilidad para volar.

En principio, las aceitunas recogidas se guardan en espuertas de plástico negro. Sin embargo, si coges oliva durante un periodo más o menos largo de tiempo, las aceitunas deben tener un flujo de aire a su alrededor, por lo que hay que almacenarlas en cajas de plástico perforadas. Tenemos muchas en varios tamaños y colores, la mayoría recogidas del vertedero municipal que había en las afueras de Gafarillos y que cerró en 2010. Lo ideal sería llevar las aceitunas inmediatamente a moler, pero no les pasa nada si se almacenan durante unos días en algún lugar fresco hasta que haya suficientes. De esta forma el viaje a la almazara te sale algo más a cuenta.

Cuando hemos juntado suficiente aceituna llevamos la carga a la almazara de Gafarillos. El encargado se llama Juan José, Juanjo para abreviar. Juanjo es uno de los prohombres de este lugar: además de la almazara, es dueño de la tienda del pueblo, es concejal de Sorbas y parece un tipo muy decente. Siempre está atento cuando vamos a decirle que no tenemos agua, que hay un agujero en la carretera del que sale agua a chorros y que quizás haya relación entre una cosa y la otra.

En la almazara las aceitunas se vuelcan a través de una rejilla en una tolva. Suben por dos cintas transportadoras y desaparecen. Entonces sale Juanjo y te dice cuánto pesan y lo que te va a dar por ellas. "Ciento dieciséis kilos", dirá, y este es el trato: diez céntimos por kilo en concepto de procesado para la obtención del aceite, y obtienes aceite a razón de un litro por cada cinco kilos de aceitunas. Así que pagamos menos de doce euros por procesar las aceitunas, y esto nos dará veintitrés litros de aceite. El aceite lo dispensa una máquina con un indicador digital en la parte delantera. Puedes traer tus propios envases o pagar cincuenta céntimos por los que tienen de cinco litros. Así que por unos días de trabajo no demasiado duro al sol y al aire libre, y un mínimo de rasguños que te has hecho con algunas ramas difíciles, estamos pertrechados con aceite de oliva para el futuro inmediato.

(Actualización: lamentablemente, en 2020, Juanjo murió en un trágico accidente en la almazara. En su funeral el pueblo de Gafarillos se llenó de gente para dar el pésame a la familia.)

Hemos hecho parte de la recolección con nuestros amigos Marcus Field y Andrew Wilson. Recoger aceitunas con estos chicos es una actividad tranquila y alegre. Llegamos a su casa en el pueblo de Los Molinos de Río Aguas, tomamos un té, charlamos y luego nos ponemos en marcha para comenzar la cosecha. Al cabo de un rato hacemos un alto para reponer fuerzas. Normalmente tomamos queso, pan de aceitunas y mandarinas. Y así hasta que se pone el sol para luego retirarnos dejando el sitio despejado con la ayuda de la luz de la luna, que está casi llena. Mientras escribo esto, hemos cosechado ciento cuarenta kilos de aceitunas, por lo que serán otros veintiocho litros de aceite divididos en tres partes: un tercio para ellos, un tercio para nosotros y un tercio para Lindy. Troy y yo estamos descubriendo que cuanto más tiempo estamos aquí, más aceite de oliva utilizamos. Parece que somos mediterráneos por naturaleza y nos cuesta imaginar cómo se puede vivir sin ajo, aceite de oliva y vino tinto.

No se pueden dejar restos de poda y ramas cortadas por ahí. Hay que eliminarlos para evitar enfermedades y disminuir el riesgo de incendio, así que tenemos que llevarlos al lugar para fogatas cerca del centro de estudios de medio ambiente. Lindy tiene una licencia que le permite hacer fuego, en el lugar que considere seguro, durante las horas de luz del día entre principios de noviembre y finales de febrero. Los permisos los da el ayuntamiento dependiendo de la estación del año. En verano todo el paisaje parece un polvorín debido a los incendios forestales. Tengo fotos tomadas desde nuestra casa en octubre de 2006 de las enormes columnas de humo en la parte alta de Sierra Cabrera. Si se miran bien las fotos, hay pequeños puntos negros: son helicópteros del tamaño de un insecto lanzando agua. En aquella ocasión, al cabo de unas horas ganaron los helicópteros. La historia fue diferente en 2009 cuando las llamas (véase el capítulo 15) asolaron Sierra Cabrera durante varios días.

La nueva almazara

Acabamos de entrar en 2011 y las cosas han cambiado en nuestra almazara. Ha dejado su antiguo edificio en Gafarillos y se ha construido un nuevo emplazamiento a un kilómetro de distancia junto a la carretera de Peñas Negras. Con una inversión de más de un millón de euros, el lugar es limpio, espacioso y eficiente. Funcionó por primera vez en la temporada 2009-10. Tras su apertura la campaña fue notablemente buena. La lluvia de principios de año fue el factor clave, según los lugareños. Y la cosecha comenzó un mes antes de lo normal, resultado del clima, que hizo madurar el fruto antes de tiempo.

Desde noviembre, sobre todo los fines de semana, el valle suena con el continuo vocerío de las familias que vienen a coger oliva. En una ocasión oímos el rugido constante de un motor y distinguimos, a través de unos prismáticos, a un par de tipos que utilizaban un vibrador de árboles, una máquina que se sujeta al árbol y lo sacude con fuerza para que caiga el fruto. Nuestros vecinos de siempre, los que aún viven aquí todo el año, no osarían hacer nada con un aparato tan novedoso y seguramente dañino.

La fuerte inversión realizada en la almazara significa que ahora, en lugar de utilizar una fórmula hecha a bote pronto, como que un litro equivale a cinco kilos de aceitunas, el sistema es más sofisticado. Un peculiar dispositivo situado en la cinta transportadora, con un colector en el extremo de cada uno de sus cuatro brazos, va girando y hundiéndose en las aceitunas a medida que pasan. Toma una muestra representativa de tu remesa, pasa al laboratorio y la vuelca en una pequeña moledora que tritura los frutos y crea una pasta oleaginosa que sale por la parte inferior. Una parte de esta pasta se unta en un portaobjetos de cristal sobre el que se coloca una tapa. A continuación se introduce en un espectrómetro que realiza varias lecturas antes de promediar los resultados y proporcionar una lectura del contenido de aceite y la acidez de las aceitunas. Una rápida multiplicación de "peso de las aceitunas entregadas x porcentaje de aceite" determina la cantidad de aceite que se recibe.

Todo el proceso es sencillo y rápido. En una de mis tres visitas a la almazara esta temporada, entré y salí en menos de media hora. El último lote que llevé, que incluía cinco kilos de acebuches en la mezcla, llegó a noventa kilos y registró un veinticuatro por ciento de aceite, lo que nos dio veintidós litros de aceite. En total, este año hemos tenido casi cuatrocientos kilos de aceitunas que nos han dado noventa litros de aceite. Hay una satisfacción innegable al ver los envases de plástico de cinco litros alineados, con ese oro verde brillante prometiendo un sinfín de gozo.

Poco después de llegar aquí le pedimos a nuestro vecino Pedro que nos dijese de qué tipo era cada uno de nuestros olivos y luego se nos olvidaron rápidamente los nombres. Las únicas aceitunas que son fácilmente reconocibles para el que llega (para mí, al menos) son las picuales, que tienen frutos bastante grandes con una punta asimétrica distintiva en la parte inferior. También tenemos algunas manzanillas, creo; son las que, recogidas verdes, se encuentran como aceitunas de mesa, a menudo rellenas de anchoas o almendras, en latas en los supermercados. Sin embargo, a la hora de llevar las aceitunas para que hagan el aceite, se echan todas juntas.

Los nueve árboles que tenemos, todos ellos aún jóvenes, produjeron treinta y cinco kilos de aceitunas en 2008, cuando aún eran muy pequeños, luego sólo seis en 2009 y ciento treinta y seis en 2010. Esta alternancia de rendimientos, en la que los árboles pueden ser muy productivos un año y no dar casi ningún fruto al siguiente, se conoce como *vecería*, un fenómeno misterioso que, con suerte, la ciencia no podrá aclarar hasta dentro de algún tiempo.

Aceitunas para comer

Si no tienes tiempo, olvídate del verdeo. Primero hay que golpear las olivas con una piedra para partirlas. Suelen salpicar, así que es mejor llevar ropa vieja para hacer esto, o se puede ser menos auténtico y ensuciarte menos cortándolas con un cuchillo bien afilado. A continuación, se meten en una solución de bicarbonato de sodio durante veinticuatro horas. Después se introducen en agua tibia, que se cambia cada día, hasta que estén a punto; es entonces cuando han perdido su amargor. Esto suele durar un par de semanas, pero sólo se sabrá si están buenas al probarlas. En esta fase se introducen en tarros con ingredientes añadidos para darles sabor tales como hierbas, ajo, comino, piel de naranja... Cada persona a la que se le pregunta tiene una combinación diferente.

Las aceitunas de mesa también se pueden hacer con aceitunas negras. También hay que partirlas. Después se salan ligeramente y se extienden en bandejas para que se sequen al sol. Es una forma fácil de conservarlas, pero acaban muy saladas.

Y, por cierto, si comes aceitunas con hueso, guarda esos huesos, especialmente si tienes una estufa de leña: son un excelente combustible. Muchos fabricantes de aceite de oliva utilizan el orujo, el residuo sólido del procesamiento de las aceitunas, compuesto principalmente por los huesos, para calefacción o incluso lo venden como biocombustible a las centrales eléctricas.

El secado puede ser un reto

Aunque pasamos gran parte de nuestro tiempo trabajando en nuestro jardín, no voy a tratar la jardinería en detalle aquí. Sin embargo, algunas de las lecciones accidentales aprendidas a lo largo del tiempo, como la que sigue, se han colado de alguna manera en este relato.

En 2011, ante la superabundancia de fruta que daba nuestro único albaricoquero, Troy se metió a toda prisa en Internet. Una página web le sugería secar la fruta en bandejas dentro del coche. La razón que daba era que es un lugar caliente y está a prueba de moscas. Así que cortamos los albaricoques por la mitad, los extendimos en una bandeja y de ahí al salpicadero. A la mañana siguiente el coche estaba lleno de lo que ahora sabemos que son moscas del vinagre. Además, el calor había sido tan intenso que la fruta parecía cocerse en lugar de secarse. El siguiente paso fue probar las bandejas en el amplio estante delantero de la autocaravana, en un espacio más grande y ventilado. Las pusimos allí. Veinticuatro horas después la autocaravana también estaba llena de moscas del vinagre.

Fuimos al enorme almacén de suministros agrícolas Ramblizo para comprar una red de malla fina. Nos habíamos dado cuenta de que teníamos algunos marcos de madera que eran restos de un antiguo encargo a un carpintero inglés algo pillo (doy su nombre al que me lo pida) que supuestamente llevaba dos años haciendo las contraventanas de nuestra casa y que, evidentemente, no tenía intención de terminar el trabajo. En poco tiempo Troy había cortado y grapado la malla sobre un par de estos marcos y pegado los bordes para asegurarlo a prueba de moscas. Colocando un marco sobre el otro se creó un espacio que impedía el paso de las moscas y además permitía la circulación de gran cantidad de aire.

Cuando acaba la temporada de albaricoques nos dedicamos a los tomates, que salen de las matas con gran rapidez. Cortados en cuartos y espaciados, los colocamos en el marco inclinados hacia el sol. En veinticuatro horas los gajos de tomate se encogen, libres de moscas, se van secando y oscureciendo. Cuando consideramos que se han deshidratado por completo, ya están oscuros y masticables, mucho más que los puedas comprar en el mercado, de hecho, y sin desmerecerlos.

Ya secos, guardamos los tomates en tarros, tal cual o en aceite de oliva. El secado intensifica el sabor, por lo que un par de ellos cortados en trozos más pequeños y añadidos a guisos o curris le da un punto extra a cualquier comida. Sin embargo, es importante asegurarse de que estén completamente secos antes de guardarlos. Uno de mis primeros intentos de secar tomates fracasó porque los envasé en aceite pensando que estaban completamente secos y al cabo de una o dos semanas descubrí que estaban fermentando y tratando de escapar del tarro.

Algún tiempo después nuestro membrillo produjo su cosecha anual de grandes frutos amarillos y piel ligeramente peluda. Los regalamos a todo el mundo y descubrimos que nuestros vecinos no sabían muy bien cómo utilizarlos. En años anteriores Troy había hecho carne de membrillo. Tradicionalmente se come con queso y es una sabrosa mezcla, pero la cantidad de membrillo que se puede comer es limitada; lo mismo ocurre con el dulce de membrillo. Empieza a perder su atractivo después de tres noches seguidas tomándolo. Con un par de membrillos se puede hacer un pastel sustancioso, así que siempre buscamos nuevas formas de utilizarlos. Estábamos seguros de que, al ser una fruta dura, los membrillos no se secarían con éxito en nuestra "secadora de malla al aire libre", así que necesitábamos una solución diferente.

Una noche la presentadora de un programa de televisión sobre jardinería, Alys Fowler, describió cómo hacer tiras de fruta deshidratada. Troy se interesó por ello y con esfuerzo y tiempo hizo una espesa masa de membrillo cocido y tamizado que extendió en capas muy finas sobre varias bandejas de metal. Dos de ellas se metieron en el horno a fuego lento durante la mayor parte del día. Otra se colocó en uno de los bastidores de secado descritos anteriormente y se inclinó hacia el sol. Esto ocurrió en enero, durante un periodo de días soleados. En ambos casos el resultado fue una capa fina, masticable, maleable y muy sabrosa de fruta, que podía cortarse en tiras, enrollarse y almacenarse fácilmente. Tendríamos que valorar si el sabroso resultado merecía todo el trabajo de aquella primera ocasión, aunque a decir verdad, con la experiencia, frutas más blandas y una licuadora, nos ha resultado mucho más fácil hacer las tiras posteriormente. Otro problema inicial fue la dificultad de separar la lámina de fruta del papel vegetal con el que se habían forrado las bandejas metálicas. La solución fue utilizar papel de hornear o láminas de teflón en su lugar, prescindiendo tanto de las bandejas metálicas como del papel vegetal.

Y ahora, dos años después de los primeros intentos, y con la superabundancia de albaricoques de 2013, los bastidores de secado han hecho su trabajo con éxito y el deshidratado ha funcionado perfectamente. Las finas capas de pulpa de albaricoque orientadas al sol dentro de los bastidores de malla se secaron en apenas uno o dos días. También se mezcló un poco de melón sobrante con la pulpa de albaricoque y funcionó bien. Así continúa el proceso constante de aprendizaje de nuevas habilidades para conservar nuestros productos.

Olivo milenario

España cuenta con unos dos millones y medio de hectáreas dedicadas al cultivo del olivo, con más de trescientos millones de olivos. El olivo, junto con los cereales y la vid, ha sido la base de la civilización mediterránea desde que se tiene constancia de ello, y sin duda aún antes. Los fenicios, los romanos y los árabes aprovechaban la aceituna para obtener aceite de este longevo árbol.

La provincia de Almería aporta cinco registros al Inventario de Olivos Monumentales de España, una base de datos de los olivos más grandes y, en general, más antiguos del país. Uno de los más conocidos se encuentra en la Rambla de las Viruegas, a un kilómetro tierra adentro desde Agua Amarga. Este olivo tiene fama de tener al menos mil años de antigüedad. En un reciente libro publicado por la Diputación de Almería y el Instituto de Estudios Almerienses, una foto lo denomina «olivo milenario», lo que añade veracidad a la afirmación. De hecho, algunos se han atrevido a sugerir que podría tener el doble de esa edad.

Es fácil de encontrar: se toma la carretera hacia el interior desde Agua Amarga y, tras unos cientos de metros y justo antes de una curva cerrada a la derecha, se gira por una pista que verás en ese mismo sentido. Al cabo de un rato, gira a la izquierda y pronto se ve el antiguo olivo. Está a un kilómetro de la carretera y sí, se puede ir en coche.

En la base la circunferencia del árbol mide nueve metros. El tronco mide seis metros y medio y su altura supera los ocho metros. Sus cuatro ramas principales sostienen una copa que crea una zona de sombra de más de diez metros de diámetro. Hasta aquí las estadísticas, porque el que está distraído ni siquiera se da cuenta de que ahí hay un árbol. El tronco es de color marrón claro y el follaje es de un verde plateado. Las piedras que lo rodean son de color crema. La mayoría de estos colores se aclaran cuando el sol pega con fuerza. Y para alguien acostumbrado a los árboles del norte de Europa no es especialmente grande.

Sin embargo, en el contexto del levante almeriense, del semidesierto, resulta asombroso pensar que un árbol haya sobrevivido tanto tiempo aquí. Estar bajo su sombra densa y silenciosa y observar detenidamente los nudosos salientes y las cicatrices de su enorme tronco y pensar en los piratas norteafricanos que pudieron hacer lo mismo puede ser una experiencia enriquecedora.

El artista instalado en la pedanía de Cariatiz, Thomas Neukirch, ha pintado un cuadro de gran viveza basándose en el olivo de Viruegas. Es un cuadro grande, de un metro por un metro y medio, y lo titula, haciendo un guiño a su venerable edad, *Römischer Ölbaum* (Olivo romano). No he visto el original, pero cuando vi una reproducción del cuadro supe inmediatamente que se trataba del árbol de Viruegas, aunque en el cuadro sólo aparecen la parte inferior del tronco y una pequeña porción de la copa. La mitad derecha del cuadro está ocupada por el tronco, hecho de espirales de toda la gama de colores. En los ángulos superior derecho y superior izquierdo del cuadro el follaje cobra vida y se curva; a la derecha el efecto luminoso es verde, plateado y azul, mientras que a la izquierda los tonos son más oscuros, del verde al negro más apagado. El tronco se yergue sobre la tierra roja y, más allá, se extiende un paisaje de color limón, verde oscuro, gris, crema y, por último, una línea de colinas bajas de color marrón. Entre el tronco y el follaje hay un trozo de cielo, bandas diagonales irregulares de azul y blanco con un toque de rosa.

Esta no es una descripción precisa. No soy un artista y mi vocabulario para los colores se limita a lo predecible, pero definitivamente no son los colores que normalmente se ven en el paisaje almeriense; al menos, no todos a la vez. Aun así, reconoces de inmediato el olivo de Viruegas. Tiene la energía bruta y la fuerza arremolinada de Van Gogh. Thomas Neukirch no está pintando el árbol que tiene delante; está celebrando la alegría de estar aquí, de pasar tiempo en presencia de este árbol, expresando el privilegio de poder vivir aquí, cerca de este árbol y en este paisaje.

Y, sin embargo, a pesar de toda su colorida celebración, este enorme cuadro se apoya en la presencia de un coche, en el centro del marco. Justo a la izquierda del enorme tronco del árbol, y eclipsado por él, está el coche en el que llegó el artista. Este es el mundo real. El artista no llegó a pie como un antiguo peregrino. Condujo hasta aquí. Pero el coche es más pequeño de lo que la perspectiva podría requerir. Tal vez nos esté diciendo que el mundo natural estará aquí mucho después de que nosotros y nuestras posesiones hayan desaparecido. *Römischer Ölbaum* es una obra muy emotiva. Nos hace sonreír y nos hace pensar.

En una entrevista con el escritor y periodista inglés Marcus Field en 2009, Thomas Neukirch admitió: «Trasladarme a la España rural supuso una crisis para mí porque nunca había pintado paisajes, sólo interiores. Pero poco a poco aprendí a aceptar el lugar donde vivo». A la pregunta de si fue difícil encontrar una forma de pintar el paisaje almeriense, responde hablando de los árboles: «los árboles pueden tener formas bellas porque están aislados, no como un bosque con muchas cosas verdes. Los olivos son muy personales, están muy cerca del ser humano. Cada árbol tiene su propia personalidad. Así que descubrí que el paisaje podía ser muy rico aquí».

Vuelvo a mirar al *Römischer Ölbaum*. ¿No es el olivo milenario, además de un árbol viejo que el artista ha impregnado de colores vibrantes, una metáfora del deleite que podemos sentir por las decisiones o los giros del destino que nos han traído a este rincón superficialmente árido de España que, con sólo tomarnos el tiempo necesario para mirar con atención, revela todo tipo de riquezas inesperadas?

Una o dos semanas más tarde, envío este escrito por correo electrónico a Thomas Neukirch y, en respuesta, me habla de un reciente artículo del periódico *El País* que data el olivo de Viruegas entre mil quinientos y dos mil años. Otro estudio que ha visto Thomas sugiere que una circunferencia de cinco metros puede significar una edad de mil años. Sin embargo, esto depende de la naturaleza del suelo, si es de secano o de regadío. Quizá nunca sepamos la edad del olivo de Viruegas y quizá esté bien que siga siendo un misterio.

XII / Volando

¿Por qué se considera triste a la gente que está ensimismada en algo? Para mí, esto invierte la realidad. Estar abstraído es ser parte, es estar absorbido y realizado. No sentir, estar apartado de las cosas y no tener pasión es la verdadera tristeza.

Crow Country
Mark Cocker

Mariposa macaón (Papilio machaon) una de las más bellas de Europa.

¿Era eso un águila real?

Entrada en el diario: "Miércoles 9 de noviembre de 2005. No hace ni un mes que estamos aquí. Después de comer salimos hacia el Cerro de los Lobos. Hace sol y sopla algo de viento. La mayor parte del camino se hace por senderos, luego hay una subida fácil hasta la cumbre con el vértice geodésico a 601 metros. Desde esta altura contemplamos una panorámica impresionante de nuestra casa y de Gafarillos; de las cimas más altas de Sierra Cabrera; del mar de plásticos, de la autopista en dirección a Campohermoso; de la cima plana de Mesa Roldán y de la parte superior de la chimenea roja y blanca con la que reconoces la central eléctrica de carbón en Carboneras. Troy baja al collado y cuando está oteando una rapaz pasa a poca altura por encima de ella. Asume que yo la he visto pero estoy en la cima haciendo fotos. Los dos entonces la enfocamos con los prismáticos durante varios minutos y tenemos unas vistas magníficas: nuestra primera águila real aquí. Una magnífica adición a la lista local."

Han pasado casi ocho años desde entonces y todavía no hemos visto otro ejemplar de águila real en Sierra Cabrera. Entonces, ¿es realmente eso lo que era? Hemos visto águilas culebreras no de forma sostenida en el tiempo, pero sí en bastantes ocasiones, y varias águilas perdiceras, sobre todo en los dos últimos años, pero nunca otro ejemplar de águila real. En el transcurso de muchos viajes de montañismo a Escocia a lo largo de casi cuarenta años he visto águilas reales en unas quince ocasiones, unos cuantos pigargos coliblancos y muchos ratoneros comunes en todo tipo de lugares, así que estoy familiarizado con esas especies. Y aquel día, en la cima de la colina, el avistamiento fue muy cercano y prolongado. Sin embargo, cuanto más tiempo pasa sin ver águilas reales, más me inclino a pensar que quizás no fuera un águila real la que nos deleitó aquella tarde con su vuelo bajo.

Observación de aves en Las Salinas

El 2 de enero de 2006 pasamos un día en las Salinas de Cabo de Gata, la primera visita desde que compramos nuestra casa. Evitamos deliberadamente el día de Año Nuevo, un día en el que las carreteras son sumamente peligrosas por la alcoholemia de algún que otro conductor. El número de muertos es elevado el primero de enero.

Poco antes de esta visita la Consejería de Medio Ambiente había desplegado una gran actividad en Las Salinas. Habían decidido instalar una valla de once kilómetros que aísla todo el sistema de lagunas y aleja a perros, zorros y humanos incautos. Antes sólo había un observatorio; ahora hay cinco y los paneles informativos han crecido a la par.

El observatorio original tiene uno de esos pesados telescopios fijados a una montura que gira y parece sacado de un antiguo buque de guerra. Hay que poner un euro para obtener unos minutos de dudoso aumento y forcejear con el aparato. Cuando se le coge el tranquillo se acaba el dinero. Afortunadamente teníamos nuestro propio telescopio, que no es de alta gama, pero sus veintisiete aumentos están bastante bien para nosotros. Observamos una magnífica variedad de aves.

Cientos de flamencos aparecían diseminados por las lagunas. En vuelo, el color bermellón y negro de las alas parece aún más sorprendente que el propio pájaro rosado y desgarbado de pico torcido. Vimos también ejemplares de zarapito real, chorlitejo patinegro, avoceta, garza real, cigüeñuela, archibebe común, cormorán grande, tarro blanco, andarríos chico, gaviota patiamarilla, correlimos común, charrán común, gaviota reidora, charrán patinegro, aguja colinegra, archibebe claro, tarabilla común, correlimos tridáctilo, correlimos menudo, somormujo lavanco, ánade silbón, cerceta común y garceta común. Sin duda, los expertos habrían identificado otras especies y habrían dado a la lista un orden científicamente más aceptable.

Dos días después volvimos allí con un par de amigos y añadimos a la lista espátulas, patos cuchara, gaviotas enanas, ánades reales y abubillas. Cuando atardece en enero el sol brilla en las salinas desde el mar;

una peculiaridad de este tramo de costa en particular es que está orientado hacia el oeste, lo que empapa a las aves de una rica luz tardía, una escena lo suficientemente cercana a la perfección para nosotros.

Abejarucos

Involuntariamente me agacho. Voy a setenta por hora en el tramo de curvas entre Gafarillos y Peñas Negras y un pájaro que no he visto se ha levantado del asfalto y viene directo al parabrisas. No sé ni cómo pero sigue alzando el vuelo y evita el cristal. "¿No lo has visto?", dice Troy. "Había tres en la carretera".

Sólo un par de minutos antes, al llegar a la cima de la colina de La Rellana, había tenido que frenar. Varios abejarucos estaban posados en la carretera y parecían no tener mucha gana de remontar el vuelo. Su plumaje, una versión menos viva del castaño, amarillo y verde de los adultos, los identificaba como aves jóvenes, que claramente aún no son conscientes del peligro que les suponen los vehículos. Más tarde, ese mismo día, en otra carretera, pasamos por delante de los restos aplastados en el asfalto de un ejemplar, sin duda otro joven que acababa de abandonar el nido, con un ala esmeralda torcida hacia arriba.

El cielo del valle ha estado repleto de estas aves durante la mayor parte del verano con sólo una pausa durante la anidación. El momento en el que los abejarucos son avistados por primera vez aquí es una señal de la llegada del estío, como cuando los vencejos atraviesan repentinamente los cielos de Inglaterra a principios de mayo. Sin embargo, los abejarucos llegan aquí mucho antes de mayo y, por lo general, lo hacen durante un atardecer. Como surgiendo de la nada, el aire se llena de un nuevo sonido. Los pájaros siempre se oyen antes de ser vistos. Un gorjeo ondulante, cadencioso y lejano nos hace escudriñar el cielo y ahí están, elegantes y puntiagudos contornos que emiten un canto coral que no sugiere más que el puro deleite de la capacidad de volar. Las guías de campo siempre intentan reproducir los cantos y las llamadas de las aves, pero rara vez he sido capaz de transcribir lo que dicen. Al parecer los abejarucos dicen *quilp, prrup, pruuk-pruuk* o *prrüt*. Todos ellos ponen de manifiesto el hecho de que es prácticamente imposible representar el canto de un ave con lenguaje humano.

No llevo un registro completo de la llegada de todas las especies que nos visitan cada verano. Tampoco creo que mis conocimientos de ornitología estén a la altura pero en el año en que escribo esto, 2010, los vencejos han regresado el 13 de marzo, las golondrinas dáuricas y las golondrinas comunes el 20 de marzo y los abejarucos el 23 del mismo mes. El 29 por la tarde, hacia las siete, teníamos una bandada de al menos cien abejarucos sobre el valle. En 2009 estuvimos fuera durante todo marzo, así que no tenemos una "primera fecha" para los abejarucos, pero cuando volvimos el primero de abril había al menos veinte de fiesta sobrevolando la casa. Troy y yo llevamos un diario que hemos bautizado como *Diario de Jardín y Vida Silvestre*, que es mucho más intermitente y aleatorio de lo que el título podría sugerir. Pues bien, el 26 de marzo de 2008 tenemos anotado: "Anoche dije que pensaba que nuestros primeros abejarucos aparecerían hoy. Y así fue, aquí estaban a las diez de la mañana, y luego también en Peñas Negras y Los Molinos". Espero no ser tan sabelotodo como parece.

Verdecillo

Un ruido típico de gatos llega del gran porche que hay tras la puerta trasera y, con un pequeño revuelo, Minx, nuestra hembra blanca y negra de año y medio, entra por la gatera. Respiro aliviado ya que había interpretado el sonido como el que utiliza para anunciar la entrega de un regalo. Ayer mismo rescaté y solté de sus garras a un ratón tembloroso, al cual dejé entre las chumberas. Un par de horas más tarde mató a una curruca cabecinegra, así que fue un alivio verla con las garras vacías esta vez.

Unos minutos más tarde salí y al instante vi el motivo de su llamada: una gran cantidad de frágiles plumas amarillas y grises y un pequeño cuerpo muerto en el felpudo, húmedo y desgarrado, con el pico casi demasiado pequeño para verlo. Me resultó familiar y se me encogió el corazón: era un verdecillo, como luego comprobé en *Bird*, de Peter Hayman y Rob Hume. Este pequeño pájaro pesa entre doce y quince gramos, y suele ir formando bandadas numerosas y coloridas, muy comunes en la zona mediterránea. El libro sugiere lo que bien pudo haber sido la perdición de este pájaro: «Los verdecillos se alimentan principalmente en el suelo y en las hierbas bajas», territorio propicio para que los gatos cacen. Han pasado semanas sin que Minx haya matado a nadie, o al menos no lo sabemos, pero la evidencia de que necesita un collar con cascabel es innegable.

Mariposas

No soy lepidopterólogo. Soy lego en la materia y simplemente creo que las mariposas son interesantes y maravillosas de ver. Es una actitud adoptada de forma natural viendo cómo nuestro jardín crece y atrae cada vez más a estos insectos. Su misterio innato, su vuelo delicado y aparentemente aleatorio, sus fabulosos dibujos, sus apariciones repentinas, todo ello las dota de una capacidad para hacerme, al menos, sonreír y mirar con asombro. Algo de esto ha quedado plasmado en una elocuente reseña de Richard Mabey en *The Guardian* sobre el precioso libro de Patrick Barkham, *The Butterfly Isles*. Mabey dice del autor: "Para él, el universo de las mariposas es como *El Gran Meaulnes* de Alain-Fournier, un lugar de belleza esquiva y en peligro, cargado de las libertades perdidas y la magia de la infancia».

El científico especializado en mariposas, Matthew Oates, que sabe aproximadamente un millón de veces más que yo sobre ellas, desarrolla esta idea, sin mucha ornamentación pero con gran vehemencia. Citado por el ya mencionado Patrick Barkham, dice: «Tenemos que restablecer nuestra relación con la belleza natural. Para nosotros, la naturaleza es algo que conocemos a través de la sección de Historia Natural de la BBC y de una pantalla de televisión. Me asusta mucho lo que está pasando. Toda nuestra relación con la madre naturaleza es remota y no vivencial. Subestimamos la importancia de la belleza y la capacidad de asombro en nuestras vidas y eso puede salirnos muy caro».

Estamos a mediados de mayo de 2012. Tras una primavera más fría de lo normal las temperaturas han subido y con el calor las mariposas se han hecho mucho más fáciles de ver. Durante uno o dos meses las veremos con frecuencia, pero luego, como explica Patrick Barkham, las cosas se calmarán: «En el sur de Europa, el mayor problema para las mariposas es el verano, cuando el calor es intenso, hay mucha sequedad y las plantas de las que se alimentan mueren, corriendo entonces el peligro, ellas y sus orugas, de morir por inanición. La mayoría de las mariposas afrontan el calor extremo con una diapausa, es decir, una forma de hibernación estival durante la cual los insectos dejan de crecer y entran en letargo».

Por ahora las saltacercas están muy activas y por primera vez he visto varios ejemplares de medioluto norteña en el jardín. Los encuentros anteriores con ellas en las cumbres del Cerro de los Lobos han sido bastante frecuentes, pero ¿son de la especie medioluto norteña o medioluto española? Supongo que no importa mucho en un contexto amplio, pero hay diferencias bastante claras entre las dos que debería ser capaz de detectar, así que debo esforzarme más.

Casi todo el año las acrobacias de las mariposas proporcionan un entretenimiento interesante en las cumbres de Los Lobos. ¿Qué es exactamente lo que las atrae? Las plantas no parecen ser diferentes de las que se encuentran en las laderas. ¿Será por las corrientes de aire? ¿Será que las mariposas, como yo, se deleitan con las sensaciones que se respiran en una cima y una panorámica de trescientos sesenta grados? Entonces, por casualidad, me encuentro con una referencia al *hill-topping* en la *Collins Butterfly Guide* y esto me lleva a buscar más información.

Descubrí que el *hill-topping* es un comportamiento de localización de la pareja que se observa en muchas especies de mariposas y otros insectos. Los machos pueden volar y permanecer en la cima de una colina durante días si es necesario. Las hembras en celo suben volando en esa dirección. Los machos revolotean a toda velocidad por la cima mostrando sus habilidades aéreas y compitiendo por la «mejor» parte de la zona. Es en ese punto donde tendrá más probabilidades de aparearse con cualquier hembra que llegue. Ella sabrá identificarlo como el más fuerte y, por tanto, genéticamente apto. Se ha comprobado que las mariposas hembras que acuden a lo más alto de la colina son, en su mayoría, ejemplares que aún no se han apareado. Es de suponer que será así hasta que lleguen a la cima de la colina, claro. Los estudios han demostrado que incluso ligeras diferencias de altitud en un terreno llano pueden desencadenar comportamientos concretos cuando alcancen la cima, y el hecho de que las poblaciones de mariposas se congreguen en estos lugares tiene una importancia especial para su conservación.

Así que ahora estoy lo suficientemente intrigado como para volver a los breves registros que he guardado de mis ascensiones al Cerro de los Lobos, con varias referencias a las cumbres que llamo 603, 601 y 579 por los metros que tienen. El 5 de marzo de 2007: «Mariposas macaón vistas en cada una de las tres cumbres»; luego nada hasta el 24 de septiembre de 2008: «Cardera en la cumbre 601». El 17 de enero de 2009: «Numeradas y doncellas volando al sol en la cumbre 603». Luego, entre el 8 y el 15 de mayo de 2009, tres veces, más referencias a mariposas; macaones en dos ocasiones y una cardera. Luego, el 29 de mayo de 2009, vi una nueva especie: «Chupa-leche en la cumbre 603».

Durante los meses más calurosos, julio y agosto, o bien estamos fuera o bien apenas subo a las colinas debido al calor, por lo que mis registros son, consecuentemente, esporádicos. No tengo registros científicos para apoyar o refutar la noción de una diapausa, una hibernación de verano. A partir de finales de septiembre de 2009 hay más menciones de numeradas y carderas, con la adición de macaones y musgosas. El 14 de noviembre: «Las doncellas siguen por aquí». Entre el 19 de marzo y el 19 de abril de 2010 hay varias referencias más a las numeradas y a las damas doncellas, y el 4 de abril: «He visitado las tres cumbres. Montones de mariposas, incluida la medioluto norteña (?)». Incluso el día de Navidad de 2010 había una doncella en la cumbre 601.

Estoy seguro de que muchos días en los que vi mariposas en la cima no las registré. Nunca llamaron mi atención de manera especial. Estoy igualmente convencido de que no he anotado varias mariposas de color pardo al no ser capaz de identificarlas. Sin embargo, estos registros, muy poco científicos, son datos empíricos del comportamiento de las mariposas que suben a puntos prominentes en busca de pareja, al menos siete especies, antes de que yo conociera este fenómeno biológico.

Mientras reviso la información me doy cuenta de que he anotado, de pasada, muchas aves en las cumbres del Cerro de los Lobos. Ya he mencionado el posible avistamiento de un águila real en la primera ocasión que subimos a Los Lobos. En otras ocasiones, en las cimas o cerca de las cumbres, he visto ejemplares de vencejo, golondrina común, avión común, avión roquero, abejaruco, perdiz roja, cogujada montesina, cernícalo real, collalba negra, cuervo, curruca tomillera y escribano montesino. El 19 de octubre de 2009: «Grandes vistas de un águila culebrera». Me pregunto si los pájaros también se dan el gusto de subir a las colinas.

2009 fue un año en el que la población de doncellas se disparó y se produjo una migración masiva. Se trata de un fenómeno que ocurre cada cierto tiempo, cuando se dan ciertas condiciones. A mediados de febrero de ese año un investigador español, Constanti Stefanescu, informó de la aparición de cientos de miles de doncellas en Marruecos, después de que las fuertes lluvias invernales en el norte de África hubieran provocado la germinación de las plantas con las que se alimentan sus orugas. Los vientos favorables trajeron un gran número a España en abril. Continuaron hacia el norte, a través de Francia, y el 21 de mayo hubo noticias de un gran número volando sobre Portland Bill, Dorset. Poco después los informes son cada vez más numerosos. Se vieron dieciocho mil doncellas en pocas horas en la isla de Scolt

Head, en la costa norte de Norfolk, llegando a un ritmo de más de cincuenta por minuto. A continuación se produjo una invasión de Gran Bretaña en la que participaron literalmente millones de ellas. Este gran enjambre fue evidente también en nuestro jardín. Nuestra pequeña parcela verde en el semidesierto del sureste de España atraía a decenas de doncellas diariamente semana tras semana.

Sin embargo, la «lista de mariposas en mi jardín» no podría ser un asunto menos científico. En un pequeño papel cuadrado sacado de un bloc de notas hace años están escritos los nombres de las especies que definitivamente he visto en este rinconcito. La lista es la siguiente: ejemplares de loba, saltacercas, cardera, amarilla, numerada, blanquita de la col, blanca de la col, macaón, chupa-leche y niña. Tengo fotos de la mayoría de ellas, así que sé fehacientemente cuál es cuál. Pero mi lista no podría ser más incompleta; no hay fechas, ni sugerencias sobre el número de ejemplares, ni referencias a las plantas de las que se alimentan, aunque sé por las fotos y por los recuerdos que tengo que la siempreviva de nuestro jardín, ahora en todo su esplendor, es uno de sus alimentos favoritos. La lista de especies no es ciertamente completa porque he visto otras, incluyendo lo que creo que son pandoras, y las mediolutos. Ni siquiera está actualizada; al revisarla veo que aún no he añadido la que tengo como favorita de las que vienen a visitarnos.

Tengo fotos de la primera vez que me la encontré, el 18 de septiembre de 2009. Luego la he vuelto a ver en el jardín hace apenas unos días, en junio de 2013. Es tan grande como una macaón. Las cubiertas alares delanteras son de color beige anaranjado pálido, mientras que las traseras son de un delicado verde oliva que resplandecen como la seda. Sin mucho miramiento, la guía dice que «el color verde oliva de las cubiertas alares suele ser profuso». Toda la parte superior está delicadamente decorada con líneas onduladas y puntos negros. Las partes inferiores también son diferentes; las traseras son de color verde jade con finas marcas blancas y las delanteras presentan una llamativa paleta de amarillo, naranja, jade y negro. Es una maravilla. Es la mariposa pandora, y antes de verla no tenía ni idea de que existiera.

Ser un principiante en el conocimiento de las mariposas es divertido. Se puede aprender mucho cuando se sabe tan poco. La pandora, por ejemplo, es univoltina en gran parte de Europa, entre mediados de mayo y principios de julio. Yo también tuve que buscar esa palabra. Univoltino significa que la especie tiene una sola cría anual. Pero, según la guía, es bivoltina en el noroeste de África (mayo/junio y agosto/septiembre) y posiblemente también en algunas partes del sur de Europa. Dado que nuestro clima aquí en el levante almeriense es básicamente idéntico al del norte de África estoy seguro de que esto explica por qué mi primer avistamiento fue en septiembre; habría sido la segunda nidada de las pandoras almerienses.

El hecho de relatar toda esta información me causa un entusiasmo irracional, una sensación de bienestar. Espero no parecer el tonto del pueblo cuando me vean por ahí detrás de una mariposa. He aprendido algo más sobre un tema bastante desconocido y hay algo en eso que me hace sentir muy bien. En cualquier caso, la identificación precisa en todos o en la mayoría de los casos no es necesaria para apreciar las mariposas. Supone un alivio porque determinar una especie de forma exacta es una habilidad que aún no he desarrollado del todo.

XIII / Oro y muerte

Heat-Moon afirma —asumiendo que si no viajas no sabes lo que hay al otro lado— que un hombre se convierte en lo que contempla. Sus observaciones y su curiosidad lo hacen y rehacen.

De la contraportada del libro Carreteras Azules.
William Least Heat-Moon

Restos de la industria del oro, Rodalquilar.

Rocas de Rodalquilar

Pongo rumbo a una pequeña zona geográfica que tiene la clave para entender tanto la industria aurífera del levante almeriense como la relación del dramaturgo y poeta Federico García Lorca con nuestra zona.

Al llegar a Rodalquilar no puedes evitar quedarte perplejo ante lo que ves. La mitad del pueblo está abandonado. Ves las calles cubiertas de maleza y las casas en hileras sin tejado y cubiertas de grafiti tras una estructura de malla metálica que impide el paso. La otra mitad del pueblo está cuidada: casas blancas de una sola planta, con algunos pequeños bares. Un poco más arriba de la parte residencial está la sede del organismo que controla el Parque Natural de Cabo de Gata-Níjar.

El pueblo termina en unas instalaciones abandonadas con un telón de fondo montañoso. La imagen es desoladora. Es fácil adentrarse aquí porque no hay vallas. Puedes ver de cerca tanques circulares de hormigón, sin cubrir y de diferentes tamaños, además de edificios altos con ventanas y paredes de un gris apagado. Un abrupto camino sube serpenteando por las instalaciones. Por encima de estas curiosas reliquias un panel informativo te da indicaciones de lo que estás contemplando: lo que queda de la industria, el pueblo y el Valle de Rodalquilar.

¿Qué ocurrió aquí? La respuesta es que se encontró oro y durante un tiempo puso el lugar patas arriba, pero para darle sentido a todo esto hay que ahondar en el pasado, en las rocas. Si la geología detallada no es para usted, pase directamente a la siguiente sección.

Las rocas de la Sierra de Cabo de Gata se formaron durante dos etapas de actividad volcánica, la primera hace aproximadamente entre catorce y diez millones de años y la más reciente entre nueve y ocho millones de años. Los geólogos denominan al periodo en el que esto ocurrió como el Mioceno, hace entre veintitrés y cinco millones de años.

La actividad volcánica tiene que ver con el magma. El magma se forma como resultado de la fusión parcial de rocas a temperaturas enormemente altas en la corteza terrestre y en la parte superior del manto, esto es, la capa inmediatamente inferior a la corteza. El magma se presenta de muchas maneras, pero suele estar formado por roca líquida, con vapor de agua y dióxido de carbono disuelto además de minerales cristalizados. El magma al formarse tiende a ser menos denso que los materiales circundantes, por lo que asciende a través del manto y la corteza incorporando trozos de roca sólida por el camino.

El magma puede llegar a la superficie rápidamente o, por el contrario, puede enfriarse y solidificarse dentro de la corteza terrestre. Si el magma llega rápidamente a la superficie causa actividad volcánica. Cuando esto ocurre el magma entra en contacto con el aire y se enfría rápidamente, con lo que las rocas resultantes tienen un tamaño de cristal muy pequeño.

Si el magma no llega a la superficie y permanece en la corteza terrestre el enfriamiento se produce de forma mucho más lenta y crea rocas conocidas como rocas intrusivas, de las que los granitos son ejemplos. Durante su lento ascenso, el magma puede introducirse en las fisuras de la roca circundante para formar unos elementos llamados diques.

Las erupciones volcánicas más explosivas pueden expulsar muchos kilómetros cúbicos de magma sobre la superficie de la Tierra. En algunos casos la cantidad de magma expulsada es tan grande que deja un vacío en el que parte del volcán se derrumba para formar una gran depresión. Estas depresiones se conocen como calderas. En Rodalquilar existe una más o menos ovalada, de unos ocho por cuatro kilómetros, producto de una serie de grandes explosiones en las que se liberó una mezcla de cenizas, fragmentos de roca semifundida y gas muy caliente desde la chimenea volcánica. Al caer, estos materiales al rojo vivo bajaron por las laderas del volcán creando, al solidificarse, rocas ricas en piedra pómez y ceniza.

Ahora tenemos que volver a la acción intrusiva, es decir, a cuando el magma se enfría dentro de la corteza. Esto puede ocurrir a profundidades que varían entre unos cientos de metros y algunos kilómetros. Este enfriamiento del magma tiene un gran impacto en las rocas de la corteza que lo rodean. En el caso de la caldera de Rodalquilar se estima que la parte superior del magma subyacente estaba a un kilómetro de profundidad. El calor de este magma elevó la temperatura de las rocas circundantes a unos quinientos grados. Al mismo tiempo, el magma desprendió gases y fluidos hidrotermales como ácidos sulfurosos y clorhídricos a una temperatura de entre doscientos y trescientos grados.

Estos fluidos ascendían a través de las rocas de la corteza arrastrando componentes químicos como el oro, que al principio estaban muy dispersos. Al llegar a la superficie o cerca de ella, los fluidos se enfriaron y se mezclaron con el agua subterránea o marina. Los metales se precipitaron entonces como depósitos hidrotermales. En Rodalquilar, donde los procesos hidrotermales están datados en diez millones de años, hubo muchas fracturas y fisuras en la caldera y en ellas se depositó el oro.

Antes de la fiebre del oro

Demos un gran salto hasta el momento en que Rodalquilar tenía en líneas generales el aspecto actual. A principios del siglo XVI se descubren yacimientos de alunita o piedra de alumbre, un sulfato hidroso de aluminio y potasio. Este mineral se utilizaba ampliamente en la fabricación de papel, la imprenta, el teñido y el curtido. Francisco de Vargas, miembro destacado de la corte de los reyes Fernando e Isabel (1474-1516), se enteró de la existencia de esta piedra y en 1509 obtuvo el monopolio para explotarlo. De Vargas construyó un poblado fortificado en el valle para los mineros italianos que había contratado, los más hábiles de la época, y protegió su empresa con la Torre de los Alumbres, también llamada Torre Fuerte de Rodalquilar. Aunque en ruinas, la torre sigue en pie, como se menciona en el capítulo 5, a un kilómetro de la costa, cerca de la Rambla del Playazo.

En 1520 estalló la guerra de los comuneros, que alejó a Francisco de Vargas de Rodalquilar. Posteriormente los piratas berberiscos ocuparon el pueblo y sometieron a los lugareños. La explotación minera se detuvo durante más de medio siglo y no se reanudó hasta 1575, una vez expulsados los moriscos del Reino de Granada. En 1587 Alumbres de Rodalquilar, como se conocía entonces al pueblo, contaba con setenta y cuatro viviendas habitadas y una iglesia parroquial cuyo emplazamiento, justo tierra adentro de la Torre de los Alumbres, lo ocupa hoy la Cortijada de la Ermita. La playa que hoy se conoce como El Playazo se denominaba Puerto de los Alumbres en documentos de mediados del siglo XVI. La bahía tiene un puerto natural en uno de sus extremos con bolardos tallados en la roca madre.

A finales del siglo XVI la caída del precio del alumbre provocó un nuevo cierre de la empresa minera y el abandono del pueblo. En 1761 el pueblo consta en un mapa con el nombre de Alvi, sílabas iniciales de Alumbres Viejos. Simón Rojas Clemente también hace referencia al lugar en 1805. Alumbres de Rodalquilar o Alumbres Viejos –el nombre fue evolucionando con el tiempo– se agrupaba claramente en torno a la torre defensiva y la antigua iglesia. Muy cerca de allí las ruinas de un antiguo acueducto y de una noria dan más pistas sobre el sofisticado equipamiento que tuvieron para la época. Esta primera versión de lo que hoy se llama Rodalquilar estaba a unos dos kilómetros al este-noreste del emplazamiento del pueblo actualmente.

No hay noticias de actividad aquí hasta finales del siglo XIX. Existe documentación que prueba que se trabajaban vetas de plomo junto con pequeñas cantidades de plata en el Cerro del Cinto, una colina a un par de kilómetros al oeste de Rodalquilar. Los trabajos revelaron un cementerio romano que data del siglo II de nuestra era. De la misma época son las ánforas recuperadas de los pecios hundidos en la costa cercana, lo que presumiblemente demuestra que los romanos conocían y posiblemente explotaban la riqueza mineral de la zona.

Además del plomo que se trabajaba en el Cerro del Cinto había diques de cuarzo. El cuarzo se utilizaba en el proceso de fundición. A finales del siglo XIX la única salida para los materiales pesados era por mar desde el Playazo, y a través de esta ruta el plomo y el cuarzo eran llevados hacia el noreste por la costa hasta las fundiciones de Cartagena y Mazarrón. En las fundiciones de Mazarrón se descubrieron restos de oro en el cuarzo. No era mucho, pero cubría los gastos de transporte del cuarzo desde Rodalquilar hasta allí.

Ascenso y caída de la minería del oro

En 1883 las cosas dan un nuevo giro al encontrarse más oro en la mina Las Niñas, a un kilómetro del pueblo de Rodalquilar. Se produjo una mini fiebre del oro. Hacia 1915 se construyó una planta de tratamiento en la mina María Josefa, en las laderas del Cerro de la Cruz, en El Madroñal, cuatro kilómetros al noroeste de la actual Rodalquilar. El proceso de registro de las concesiones fue bastante caótico y se sucedieron los pleitos. Al mismo tiempo toda la zona de Almería se encontraba en un estado de agitación económica. La minería del plomo estaba en crisis y el otro pilar, la producción de uva, veía cómo su mercado caía notablemente. Muchos trabajadores de la región emigraron a Argelia y posteriormente a América.

En estas frágiles condiciones económicas la producción de oro fue esporádica hasta que en 1928 entró en escena una empresa británica llamada Minas de Rodalquilar S.A. Bajo la dirección de Fernando de Ybarra la compañía importó maquinaria y métodos de EE. UU. y construyó una planta de extracción de oro por cianuración, un proceso en el que interviene el cianuro de potasio. Se utiliza cuando el mineral es de baja ley, por lo que no hay que ir en busca de enormes pepitas. Entre 1928 y 1939 se trataron cien mil toneladas de piedra, que dieron un rendimiento de mil cien kilos de oro. Después de 1936, con la guerra civil, la producción disminuyó rápidamente y se redujo a casi nada.

En 1940 el gobierno de Franco requisó las minas y entregó la tarea de producción al IGME, el Instituto Español de Geología y Minería. En los dos años siguientes sólo se extrajeron treinta y siete kilos de oro. A finales de 1942 la responsabilidad pasó a la Empresa Nacional de Investigaciones Mineras de Adaro, cuyo acrónimo era ENADIMSA. Este organismo volvió a centrar sus esfuerzos en la zona del Cerro del Cinto, donde se estimaba que una masa de cuatro mil toneladas de piedra mineralizada contenía cuatro gramos y medio de oro por tonelada. El punto álgido de la minería de oro en Rodalquilar fue la década de los cincuenta. En 1952 se iniciaron las obras de mejora de las minas y de toda la infraestructura asociada. Se invirtieron cien millones de pesetas y se emplearon unos setecientos obreros en la construcción de un cuartel general para la explotación minera, casas para los trabajadores y otras instalaciones.

Una foto en sepia de mayo de 1956 muestra un primer plano de Franco visitando la zona: está posando para la propaganda con un lingote de oro. Ese mismo año el escritor Juan Goytisolo visitó Rodalquilar y describió las instalaciones de lavado de oro: «Escalonados en la pendiente de la montaña varios depósitos brillan al sol, intensamente rojos. Allí se decanta y lava el mineral de oro que los camiones acarrean en la mina, antes de pasar a los secaderos. Al pie de los estanques, la ganga ha invadido el valle y forma un extenso lodazal resquebrajado y amarillo». ENADIMSA era capaz de tratar seiscientas toneladas de mineral al día y en su apogeo la producción alcanzó los cinco mil kilos de oro anuales. La población de Rodalquilar contaba entonces con comodidades tan sorprendentes como una escuela, un club social, una farmacia y hasta un cine. Pasó de unas cuatrocientas personas en 1940 a mil doscientas en 1960.

Para obtener el oro la piedra extraída iba inicialmente a una nave de almacenamiento antes de ser molida y clasificada en tamices vibratorios. Gracias a la separación electromagnética los metales distintos al oro eran eliminados. A continuación, los minerales concentrados se mezclaban en dos tanques circulares con una solución de cianuro. En cuatro tanques circulares todavía más grandes, que son los restos que aún quedan en el yacimiento, se limpiaba la mezcla de minerales y cianuro antes de someterla a una nueva ventilación y filtrado. La mezcla se añadía al polvo de zinc para crear un precipitado. El secado, el lavado con ácido y la filtración conducían a la etapa final en la que, en un horno eléctrico, se obtenía el oro por fusión.

En 1961 se extraía aquí más del noventa por ciento de la producción española de oro. La minería y el procesamiento en sí empleaban entre doscientos y trescientos hombres. Los problemas llegaron con la subida de los salarios y el aumento de los costes de producción, que unido a la complicada geología del lugar llevó al cierre de las últimas explotaciones en 1966. En 1970 la población de Rodalquilar se redujo a cien personas y, poco después, a setenta y cinco. Los intentos de reanudar la producción en la década de 1980 no prosperaron. Se calcula que quedan unas tres toneladas de oro en la zona, pero la complejidad de los yacimientos hace que la explotación no sea económicamente viable.

El cese de la explotación minera y la consiguiente marcha de la mayor parte de la población dieron muy pronto a Rodalquilar el aspecto de un lugar en el que se hubiese librado una batalla. Montones de escombros, maquinaria, casas de mineros, instalaciones industriales, todo fue abandonado y comenzó a oxidarse, resquebrajarse y finalmente derrumbarse, creándose así un escenario de ruina absoluta.

Finalmente en 1991 la Consejería de Medio Ambiente de la Junta de Andalucía adquirió gran parte del emplazamiento y comenzó a tomar medidas para mejorar la situación. Poco a poco Rodalquilar se va recuperando del olvido en que quedó. Una promoción de siete nuevos apartamentos diseñada por el arquitecto José Luis Martín Clabo fue premiada por el Colegio de Arquitectos de Almería en 1994. Más recientemente se ha abierto un impresionante museo geológico y un excelente centro de interpretación vinculado al Jardín Botánico de El Albardinal. Cuando buscamos por primera vez comprar una casa en la zona, en 2004, nos atrajo Rodalquilar. Fuimos a la oficina de Medio Ambiente para preguntar si era cierto, como habíamos oído, que gran parte de la zona era insegura por la presencia de cianuro. "No, no es cierto para nada", nos dijeron.

Si desea explorar más la zona encontrarás una carretera con muchas curvas que atraviesa las antiguas instalaciones de tratamiento del oro y luego se adentra hacia el interior. A un kilómetro más o menos de esta ruta, trata de localizar a la izquierda un túnel, de sólo veinte metros de longitud, que ha sido perforado en la pared de piedra. En el interior, elegantes y sinuosos depósitos minerales de color marrón forman un patrón serpenteante en la superficie blanca y nudosa de las paredes.

Desde el otro extremo del túnel se ven las ruinas de la Cortijada de San Diego, uno de los antiguos asentamientos mineros: un conjunto de edificios de una sola planta sin tejado, casas y almacenes. Esta aldea desierta ha aparecido en muchas películas, como *Indiana Jones y la última cruzada*, de 1989. En la colina de San Diego los terraplenes y las escombreras están siendo lentamente recolonizados por la vegetación, pero todavía pasará un tiempo hasta que la naturaleza haya ocultado por completo todo indicio de presencia humana en esta tierra.

No consigo ver una codorniz

Más allá de la más rica de las antiguas explotaciones en el Cerro del Cinto el camino se dirige hacia el noroeste y luego gira hacia el norte. A un lado y otro de ésta los agaves intentan que sea una ruta con encanto. Lo consiguen con creces. Esta es, o fue, una rica tierra de cultivo. En la primavera de 2010, después de un invierno muy húmedo, parecía una pradera, un manto de colores vivos que se desvanecía en las colinas. Es un paisaje bellamente evocador y muy inusual para esta parte seca de España. No es «virgen», sino que, como casi todo en esta zona, de hecho, en España o en toda Europa occidental, es un paisaje moldeado por la actividad humana.

A ras de suelo están las collejas, de cabeza verde malva blancuzco que posteriormente pasará a un delicado blanco; las lavandas, de cabeza con flores de color púrpura-negro coronadas con frágiles mechones de color azul malva y las euforbias, con sus verdes amarillos. También encuentras gran cantidad de amapolas.

Desde algún lugar en medio de esta belleza, mientras me arrodillo para fotografiar el intenso rojo de las amapolas, llega una inusual llamada de tres notas, líquida y repetida sin cesar. Me pongo de pie y camino hacia el lugar del que parece proceder, pero el ruido cesa. Me retiro y comienza de nuevo. Una vez más empiezo a acercarme, esta vez más lenta y cuidadosamente. El ruido se detiene. Estoy seguro de que es una codorniz. Escuché una hace veintidós años cerca de Tibshelf, en Derbyshire (Inglaterra), así que no es exactamente un canto familiar, pero es uno de esos que son tan distintivos que cuando juntas el sonido con el hábitat el paquete completo te dice «codorniz». Y si mi conclusión es correcta, me convenzo de que no la voy a ver. «Una voz misteriosa en los campos de cereales», dice Rob Hume en *Bird*. Exactamente así es. Es mi primer encuentro con una codorniz salvaje en la península ibérica. Mis únicos avistamientos anteriores han sido en el supermercado, donde sus diminutos cuerpos suelen estar envasados al vacío en *packs* de dos.

Bodas de sangre

El camino pronto llega a un gran edificio cuadrado y bajo en un entorno espacioso. Los lados deben de medir unos cuarenta metros, por lo que no se trata de una simple casa de campo. De cerca impone su gran tamaño pero se revela deshabitado y ruinoso. Los revocados de yeso en la fachada exterior, de color blanco rosado y azul desteñido, se están desprendiendo de las paredes y dejan al descubierto la mampostería. En una de las esquinas la capilla todavía tiene altas puertas de madera en su enorme arco de entrada. En lo alto un campanario cuadrado se eleva en un lado del tejado de la capilla, realzado por una palmera vieja a unos pocos metros.

Estoy hablando del Cortijo del Fraile, construido por monjes dominicos en el siglo XVIII. Hasta finales de 2011 no había nada que impidiera a los visitantes entrar en los edificios. Justo al lado de la fachada de la capilla, en el mismo lado de la dependencia principal, hay habitaciones con techos altos e inclinados hechos con vigas de madera,

158

ajados, pero todavía intactos. En los suelos encontramos excrementos dejados por los animales que han encontrado cobijo aquí. En el lado opuesto de la capilla se halla un horno abovedado construido a piedra vista que se va redondeando hábilmente hasta cerrarse en la cúpula. No se puede acceder a él desde el exterior del recinto, pero si se entra a través de un agujero en la pared en lo que ahora es un patio cubierto de hierba, ahí, literalmente tras ese agujero descrito, está el horno. Los hornos de pan en esta parte del mundo están fuera de las viviendas. Si estás en un semidesierto, ya hay suficiente calor y no tienes necesidad de tener un horno dentro de la casa.

Aquí ocurrió en 1928 una tragedia que más tarde sirvió de base para una de las obras más conocidas de Federico García Lorca, *Bodas de sangre*. El elemento detonante que le hizo escribir esta tragedia fue la lectura por parte del autor de un reportaje publicado en el *Heraldo de Madrid* sobre los sucesos acaecidos en el Cortijo del Fraile.

Los hechos se referían a Francisca Cañadas Morales, que vivía en el cortijo con su padre. El reportaje decía que la muchacha tenía cojera, estrabismo y dientes prominentes. Sin embargo, también tenía una dote, lo que parece un argumento suficiente para lo que pudo ser técnicamente un matrimonio concertado. Se comprometió, a regañadientes, con un jornalero, Casimiro Pérez Pino, considerado bastante soso. Al parecer, Casimiro fue presionado para que se casara con ella a fin de que su familia recibiera el dinero de la dote.

La fecha de la boda estaba fijada, pero Francisca se fugó con su apuesto primo, Curro Montes Cañadas, con quien había tenido una relación anterior. Eran conocidas las tensiones entre las familias del novio y del primo, hasta el punto de que tanto el padre como un hermano de Casimiro habían sido asesinados a manos de la familia de Curro Montes. Esta historia de fuerte enemistad tuvo lugar en un remoto entorno rural, hace casi un siglo, en un lugar y en una época en la que el mundo exterior apenas contaba.

Bodas de Sangre no se publicó hasta 1932 y se estrenó en Madrid en marzo de 1933. Para conseguir un efecto dramático Lorca alteró varios detalles de los hechos reales: hizo que la novia fuera atractiva y físicamente fuerte, que el novio fuera tímido y cercano a su madre, en lugar de simplemente soso, y acentuó las características viriles y atractivas del primo. Lo más significativo es que cambió el momento de la fuga, situándolo tras la boda en vez de antes de los esponsales. Durante el banquete de bodas, en el acto II, la novia se escapa con su verdadero amor, Leonardo (así se llama Curro Montes Cañadas en la obra). Ella se siente atraída por él ya desde los quince años, pero Leonardo está casado y tiene un hijo. Por lo tanto, la fuga de la novia y su primo los va a hacer culpables de adulterio. Esto agrava la enemistad que ya existe entre las familias y aumenta su deshonra.

En el acto III Lorca hace que los amantes sean perseguidos por el novio despechado y sus parientes. La persecución termina con una pelea a navaja en la que mueren tanto Leonardo como el novio. En la versión de Lorca la novia se convierte en viuda el día de su boda. El autor también introduce a la madre del novio como personaje. Su dolor por la muerte de su marido y de su hijo mayor, junto con el temor por la seguridad del hijo que le queda, crea una abrumadora sensación de angustia. Y lo que teme se hace realidad: pierde a su hijo el día en que éste se casa.

En la vida real, como ya se ha dicho, lo que ocurrió fue que los amantes, Francisca y Curro, se fugaron la noche anterior a la celebración de la boda. El hermano de Casimiro se dio cuenta de lo que ocurría y, por casualidad o por algo que había escuchado, según las fuentes que uno maneje, se encontró con los amantes y mató a Curro de un disparo. El asesino fue condenado por asesinato pero Casimiro, el novio elegido, nunca superó la humillación y no volvió a ver a Francisca ni en foto. Francisca nunca se casó y vivió recluida hasta que murió medio siglo después, en 1978.

En su libro *Andalusía*, publicado en 1968, Nina Epton, que viajó por España sola cuando eso no era nada habitual para una mujer, relata un episodio que guarda relación con los sucesos del Cortijo del Fraile. De visita en San José, en la costa, no muy lejos del cortijo, cenaba en casa de un rico terrateniente. Un grupo de jornaleros estaba sentado fuera, en un banco grande, esperando que les pagaran. Nina Epton acompañó a su anfitrión, Don José, para hablar con los hombres. Deja constancia de lo ocurrido en estas líneas: "Entre ellos se encontraba un anciano llamado Casimiro, al cual no habría mirado dos veces si antes no me hubiesen dicho que un hecho dramático en su juventud había inspirado a Federico García Lorca para usar a Casimiro como modelo del novio en *Bodas de sangre*».

Abandono

En 1966 el Cortijo del Fraile fue utilizado por Sergio Leone como una de las localizaciones para su spaghetti western *El bueno, el feo y el malo*. Desde entonces se ha deteriorado mucho y se han hecho intentos a fin de que las autoridades adopten medidas en relación con el mal estado del inmueble. En 2008 un grupo en Facebook llamado «Salvemos el Cortijo del Fraile» reunió a mil seiscientos seguidores, llegando a movilizar a más de trescientas personas para asistir a una protesta en el cortijo. Durante un tiempo se colocó allí una petición en la que se invitaba a los visitantes a firmar en apoyo de las obras de restauración. El alcalde de Níjar, Antonio Jesús Rodríguez, confirmó que quería que el edificio pasase a ser de titularidad pública y se rehabilitase pero que sólo veía realista la rehabilitación si el lugar era económicamente viable. «Tiene que ser compatible con algún tipo de actividad económica que desarrolle la zona», dijo.

En febrero de 2011 el cortijo recibió la catalogación de inmueble protegido, pero esta medida no tuvo acciones concretas. En abril de ese año se supo que un muro se había derrumbado y entonces Izquierda Unida de Níjar denunció que los propietarios del cortijo lo utilizaban como almacén y que la maquinaria pesada entraba y salía del edificio con frecuencia. Los propietarios eran, y siguen siendo, La Misión, una empresa agrícola con sede en Murcia. La hipótesis era, dada la precariedad del edificio tras décadas de abandono, que el movimiento de la maquinaria pesada y el derrumbe del muro podrían estar relacionados.

A principios de septiembre de 2011 un arquitecto y un arqueólogo del Departamento de Bienes Culturales de la Delegación Provincial de la Junta en Almería inspeccionaron el inmueble. El artículo 15 de la Ley de Patrimonio Histórico permite a la Consejería ordenar a los propietarios de inmuebles catalogados que adopten las medidas necesarias para evitar el deterioro del edificio. Por su parte, el portavoz de la Consejería, Antonio Lucas, manifestó que se estaba estudiando con La Misión la posibilidad de que pasara a titularidad pública.

Hasta hace poco las familias que posiblemente no saben nada de la historia del cortijo, y nada de *Bodas de sangre,* venían los domingos a tumbarse en sus mantas y hacer su pícnic. Ponían la música a tope en la radio de sus coches con las puertas abiertas de par en par y dejaban que sus hijos correteasen y chillasen explorando el maltrecho edificio. Hacia finales de 2011 las ruinas fueron valladas.

Poco más de un año después, en enero de 2013, se llegó a un acuerdo para que la propiedad se transfiriera al ayuntamiento de Níjar, pero sólo una vez que los actuales propietarios, La Misión, hubieran pagado los treinta mil euros con los que la Junta de Andalucía les había multado por no mantener el edificio en condiciones. Casi al mismo tiempo, un juez de Almería ordenó al ayuntamiento de Níjar que tomara medidas urgentes para detener el deterioro del edificio. La clásica situación del pez que se muerde la cola. El alcalde de Níjar respondió diciendo que, en ese momento, la responsabilidad del edificio recaía en el gobierno regional o en los propietarios, La Misión. Se dice que la empresa murciana, con una multa de treinta mil euros pesando sobre ellos, está dispuesta a deshacerse del lugar lo antes posible. La inagotable controversia sobre su futuro, dijeron, les estaba causando más problemas que beneficios. En octubre de 2013 la multa había aumentado a cuarenta mil euros después de que fracasara un recurso de La Misión.

En noviembre de 2013 volví al Cortijo del Fraile. Se encontraba en un estado claramente peor que la última vez que lo había visto, nota-

162

blemente derruido. En el momento de escribir estas líneas todavía se están llevando a cabo trámites judiciales para determinar exactamente quién tiene la responsabilidad de restaurar el cortijo. Según el grupo de presión Asociación de Amigos del Parque Natural de Cabo de Gata-Níjar, la orden judicial ya en vigor incluye una cláusula según la cual el ayuntamiento de Níjar debe actuar y reemplazar a los propietarios si éstos no cumplen con sus obligaciones.

A menos que ocurra algo que remedie la situación, todo el lugar se habrá desmoronado mucho antes de conmemorar el centenario de los acontecimientos que dieron lugar a *Bodas de sangre*. Por el bien de este maravilloso edificio antiguo, esperemos que haya un resultado positivo antes de que eso ocurra.

(Actualización: Casi diez años después de escribir este último párrafo, en un artículo de opinión publicado en el diario *La Voz de Almería* el 22 de febrero de 2022, Pedro Mena Enciso sugería: "No hay en el Parque Natural un cortijo más espectacular." Añadió: "Este enclave, modelo de la arquitectura rural del sur y el este almeriense, tiene además un incuestionable valor histórico-literario y artístico", y señaló que: "Hace más de diez años que se cayeron parte de los muros y, pese al clamor popular y de distintas asociaciones (Amigos del Parque Natural, Amigos de la Alcazaba...) llegando incluso a la vía judicial, la cuestión todavía no se acaba de resolver. La Junta ha sancionado a los propietarios por la falta de mantenimiento y en palabras de la consejera de Cultura: "Hay conversaciones permanentes y diálogo... para revalorizar y dotar de contenido el Cortijo del Fraile". Pedro Mena Enciso terminó lamentando que, a pesar de todo este parloteo, el edificio sigue deteriorándose y derrumbándose.

Después, a finales de octubre de 2022, los medios de comunicación anunciaron que la Diputación Provincial de Almería había aprobado la compra por casi dos millones de euros del Cortijo del Fraile y de nueve hectáreas de sus terrenos circundantes con el fin de rehabilitar este bien patrimonial para todos los almerienses. El vicepresidente de la Diputación, Fernando Giménez, ha explicado que la restauración del inmueble pretende convertirlo en un gran espacio cultural a disposición de todos los ciudadanos y visitantes. Parece, pues, una magnífica noticia. Esperemos que el proyecto se lleve a cabo con eficacia y rapidez de modo que este emblemático edificio, vinculado a Federico García Lorca y Carmen de Burgos, y más recientemente a muchos cineastas, pueda volver a ocupar su lugar como joya del paisaje almeriense).

XIV / Hojas, vainas, pencas y pinchos

La botánica de los climas extremos posee un poder de fascinación especial. Las plantas que superan los grandes obstáculos de la naturaleza, sobre todo cuando lo hacen con exceso y con coraje, producen una viva emoción.

Al sur de Granada
Gerald Brenan

Higo chumbo.

Jardín Botánico el Albardinal

Las plantas del levante almeriense tienen la peculiaridad de, como dice Brenan, «superar los grandes obstáculos de la naturaleza». Ya hablé de ello en referencia al azufaifo, el narciso de mar, el lentisco y el *phlomis* púrpura, en el capítulo 1. Un buen lugar para saber más sobre este tema es el Jardín Botánico El Albardinal, en Rodalquilar. La entrada es gratuita y se puede aprender mucho en un par de horas. Eso sí, no vayas un lunes; está cerrado.

Al entrar hay una moderna exposición que muestra muchas de las plantas de la zona. La albaida, *Anthyllis cytisoides* en latín, es una planta de flor amarilla muy frecuente por aquí. Crece en forma de matorral denso, que retiene la poca agua de lluvia que cae y sólo muy lentamente la deja caer al suelo. La retama (*Retama sphaerocarpa*), un arbusto alto con ramas que parecen plumas ondeando al viento, tiene raíces largas para coger agua desde lo más profundo del subsuelo. Carece de hojas para minimizar la evaporación, pero puede realizar la fotosíntesis a través de sus tallos verdes. La misma estrategia utiliza la lavanda de mar de hoja ondulada (*Limonium sinuatum* en latín), que florece en suelos salinos y ricos en yeso. Si me sigues en este laberinto de nombres, los jardineros llaman siempreviva azul a esta planta. Es una de las favoritas de las mariposas y, además, sus flores conservan el color mucho después de que la planta muera. Mientras escribo esto, la siempreviva está colonizando gran parte de nuestro jardín, nos guste o no.

Hay toda una serie de plantas que tienen mecanismos de defensa para ahuyentar a los animales que quieren dar cuenta de ellas. El acónito (*Periploca angustifolia o cornical*) exuda un látex lechoso muy irritante si intentan comérselo. Los rascamoños (*Launaea arborescens*) se protegen con temibles espinas en las puntas de las ramas. La retama, ya mencionada, contiene el alcaloide esparteína, que se encuentra también en algunas especies de hiniesta. Dicho alcaloide contiene una sustancia que los herbívoros encuentran especialmente poco apetecible. Por la misma razón, tampoco les agrada la jara (*Cistus salviifolius* o jaguarzo morisco), que contiene una alta concentración de taninos.

Toda esta información y mucho más se puede obtener en la exposición que hay en el interior y, de hecho, muchas de estas plantas también se pueden ver en El Albardinal. En los jardines las plantas aparecen identificadas y te indican, por ejemplo, cuáles se utilizan en medicina, como el romero (*Rosmarinus officinalis*), o para la construcción, como la caña común (*Arundo donax*). Entre todo esto hay alguna sorpresa interesante; por ejemplo, resulta que con las hojas y los tallos del matagallo (*Phlomis purpurea*) puedes formar una bola y usarla como estropajo. Y con esto, es momento de seguir adelante para conocer un poco más de algunas de las plantas más emblemáticas de las zonas semidesérticas del levante almeriense.

Chumberas

Ciertas plantas desempeñan un papel importante en la definición del carácter del levante almeriense, especialmente en las zonas rurales. De las plantas aparentemente silvestres que son frecuentes aquí, una de las más grandes y llamativas es la chumbera. Se trata de la especie *Opuntia ficus-indica*, originaria de México, especialmente extendida en nuestra zona. Posee carnosas pencas cubiertas de espinas y fue plantada ampliamente en granjas y fincas en el siglo XIX. Sus frutos se comían al tiempo que se utilizaba como seto o barrera a prueba de ganado. Hoy en día rara vez cumple esta última función, pero las hojas caídas enraízan con facilidad y la planta puede alcanzar dimensiones similares a las de un árbol. Con su forma de oreja, las pencas dan un aire ligeramente cómico al paisaje. Una vez asentada, la chumbera se convierte en una espesa maraña verde, creando un matorral impenetrable que puede constituir un eficaz cortafuegos debido a su alto contenido en agua.

De las pencas brotan abundantes flores amarillas a finales de la primavera, seguidas de frutos pulposos, verdes al principio y luego gradualmente de color rojo dorado intenso. Estos frutos, aparentemente inocuos y atractivos, poseen unos pelos muy finos que sirven al chumbo de mecanismo de defensa y hay que evitar a toda costa. Se encuentran en la base de las espinas más grandes y se llaman gloquidios. Una vez en la piel son irritantes y muy difíciles de eliminar. Un método para deshacerse de los pelos es poner cinta adhesiva en la zona afectada. Cuando se tira de ella, es de esperar que arranque al menos algunos de los pelos.

Sin embargo, teniendo cuidado, el higo chumbo puede cosecharse, siendo la mejor época en septiembre, cuando está pasando del verde al amarillo/rojo. En noviembre, cuando los frutos son de color rojo intenso, ya están demasiado pasados. Los frutos se recogen con la ayuda de guantes resistentes y así no nos pinchamos; después de quitarles esa gruesa piel que tienen nos encontramos con un interior blando, rojo intenso y comestible, que contiene muchas semillas. La sabiduría popular (nuestro vecino Pedro, en este caso concreto) dice que si los recogemos a primera hora de la mañana y los consumimos después de enfriarlos en la nevera durante media hora, el estómago nos lo agradecerá. Las cabras, por supuesto, pueden comer tanto las pencas como los higos chumbos directamente de la planta.

La mermelada de higos chumbos requiere una cierta elaboración, pero además de tener un buen sabor, su valor reside en lo novedoso y original de la misma. Después de hacer una cantidad en 2008, le di un tarro a mi profesora de español, Guadalupe, en Navidad. Parecía encantada en ese momento y luego, cuando reanudamos las clases en el año nuevo, se mostró aún más alborozada de lo que le podría exigir por mera cortesía.

En cuanto a la receta, hay que recoger un cubo lleno de higos chumbos en el momento en que pasan del verde al rojo y quitarles con cuidado la gruesa piel exterior. Se pone la fruta en una cacerola de fondo grueso y, removiéndola de vez en cuando a fuego lento, se reduce a una pulpa. A continuación hay que colarla para eliminar las semillas y pesarla antes de devolverla a la cacerola. Ahora se añaden unos setecientos cincuenta gramos de azúcar y ciento cincuenta mililitros de zumo de naranja por cada kilo de fruta. Añada un buen chorreón de zumo de limón a modo de pectina. Otros ingredientes que se le pueden echar para personalizar la receta al gusto son la ralladura de naranja y/o limón, cardamomo, una rama de canela, romero, etc. Mezcle bien y reduzca a fuego lento hasta obtener una consistencia adecuada, y luego envásela como cualquier mermelada.

De hecho, acabo de hacer otro poco (octubre de 2013) pero esta vez quizás sea mejor describirlo como sirope de higo chumbo en lugar de mermelada; no pude conseguir que cuajara. Sin embargo, está delicioso con helado.

¿Por qué, se preguntarán, se trajo de México algo tan engorroso como el higo chumbo? La respuesta es que los conquistadores descubrieron que tanto la *Opuntia ficus-indica* como la *Opuntia coccinellifera* son plantas huésped del diminuto insecto parásito *Coccus* (cochinilla), que vive de la humedad y los nutrientes de las plantas, y cuyo cuerpo seco es el origen del intenso tinte carmín. Las cochinillas se trajeron a España, especialmente a las Islas Canarias, para que proliferasen en las plantaciones y luego recogerlas, obteniéndose así el tinte necesario para chaquetas militares de color rojo intenso, colorante alimentario carmín y lápiz de labios. Durante unos treinta años, desde mediados del siglo XIX, la producción de cochinilla fue la principal fuente de ingresos de las Islas Canarias.

(Actualización, abril de 2022: En 2007 se detectaron por primera vez, en la provincia de Murcia, problemas con manchas blancas algodonosas afectando a las plantas de chumbera. Esta plaga pronto se extendió a la provincia de Almería. Las manchas evidenciaban la presencia de *Dactylopius opuntiae*, un escarabajo emparentado pero diferente al utilizado para la producción de cochinilla (*Dactylopius coccus*). El primero desplaza al segundo, para después, con el tiempo, destruir la planta. En la última década esto es exactamente lo que ha ocurrido, con una plaga de escarabajos *Dactylopius opuntiae* que ha destruido casi todas las chumberas del levante almeriense).

En la década de 1880 se desarrollaron los tintes sintéticos de anilina y la demanda de cochinilla disminuyó, dejando un paisaje de atractivas pero peligrosas chumberas. Las plantas viejas pueden ser enormes. Sus bases leñosas, bulbosas y retorcidas se levantan entre los tallos ovalados y fibrosos de las pencas ya secas. En este espacio encuentran cobijo las ratas, que durante el invierno se deleitan con los tardíos y jugosos frutos. Pero la historia no acaba aquí, porque la cochinilla se sigue utilizando aún en algunos alimentos y bebidas, dado que a diferencia de las alternativas químicas no es muy tóxica.

Esparto

En las laderas de las colinas que tenemos alrededor crecen unos penachos de hierba que pueden llegar a alcanzar el metro de altura. Se trata del esparto (*Stipa tenacissima*), muy presente en las estepas costeras del Cabo de Gata. Soporta bien la salinidad y, de acuerdo, no es una planta atractiva visualmente pero está profundamente enraizada en la cultura local. Un tallo de esparto se rompe fácilmente cuando está verde pero tiene una fuerza inmensa una vez seco. Durante generaciones la gente del campo lo ha utilizado para fabricar cuerdas, alpargatas, cestas, alforjas, arneses, correas y hasta para limpiarse después de defecar. Actualmente lo vemos en productos elaborados artesanalmente.

Desde mediados del siglo XIX el esparto se cosechaba y se enviaba al Reino Unido para su uso en la industria papelera. El que tenía más calidad se empleaba sobre todo en la producción de papel para imprenta y litografía. Tenía que competir con el esparto de Argelia y Libia pero proporcionaba un medio de vida a muchos trabajadores del campo. Níjar era un vasto centro de producción con hasta once mil hectáreas en 1950. Tabernas tenía más de cinco mil hectáreas y Sorbas sobrepasaba las tres mil. Sierra Alhamilla, la vertiente sur de los Filabres y las Sierras de Almagro y María eran también zonas importantes donde se podía encontrar sin tener que subir a lo más alto.

Una vez cosechado el esparto se ataba en fardos y se llevaba en carros tirados por caballos a puertos como Águilas (Murcia) y Carboneras. También llegaba a pueblos costeros como El Pozo del Esparto, al sur de San Juan de los Terreros. Aquí había pozos y en ellos se ablandaba para luego trenzarlo o tejerlo en cuerdas, cestas, esteras, etc. Este trabajo lo realizaban principalmente las mujeres. Con el tiempo inventos como el plástico o el nailon, más duraderos, desplazaron al esparto como materia prima. El comercio de exportación también quedó muy mermado al aumentar los costes de recogida y transporte y, sobre todo, cuando la pasta de madera procedente de Escandinavia empezó a dominar la producción de papel.

Hasta hace muy poco nuestro vecino José se sentaba frente a su garaje tejiendo esparto con una habilidad pasmosa. Lo hacía como si estuviese en modo automático, como si a lo largo de generaciones se hubiese incrustado en su mente el patrón de lo que estaba haciendo. Cuando sugerí que esto se estaba convirtiendo en una habilidad perdida que los jóvenes no tenían interés en aprender hizo un sonido que interpreté como una sugerencia de que "el mundo es así". También podría significar que nunca había pensado en ello. O incluso que no tenía ni idea de lo que yo decía.

José tiene un amplio repertorio de ruidos, sonidos que yo simplemente interpreto más que entiendo. Una muestra pequeña pero reveladora de las costumbres del campo o, más exactamente, de nuestro desconocimiento, tuvo lugar poco después de que llegáramos aquí. Le pregunté a José cómo se llamaba su mula, que por aquel entonces todavía usaba como medio de transporte rutinario. Me miró con desconcierto, ladeando la cabeza, y con gesto adusto me dijo: «mulo».

Algarrobos

Los algarrobos se encuentran dispersos por todas partes como un elemento inseparable del paisaje. Fueron plantados en su momento con la intención de proporcionar alimento al ganado. Resistentes y de crecimiento lento, incluso los algarrobos de edad moderada parecen enjutos. Las hojas son coriáceas, de color verde oscuro, y los troncos, a menudo doblados por el viento dominante, tienen un aspecto nervado. Los algarrobos producen largas y gruesas vainas, inicialmente de color verde brillante, que van madurando hasta convertirse en marrón oscuro. Las cabras las adoran aunque los pequeños granos o semillas son indigestos, incluso para la mula de nuestro vecino. Estas diminutas semillas de algarroba con forma de disco marrón es lo único que queda de los excrementos que deja Mulo en la carretera...

Las vainas de algarroba duran mucho tiempo y se cree que eran las «langostas» de las que vivía Juan el Bautista en el desierto. Uno de sus nombres en español, Pan de San Juan, hace referencia a esto. Las semillas son tan consistentes que fueron utilizadas antiguamente por griegos, árabes y fenicios como medida de peso para diamantes y oro. Cada semilla pesa una quinta parte de un gramo. Posteriormente se estandarizó como unidad de peso oficial, un quilate equivaliendo a cero coma dos gramos. La palabra quilate procede del nombre latino del algarrobo, *Ceratonia siliqua*.

Las vainas de algarroba también son comestibles y se utilizan ampliamente como sustituto del chocolate. Son masticables pero se pueden comer directamente del árbol y su sabor característico, parecido al del chocolate, es evidente de inmediato. En el pasado las vainas eran aquí una golosina popular para los niños. Hoy en día prefieren las chocolatinas o un helado. La algarroba tiene un alto contenido en azúcar, hasta un cuarenta y cinco por ciento, pero apenas tiene grasa, a diferencia del grano de cacao. Además de ser útil en casos de diarrea, vómitos en niños e intolerancia al gluten, también contiene calcio y hierro y se considera beneficiosa para la digestión. Una infusión hecha con la vaina entera es útil como antiinflamatorio en general y más en concreto para casos, por ejemplo, de conjuntivitis. De igual forma, puede utilizarse para hacer gárgaras y tratar la faringitis.

Un libro que compramos poco después de mudarnos aquí tenía una receta de pastel de algarroba, así que pensé en probarla. Los lugareños creen que las vainas de algarroba no son más que comida para cabras, pero tenemos muchas y como soy un fanático de la «comida gratis» me puse manos a la obra. El libro sugería cocer las vainas de algarroba en una olla a presión, enfriarlas y luego molerlas hasta obtener un polvo. Desgraciadamente el resultado no fue nada parecido a un polvo o harina, así que me tuve que conformar con cortar las vainas, no sin dificultad, en pequeños trozos.

Luego debía añadir miel, nueces y mantequilla, así que ciertamente no es comida gratis. La receta no precisaba las cantidades pero hacía hincapié en que se hornease el pastel a doscientos cincuenta grados. Troy me advirtió de que eso era una temperatura excesiva, pero le pedí que no interfiriera y lo horneé. Salió del horno carbonizado y el olor a quemado impregnó la casa durante tres días. Fue una tarea titánica quitarle la costra negra, pero el interior tenía buen sabor aunque algo empalagoso por el exceso de miel. Tras esta pequeña odisea no he vuelto a hacer pastel de algarroba.

Adelfa

El alcantarillado es poco común aquí. Cuando cae la lluvia a menudo es abundante, y si se prolonga en el tiempo el agua correrá a raudales por las ramblas. Salvo alguna excepción, como los tramos del Río de Aguas que fluyen constantemente, los lechos de los ríos son, por lo general, amplias extensiones de arena, grava y cantos rodados con el nivel freático casi a ras de suelo. Esto favorece el crecimiento de una comunidad específica de plantas, entre ellas la adelfa y la caña.

La adelfa (*Nerium oleander*) también se encuentra profusamente a lo largo de la mediana de la Autovía del Mediterráneo. La flor presenta una gama de colores que va desde el blanco, pasando por el rosa y albaricoque, hasta el rojo. Tolera la aridez, es de hoja perenne y crece en forma de arbusto de gran tamaño, por lo que constituye una gran barrera natural. Aunque las adelfas son un elemento importante en cualquier jardín, la mediana de una autopista es probablemente el lugar más seguro para ponerlas pues todas las partes de la planta son muy venenosas; ni siquiera las cabras las tocan. Sólo una pequeña cantidad de adelfa puede causar la muerte a los animales o a las personas debido a su efecto sobre el corazón. Inhalar el humo de la adelfa quemada o incluso comer la miel de su néctar puede envenenarte.

Una última reflexión sobre las adelfas de las autopistas, en un ejemplo espectacular de mala praxis: las autoridades parecen optar siempre por podarlas justo cuando están en plena floración. Supongo que quien toma la decisión es un ingeniero de caminos, no un jardinero.

Caña

La caña (*Arundo donax*) es un material muy utilizado en el campo. Parece bambú pero en realidad es un junco gigante habitual en las ramblas. La caña ayuda a limitar la erosión. Es de crecimiento rápido, hasta diez centímetros al día y hasta dos metros en su primer año. Se propaga mediante rizomas y se puede cosechar periódicamente sin destruir la mata. Era tradición utilizarlas en los techos de las casas atadas con un cordel a los pilares de madera y revestidas con una capa de barro. También servían como armadura de agarre de las tejas. Hoy es frecuenta verla en huertos como estructura para que trepen las judías o de soporte para atar tomates y pimientos. La caña no dura mucho tiempo a la intemperie, unas pocas temporadas a lo sumo, pero no supone ningún gasto y es abundante en la zona. La caña se considera, sobre todo, un buen biocombustible y también una planta ideal para el almacenamiento de carbono bajo tierra. Por ponerle un pero diré que no proporciona prácticamente ninguna fuente de alimento ni hábitats de anidación para la fauna. En Nueva Zelanda figura en la lista del Acuerdo Nacional de Plantas Plaga como «organismo no deseado».

La caña fue protagonista en julio de 2012 de algo hasta entonces nunca visto en la vida salvaje de nuestro jardín. Troy pasaba por delante de donde las judías verdes trepan enrollándose en un armazón hecho con partes de una vieja pérgola y una caña. Al pasar por delante del parterre escuchó un ruido sordo y vio entonces en el suelo una criatura de color verde intenso, de veinte centímetros de largo, con la cabeza en forma de escudo: nuestro primer camaleón. Tal vez había perdido el control sorprendido al ver a Troy aparecer por allí. En los minutos siguientes volvió a trepar lentamente por la caña, observándonos mientras tratábamos de colocarnos en la mejor postura para sacarle fotos. Se movía con facilidad, colocando cuidadosamente las patas en forma de tenaza y utilizando su larga cola prensil para agarrarse. Su piel moteada, aunque pellejo podría ser una palabra más precisa, es como un gran caparazón y está provista de crestas en la parte posterior de la cabeza. Pero lo más extraño es la cara. Sus grandes ojos brillantes y saltones, exceptuando la pupila, también están recubiertos por la armadura verde, pero pueden moverse en todas direcciones e independientemente uno de otro, lo que les da un amplio campo de visión para controlar el entorno. La gran boca retráctil se extiende ampliamente y dos crestas se prolongan justo por encima de la boca hacia atrás, sobre los ojos. Visto en su totalidad, el camaleón sugiere algo prehistórico y da la impresión de ser una criatura de expresión lúgubre y cansada del mundo. Es imposible que no se nos dibuje una sonrisa en la cara.

Vigilándonos todo el tiempo mientras le hacíamos fotos se movió con sumo cuidado hacia unas cañas y allí se escondió entre las grandes hojas. Estaba perfectamente camuflado y, si al principio no se hubiera caído, casi seguro que no lo habríamos visto. Unos días después comenté el encuentro con nuestro vecino Pedro y me dijo que en sus setenta y tantos años sólo había visto un ejemplar.

Alcaparras

Salpicando ambos lados del sinuoso camino que lleva hacia la cumbre del Cerro de Los Lobos hay en invierno arbustos postrados, muertos y leñosos. Es increíble cómo algunos de ellos asoman de entre las grietas de las paredes rocosas, donde parecería imposible hallar algún nutriente que sostuviera a la planta. A partir de finales de mayo estos esqueletos leñosos adquieren un verde intenso con flores rosas y blancas de vida

175

efímera pero de una belleza exquisita. Cada flor se abre por la mañana temprano y muere en el calor abrasador unas horas después. Hablamos de las alcaparras (*Capparis spinosa*). Las partes más preciadas de la planta son los capullos de las flores, que sólo pueden recogerse a mano y con mucho cuidado pues los tallos tienen unas espinas del demonio curvadas hacia atrás. Cuanto más pequeño sea el capullo en forma de corazón, más sabroso será. Se considera que los mejores son los que no tienen más de siete milímetros de diámetro. Si el capullo florece produce un fruto que parece una pequeña pelota de rugby color verde rayado. Estos frutos, llamados alcaparrones, también se recogen y se elaboran pero no tienen el mismo sabor tan llamativo de los cogollos.

Una vez recogidos, los cogollos y/o los frutos deben ponerse en salmuera (dos cucharaditas de sal por medio litro de agua) lo antes posible y dejarse ahí durante dos meses. Después se sacan de la salmuera y se embotellan en vinagre de vino. Esto permite que se desarrolle su característico sabor amargo. Además de este toque único las alcaparras son buenas para la salud. En el Mediterráneo son conocidas como tratamiento para el escorbuto y el reumatismo, y los romanos las utilizaban como afrodisíaco.

Para recoger alcaparras, además de tener cuidado de evitar los pinchos, hay que ganar la partida a las cabras. Un día estábamos recogiendo tápenas (otro nombre que se le da aquí a la alcaparra) en la colina al otro lado del valle, cuando apareció Paco el cabrero con el rebaño. Al darse cuenta de lo que estábamos haciendo, dijo: «Vosotros seguid por ahí, que yo llevaré mis cabras por aquí». Los tres sabíamos que no hay nada que les guste más a las cabras que ramonear un delicioso arbusto de alcaparras, con pinchos y todo.

Agaves

Existen aproximadamente trescientas especies de agaves. El agave más común en el levante almeriense es la mal llamada planta del siglo, también conocida como agave americano (*Agave Americana*) o pita. Se

176

trata de otra llamativa planta procedente de México. A partir de una espectacular roseta basal de tallos carnosos en forma de tira, a menudo de más de un metro de largo, y armadas a lo largo de sus bordes con unas espinas cortas muy puñeteras, el agave produce una espiga floral considerable. El tiempo que transcurre desde la semilla hasta la floración es de diez a treinta años. Uniformemente espaciadas y elegantemente curvadas, las flores crecen en ramas en la parte superior de la espiga floral. La vaina que da la flor contiene las semillas que servirán para nuevos agaves si los gorriones lo permiten. La planta madre es monocárpica; florece una vez y luego muere. Los lugareños conocen este agave como pita.

Los troncos de pita resultan ser un buen armazón a modo de poste o viga para la construcción. A cincuenta metros de nuestra puerta hay un doble aparcamiento techado. Está hecho con pitas unidas por alambres y láminas de plástico recubiertas de malla metálica. No es que sea muy atractivo pero es funcional. Seguramente, el desembolso para los costes de construcción fue casi nulo. La hicieron los gitanos que habían vivido por aquí y que ya no están. En el interior del aparcamiento había dos coches viejos destartalados junto con trozos de bicicleta vieja y herramientas oxidadas desperdigadas por el suelo. Un día los gitanos, con su típico pelo negro azabache y tez oscura, llegaron de improviso. Me vieron y se acercaron a preguntar cuánto habíamos pagado por la casa, pregunta a la que contesté con evasivas. Luego, no sé muy bien cómo, arrancaron los coches y desaparecieron. Más de media década después, la cochera de pita sigue resistiendo con orgullo los embates del viento y las ocasionales lluvias torrenciales.

Parece que siempre que no esté enterrada la pita seca aguanta bien en las condiciones de aridez propias de este lugar. De hecho, parecen durar siglos. Como si fueran picas, se alzan al cielo desde su roseta basal marchitándose silenciosamente. Su centro, algo esponjoso, se pudre en pocos años si se coloca en el suelo o en cualquier lugar donde la humedad le pueda atacar.

La escarpada ladera situada al pie de nuestro terreno alberga una floreciente población de agaves. Cuando llega el momento echan su tallo floral a un ritmo de quince centímetros al día. Pueden alcanzar una altura de doce metros, lo que hace que su flor sea quizás la más alta del planeta. Donde vivimos los tallos han crecido de forma horizontal, unos dos metros más o menos por encima de la superficie de la carretera, obstaculizando peligrosamente la circulación.

Poco después de llegar aquí me di cuenta de que una pita que había crecido en nuestro terreno, y responsabilidad nuestra posiblemente, estaba apoyada en unos cables de alta tensión junto a la carretera. Un día al ver a Gabi Ramos, palista de profesión, le pregunté si podía hacer algo para solucionar el problema. Vino al poco y levantando con delicadeza la pala apartó la pita de los cables, empujándola hacia abajo para que no sufriera daño, y luego, con un ademán y una sonrisa de oreja a oreja, se marchó carretera arriba con el *tuf-tuf-tuf* de su máquina. Y así, un par de años más tarde, cuando tuvimos que hacer una obra importante, lo llamamos para que nos hiciese los cimientos.

En 2008 se me ocurrió un nuevo uso (nuevo para mí, al menos) para las pitas. Había cerca una buena cantidad de ellas abandonadas en el campo y pensé que podría utilizarlas como plataformas elevadas donde cultivar verduras. El método es sencillo. En primer lugar hay que cavar el contorno, digamos unos dos metros de largo por uno y medio de ancho de modo. A continuación cortas las pitas a medida para que puedan tener suficiente profundidad y encajen bien en las esquinas. Se necesitan aproximadamente ocho trozos de pita por plataforma o lecho elevado. Luego perforas un agujero en cada extremo y encajas las pitas. Terminé el trabajo poniendo trozos de plástico negro como revestimiento para retener la humedad y después llené el lecho con compost y estiércol.

Un último uso que se puede hacer de las pitas es el que creo que trajeron a esta zona las gentes del norte de Europa. La idea original nos vino de una señora inglesa que por entonces vivía cerca. El metro y medio del extremo superior seco del tallo de agave puede servir perfectamente de árbol de Navidad. La forma cónica de las ramas imita, con algo de imaginación, a la típica conífera utilizada en estas fiestas.

La seca estructura leñosa y las vainas de las semillas son ideales para rociar con espray plateado o blanco y el conjunto es perfecto para colgar guirnaldas y espumillón. La falta de disponibilidad aquí de auténticos árboles de Navidad es otra buena razón para reciclar una pita.

Un pariente del agave americano es el sisal (*Agave sisalana*), una planta parecida pero más pequeña. Sus ramas en forma de candelabro se extienden desde el tallo conteniendo vainas y bulbos de la planta madre. Igual que antes hemos dicho, sus semillas enraízan fácilmente produciendo retoños a los pies del agave maduro. Las fibras de las hojas del sisal se utilizaban antiguamente en la fabricación de arpilleras y cuerdas. Aunque ya no se cultiva comercialmente, las largas hileras de esta planta siguen adornando las estepas de Las Amoladeras, entre Retamar y San Miguel de Cabo de Gata.

En México el agave se llama magüey. Extraen su savia y se obtiene una bebida fresca y nutritiva llamada aguamiel, un néctar marrón que contiene un setenta por ciento de fructosa. El pariente fermentado del aguamiel es el pulque, igualmente espumoso, lechoso y viscoso. Conocida como cerveza de agave, se elabora en México desde hace más de dos mil años. Estas bebidas son para entendidos, pensé, cuando las probé en una pulquería, un bar de carretera mexicano. Cuando se destila el *Agave tequilana* o agave azul obtenemos el célebre tequila.

Pensé que había aprendido bastante sobre los agaves y entonces mi amiga Carol Jepson, en el proceso de corrección de mi texto, me proporcionó otro dato: «El néctar de agave se puede comprar en la cadena de supermercados Waitrose. Se utiliza como una especie de miel para la gente a la que no le gusta la miel». Para más información sobre los agaves en la zona, véase la última parte del capítulo 19.

(Actualización, abril de 2022: En 2014 fue la primera vez que el picudo negro atacaba las plantas de Agave americana en la provincia de Almería. La hembra del picudo perfora la jugosa roseta de la planta y pone entre trescientos y quinientos huevos. La saliva del insecto contiene una bacteria llamada *Erwinia carotovora*, que pudre rápidamente el corazón de la planta, facilitando la digestión de las larvas cuando

179

salen de los huevos. La bacteria y las larvas destruyen totalmente la planta desde el interior. Se pueden utilizar varios productos químicos fuertes para combatir al picudo, pero son muy agresivos para el medio ambiente y pueden entrar en la capa freática por lo que no son una buena solución. En el momento de escribir estas líneas parece que algunos agaves están sobreviviendo o recuperándose, pero aún es demasiado pronto para saber qué futuro le espera a esta planta en el levante almeriense).

XV / Calor e incendios forestales

El sol de Andalucía comienza a cantar su canción de fuego, que todos oyen con temor.

"El Sol de Verano", Impresiones y Paisajes
Federico García Lorca

Incendio forestal cerca de Los Castaños.

Calor

La Agencia Estatal de Meteorología (AEMET), que toma datos en el aeropuerto de Almería, indicó que el verano de 2010 fue uno de los más calurosos de los que se tiene constancia. Las temperaturas medias en la provincia durante los meses de verano, incluyendo las máximas diurnas y las mínimas nocturnas, fueron: junio 22,7° C, julio 25,7° C y agosto 26,4° C.

Julio y agosto se disputan el título de «mes más cálido». Durante estos meses lo que no se ha hecho antes de las diez de la mañana es poco probable que se haga ese día. En un día caluroso en el Reino Unido, la hora más extrema se sitúa en torno a la una o las dos, después de lo cual la temperatura comienza a descender. No es así en el semidesierto de Almería; después de las dos parece que la temperatura sigue subiendo. A las seis de la tarde hace el mismo calor que a mediodía. En realidad, la temperatura del aire desciende durante la tarde, pero el calor que irradia el suelo hace que parezca lo contrario. El zumbido de las chicharras es un ruido de fondo incesante, un decorado sonoro. Los pájaros guardan silencio. Los gatos desaparecen en busca del fresco de las repisas de las ventanas que hay en la parte trasera de la casa o se van a algún lugar sombreado que hayan encontrado en el valle. Si se quedan en la casa buscan las baldosas más frescas para tumbarse.

Sin embargo, cuando el calor aumenta, suele traer consigo una brisa. Sigue siendo aire caliente, pero al menos algo se mueve, lo que supone un pequeño alivio. Con las puertas y las ventanas abiertas, las mosquiteras traquetean y, dependiendo de la dirección del viento, tarde o temprano se oirá un portazo. Las cortinas de gasa fluyen como nubes por el dormitorio; al instalar dos ventanales aquí tenemos la inesperada ventaja de que la brisa suele ser suficiente para mantenernos frescos. Rara vez tenemos que recurrir al aire acondicionado, con lo cual favorecemos nuestro compromiso con el medio ambiente.

Incendios forestales

A partir de la década de 1980 los incendios forestales empezaron a ser cada vez más frecuentes en Sierra Cabrera. Mientras hubo cabras pastando en las laderas no lo fueron tanto, dice el historiador Clemente Flores, o al menos no constan tales incendios en ninguno de los documentos que ha consultado.

En pleno verano de 2009 la brisa diaria del mediodía era un continuo viento abrasador. La vegetación estaba macilenta, mostrando una pálida sombra de lo que había sido en otros tiempos; de modo implacable el sol había ido exprimiendo la vida a todas las plantas. La humedad relativa era de apenas del cinco por ciento, el viento alcanzaba los treinta por hora y la temperatura se acercaba a los 40 °C. Fue el 15 de julio cuando se declaró un incendio forestal en Sierra Cabrera. Antes de ser extinguido había devastado unas cuatro mil hectáreas. Durante la tarde del jueves 23 de julio se inició un segundo incendio que, avivado por feroces vientos, arrasó en dirección a Turre y la costa. Esa misma tarde tres mil personas fueron evacuadas cuando las llamas se acercaron a pocos metros de la colina donde se ubica la parte antigua de Mojácar. Al anochecer, entre el humo y el calor sofocante, los residentes de Mojácar Playa podían distinguir una lengua de fuego en el horizonte avanzando inexorablemente hacia el interior del pueblo. Los termómetros de la calle marcaban 44° C.

Se declaró el nivel dos de emergencia y se solicitó ayuda a otras provincias. La mañana del viernes 24 un ejército de trescientos guardias civiles, policías locales y otros efectivos, como los de la Unidad Militar de Emergencias, ayudados por una docena de aeronaves, incluidos helicópteros y aviones de extinción de incendios, consiguió controlar el fuego declarándolo totalmente extinguido a las siete de la mañana del sábado 25 de julio. La mayoría de los residentes pudieron volver a sus casas a última hora del día 24 y comprobaron con gran alivio que muy pocas casas habían sufrido daños. El fuego fue rodeando obstáculos como los muros de los jardines y no permaneció en ningún lugar el tiempo suficiente como para causar daños graves. Aun así, incluso después de extinguido se prendieron algunos árboles y hubo focos que siguieron activos durante días.

Los rumores en torno a qué o quién provocó el incendio se extendieron con la misma rapidez que el fuego. Los conspiranoicos decían que los traficantes de drogas lo habían hecho para distraer a la policía; los ecologistas más fanáticos que alguien quería dañar Sierra Cabrera y dar alas a los promotores inmobiliarios. No existió confirmación de qué pudo haberlo desencadenado. No hubo relámpagos, pero sólo hace falta una botella desechada para concentrar los rayos del sol en estos secarrales. Sin embargo, sí se confirmó que el segundo incendio destruyó unas dos mil seiscientas hectáreas de matorrales y dada la velocidad a la que avanzó, toda la fauna que vive en el suelo, como lagartos y serpientes, e incluso muchas aves, fue arrasada. En cuanto a las tortugas, algunas que estaban en la superficie y no tuvieron tiempo de ponerse a cubierto perecieron, pero como los incendios forestales suelen producirse en los calurosos meses de verano la mayoría estaban en letargo bajo tierra y se salvaron. Las tortugas se esconden con la cabeza hacia abajo, por lo que la parte superior trasera de su caparazón puede sobresalir del suelo y quedar afectada por el fuego. Ese caparazón dañado normalmente se regenera y los animales se mantienen bastante sanos.

En un artículo publicado poco después de los incendios de 2009, Domingo Ortiz señalaba que las huellas geológicas y arqueológicas demuestran que siempre ha habido incendios forestales en la zona. Sin embargo, en los últimos años el aumento en la frecuencia y el tamaño de éstos, junto con la mayor irregularidad de las lluvias, está haciendo crecer el riesgo de desertificación.

Los documentos con los que contamos muestran, según Ortiz, una larga historia de conflictos entre agricultores y ganaderos. También comenta la destrucción que hubo en el siglo XIX de la vegetación de los montes dada la necesidad que había de obtener leña y combustible para las fundiciones locales. Hay autos judiciales de la época que muestran casi doscientas disputas relacionadas con la destrucción de pastos y otros bienes como la leña, ya fuese roturando tierras o por medio de la quema. En el Archivo Histórico Municipal de Vera queda reflejado en el número de litigios registrados: doce durante el siglo XVII y ciento treinta durante el siglo XVIII. Del total de este último, ciento siete fueron en Sierra Cabrera. Salvo contadas excepciones, se trataba de incendios intencionados destinados a poner en cultivo zonas que antes eran agrestes. Supusieron un desastre ecológico tras la pérdida de acebuches, algarrobos, alcornoques y pinos o las cien colmenas del vicario de Lubrín que fueron presa de las llamas en agosto de 1691.

Ortiz termina señalando la necesidad urgente de políticas activas que hagan que el creciente número de incendios no se convierta en un problema socioeconómico y medioambiental aún mayor de lo que ya es. Un voluminoso manual de tapa dura, publicado no hace mucho, cuando había abundante dinero procedente de la Unión Europea, detalla las técnicas utilizadas por los servicios forestales de la Consejería de Medio Ambiente de Andalucía para limitar la pérdida de suelo. Un objetivo es la construcción de diques con piedras o troncos en los cauces de las ramblas y reducir así el impacto erosivo de las crecidas. Sin embargo, la gran extensión de muchos de los incendios forestales hace que no sea realista intentar repoblar zonas enteras quemadas.

Tortuga mora

Tras los devastadores incendios de 2009, en el verano del año siguiente el delegado de Medio Ambiente de la Junta de Andalucía, Clemente García, anunció que se habían liberado unas cien tortugas en las zonas quemadas de Sierra Cabrera y que en octubre se plantarían entre ochenta y cien mil árboles de especies autóctonas. No he averiguado si esto ocurrió realmente y si los árboles sobrevivieron. El ayuntamiento de Turre organizó pequeñas iniciativas para replantar algunos cientos de árboles aquí y allá. El trabajo lo hicieron voluntarios bajo la supervisión de especialistas, pero esta iniciativa fue un brindis al sol. En general, la vegetación tiene que volver por sí misma y esa capacidad la tiene de sobra. Clemente García señaló que las zonas quemadas se estaban recuperando más rápidamente de lo previsto, en parte debido a que el otoño y el invierno habían sido más fríos y húmedos de lo habitual.

La especie liberada fue la tortuga mora. Se encuentra principalmente en el norte de África desde la costa atlántica de Marruecos hasta el noreste de Libia, pero también en tres zonas de España. Existen pequeñas poblaciones en el Parque Nacional de Doñana y en las Islas Baleares, y una población de mayor extensión en las provincias de Murcia y Almería, ocupando las sierras que bordean el mar entre Mazarrón y Carboneras. Esta zona incluye la Sierra de Bédar y la Sierra Cabrera, donde las escasas precipitaciones hacen que la vegetación sea de matorrales como el romero, el tomillo, la retama, la cornicabra y el esparto, un sustento ideal para estos animales.

Las tortugas moras son herbívoras y lo que más les gusta son las partes de las plantas que más energía aportan, es decir, las flores, los brotes de las hojas y los tallos nuevos. Pueden llegar a pesar un kilo y las hembras son más grandes que los machos. Como todos los reptiles, esta especie es de sangre fría y necesita una fuente de energía externa para calentarse. En el sureste de España las tortugas están inactivas durante el invierno (hace demasiado frío) y el verano (demasiado calor). La primavera y el otoño son los períodos de actividad, siendo la primavera la más importante.

La temporada de cría comienza a finales de febrero, cuando los machos buscan con ansia a las hembras. Cuando se encuentran, el macho corteja a la hembra rodeándola, mordiéndole las extremidades, embistiéndola y montándola. Luego, durante la cópula, el macho abre la boca, mostrando su lengua roja y emite una especie de gemido. Para que luego digan que el romanticismo ha muerto. El choque de sus caparazones produce un ruido característico que se puede oír a cierta distancia.

Después de la cópula el macho se marcha sin ceremonias para ir a buscar otras hembras. Esta especie no establece vínculos ni es territorial. La hembra pone huevos entre finales de la primavera y principios del verano. Con sus patas traseras excava un agujero en el que deposita de tres a cinco huevos prácticamente esféricos, del tamaño de una pelota de ping pong. Cuando los huevos eclosionan en otoño las crías tienen al principio un caparazón blando. Durante sus primeros años tienen un alto riesgo de mortalidad por el calor y el frío, y porque los zorros, los jabalíes y las urracas se los comen.

Las tortugas moras están gravemente amenazadas por la actividad humana. Debido a la expansión de la agricultura intensiva de regadío están perdiendo su hábitat natural como, por ejemplo, el que encontramos en las llanuras de Vera y Antas y en las estribaciones de la sierra de Almagro, Almagrera y Los Pinos. En la actualidad están prácticamente confinadas en las montañas, con poblaciones aisladas unas de otras. El desarrollo urbano y turístico de la costa en las provincias de Murcia y Almería ha reducido aún más su entorno.

Un segundo factor que amenaza a las tortugas moras es su uso como mascotas. Ya desde los últimos años del siglo XIX las distintas especies de tortugas del área mediterránea se vieron sometidas a una avalancha de miles de capturas cada año. En España el comercio no alcanzó dimensiones tan importantes pero hasta la década de 1960 se podían encontrar tortugas a la venta en mercados y tiendas de animales.

La especie comenzó a recibir protección en esa década y desde entonces la pasión por hacerse con una y por su comercialización ha disminuido. La despoblación de las zonas rurales y la creciente conciencia medioambiental también han sido factores positivos. Desde 1984 todas las especies de tortugas mediterráneas están protegidas por la CITES (Convención sobre el Comercio Internacional de Especies Amenazadas). Todavía pueden ser propiedad de particulares pero no pueden venderse o intercambiarse sin una licencia.

Actualmente la tortuga mora figura como «especie vulnerable» en la Lista Roja de Especies Amenazadas que elabora y mantiene la UICN

(Unión Internacional para la Conservación de la Naturaleza y los Recursos Naturales). En el sureste de España y en el marco de la Red Natura 2000 se han propuesto zonas que llegan hasta las doscientas cuarenta mil hectáreas como hábitats protegidos para ellas. La provincia de Almería cuenta con tres de estas zonas: Almagro, Almagrera-Los Pinos y Cabrera-Bédar.

A pesar de estar protegidas mucha gente continúa pensando inocentemente y por puro desconocimiento que son «animales de compañía». Últimamente casi siempre son ciudadanos extranjeros instalados en las zonas rurales del sureste de España los que desconocen la ley que las protege. Han venido a rehabilitar alguna vivienda en ruinas perdida en medio de la nada y ahí, como no vive nadie desde hace décadas, es donde están las tortugas sin que nadie las importune. También muchos españoles son ajenos a la precaria situación que padecen estos pequeños animales.

Hace unos años conocimos a una pareja que vivía en la zona de Cariatiz. Les gustaban los perros hasta el punto de tener siete. Los perros estaban bien cuidados y correteaban diariamente por el campo. Era costumbre que algún perro volviese a casa de su paseo con una tortuga en sus fauces, afortunadamente ilesa. La respuesta de la pareja propietaria de los perros fue construir un pequeño corralito para las tortugas y mantenerlas como mascotas con la idea de que si intentaban escapar los perros las traerían de vuelta. Se trata de una lógica bienintencionada aunque equivocada. La relación de la pareja no duró y ninguno de los dos vive ahora aquí. Desconozco lo que pudo pasar con los perros y las tortugas.

Mientras tanto en Sierra Cabrera la recuperación de las zonas quemadas por el fuego ha sido sorprendente. Transcurrido un año la superficie calcinada y ennegrecida se convirtió en un nuevo estallido de verde intenso. De los árboles que se habían quemado brotaron tímidamente nuevas hojas. Los olivos se recuperaron increíblemente bien, renaciendo incluso cuando parecía que habían sido totalmente arrasados por el fuego. El fruto que podemos recoger de esta experiencia está bastante claro: la naturaleza está programada para sobrevivir y resistir al caos causado por el hombre, que perecerá sin remedio.

El pensador y escritor estadounidense Gary Snyder, en un reciente ensayo sobre el sur de California, señala: "California tiene una sequía estival previsible y una época de alto riesgo de incendios cada año". Menciono esto porque es exactamente el clima que tenemos aquí en el levante almeriense. Snyder continúa diciendo unas páginas más adelante: «Las inundaciones y los incendios son parte de la propia naturaleza. Los expertos nos han dicho que la mejor manera de prevenir estos desastres naturales es planificar el desbroce del sotobosque".

Los lugareños del campo y las autoridades lo saben. Cada primavera se labra el suelo alrededor de los olivos y almendros para quitar las plantas que han brotado durante el invierno, más frío y húmedo. Si no se hace, se marchitarán y se convertirán en combustible cuando el calor apriete. Entre marzo y noviembre es ilegal hacer fuego al aire libre. A finales del invierno es habitual ver incendios en los que se queman matorrales y maleza, pero incluso en esa época del año hay que obtener un permiso en el ayuntamiento. En él se establece un periodo de tiempo determinado en el que se puede prender fuego, se especifican las horas del día y se insiste en medidas de sentido común como disponer de agua para extinguirlo cuando se termina la faena.

Cómo se inician los incendios

El último día de agosto de 2012, sobre las once de la mañana, me encuentro en casa aporreando el teclado del ordenador cuando oigo una serie de ruidos extraños, una especie de zumbido intenso. Salgo corriendo y veo los cables del tendido eléctrico chasqueando y chisporroteando. En una parcela abandonada cercana a la nuestra varios tallos de agave han alcanzado una altura que sobrepasa el cableado eléctrico. Con la lluvia de anoche y el fuerte viento han cedido con el peso.

Subo andando por la carretera en busca de nuestros vecinos y me encuentro con uno de ellos, Alan, que viene hacia mí. Se le ha ido la luz. Estamos cerca de casa de Ana y vamos a comprobar la situación con ella. Alguien tendrá que llamar a Endesa, la compañía eléctrica, para avisarles del problema. Se oye un grito: «¡Fuego!» Las llamas están lamiendo la base de los agaves a pocos metros de donde lindamos. Los arbustos y las plantas secas se han convertido en yesca después de un verano abrasador.

Vuelvo corriendo, con el corazón latiendo a mil por hora. Lo único que puedo hacer es utilizar cubos y llenarlos con agua del depósito de lluvia que tenemos y que tras la lluvia de anoche se habrá llenado. El fuego está más allá de una pendiente al final de la cual instalé una valla de alambre para detener las incursiones del nuevo perro de los vecinos, un pastor alemán enorme, amistoso pero un incordio al que llaman Combate.

Tengo la boca seca, más seca que nunca. El agua sale del grifo con mucha lentitud. Mientras, subo y desengancho la valla para acceder al fuego. Me imagino toda la casa ardiendo. El primer cubo de agua que lanzo sobre las llamas provoca un gran chorro de vapor y humo. Corro pendiente abajo, lleno otro cubo, vuelvo a subir la pendiente, lanzo el agua donde creo que será más conveniente. Me doy cuenta de que voy con cortes que me he hecho con las espinas de agave, me pican los ojos. Y así una y otra vez.

El fuego, contenido en parte por una vieja casa en ruinas, no se ha extendido de milagro. Los intentos de llevar una manguera hasta la casa de Ana son en vano; es demasiado corta. Entonces llega ayuda de verdad. Un tipo corpulento que creo reconocer de la aldea vecina ha enganchado una manguera a una de las grandes tuberías que salen del depósito de agua del pueblo, que se encuentra cerca. Entre tres agarramos la gran manguera y pronto el fuego se extingue. Mi corazón sigue palpitando a mil por hora.

Poco a poco van llegando efectivos de la guardia civil, luego dos vehículos todoterreno de los bomberos de Carboneras con una manguera de alta presión, vehículos de protección civil, varias furgonetas de la Junta de Andalucía y, finalmente, un helicóptero que describe círculos cercanos sobre nosotros para comprobar la situación. Es una respuesta impresionante aunque sea un poco tarde. Cuando está claro que ya no hay peligro, todos se van yendo. Una hora más tarde aparecen dos empleados de Endesa que me piden prestada una sierra. Con la ayuda de un gancho largo y extensible y un buen número de improperios, cortamos y retiramos los cinco agaves afectados. Los cables de electricidad son sorprendentemente fuertes, y no resulta difícil desprender de ellos las ramas de los agaves. Vuelve la luz y es como si no hubiera pasado nada. El susto no me lo quita nadie.

Sigo en tensión durante un par de días. A los servicios de emergencia también se les veía alterados. La semana anterior se había producido un fuerte incendio en la zona de Bédar/Serena a pocos kilómetros de distancia. Habían evacuado a más de mil personas, mientras otras dos mil y los habituales aviones y helicópteros luchaban contra el fuego. Una treintena de inmuebles resultaron dañados y un par de bomberos se intoxicaron al inhalar humo, pero como siempre la respuesta fue impresionante y eficaz. Gran parte de las trescientas setenta hectáreas quemadas, en su mayoría de matorral y pinos, se encontraban en el LIC (Lugar de Importancia Comunitaria) de la Sierra de Bédar, una zona especial de conservación. En los días siguientes al incendio el paisaje que presentaban las colinas era el que se contempla después de una batalla. Los árboles parecían esqueletos de largos y descarnados brazos, las laderas estaban calcinadas, los restos de las antiguas pedrizas que habían sido invadidas por la vegetación ahora, por primera vez en años, salían a la luz y, sobre todo, un fuerte olor a humo y ceniza impregnaba todo el conjunto.

La prensa informó de la detención de dos hombres, uno de treinta años y otro de cuarenta y tres, que habían estado utilizando una motosierra para cortar un contenedor metálico. Los chispazos habían iniciado el desastre. Intentaron apagar las llamas sin éxito, pero no llamaron a los servicios de emergencia.

Más cerca de casa, ya en la primavera, había visto los problemas que podrían ocasionar los agaves con la aparición tan rápida de aquellas inflorescencias que casi puedes ver crecer. Planeé cortarlos antes de que llegaran a los cables, pero de repente allí estaban, tocando las líneas, y era demasiado tarde. ¿Cómo pude ser tan estúpido como para dejar que eso sucediera? En la próxima primavera daré buena cuenta de las espigas de agave que haya cerca de los cables eléctricos, por muy bellas y evocadoras que sean.

XVI / Lluvia e inundaciones

La naturaleza no te ofrece un camino de rosas. También tienes
que prepararte para perder y sufrir.

A Brush with Nature
Richard Mabey

Rambla en crecida,
Gafarillos.

Atrapados bajo la lluvia

El mes de octubre de 2007 fue muy lluvioso. El día 18 es una fecha que ha quedado grabada para siempre en nuestra memoria. Lindy Walsh nos había invitado a comer en Urrá y nos sugirió que fuéramos en la autocaravana para tener la posibilidad de dormir en ella si bebíamos. La lluvia no paraba y tras darle vueltas al tema decidimos arriesgarnos y conducir hasta allí. Fue una decisión acertada por los motivos que ahora paso a contar. Desde hacía tiempo ella y su difunto marido, Bill, habían ido juntando una buena bodega de vino. Descorchamos tres botellas para aquella noche y éramos cinco. Los vinos recibieron grandes elogios por parte de todos nosotros, grandes expertos en la materia. Al final de la velada a alguien se le ocurrió abrir un diabólico licor de hierbas de procedencia húngara. Sobre las consecuencias que esto tuvo es mejor correr un tupido velo. Dormimos, pues, en la autocaravana y estuvo lloviendo toda la noche.

A las nueve de la mañana del día siguiente los dos intentos que hicimos por conseguir marcharnos fueron en balde. El camino de acceso y salida era entonces de yeso. Este se seca rápidamente después de la lluvia, pero si hay un período prolongado de humedad se vuelve resbaladizo y traicionero. Desesperados, llamamos a nuestra vecina Mary, que acudió en nuestra ayuda y nos llevó de vuelta a casa.

Mucha montaña abajo

La lluvia arreciaba. Acabábamos de instalar un sistema para la recogida de agua de lluvia con una capacidad de dos mil litros pero se desbordó en minutos. El depósito inferior, situado en una pendiente que hay en el jardín, rebosó y el agua se deslizó por los escalones de bajada que acabamos de poner. Se formaron surcos que a punto estuvieron de derrumbar toda la estructura, pero, no sé muy bien cómo, aguantó. Varios de los parterres inferiores en los que cultivábamos hortalizas quedaron cubiertos de lodo y arenilla. El depósito inferior quedó ladeado, los cimientos socavados y los escalones de acceso se quedaron sin apoyo. Estaba cerca su fatídico final.

Las terrazas de la azotea eran lagos. Los agujeros de drenaje fueron incapaces de soportar la intensidad de la lluvia. Aparecieron manchas de humedad en los techos de dos habitaciones y el agua comenzó a entrar sin parar en la sala de estar a través del agujero donde se iba a construir la chimenea para la estufa de leña. Por la puerta de entrada corría el agua a chorros, y se remansaba debajo de los muebles de la cocina. Durante veinticuatro horas, después de dejar de llover, el agua rezumaba todavía en los rodapiés.

La parte trasera de la casa está a un metro más o menos de una pared rocosa geológicamente compleja que puede tener entre seis y ocho metros de altura. Que se fuese a desmoronar no lo contemplábamos, pero un día oí a Troy mentar a Dios mientras veía por la ventana un enorme montón de roca y tierra que se habían desprendido y encajado contra la casa. Fue una buena lección para que tuviésemos en cuenta el peligro que suponía.

Mary le había contado a Magnet, uno de nuestros constructores rumanos, lo del desprendimiento de rocas y al día siguiente, cuando vino a seguir haciendo la chimenea, le mostré el derrumbe. Mary nos contó más tarde que cuando Magnet volvió (él y su compañera Lily vivían en ese momento en un apartamento que formaba parte de la residencia de Pete y Mary), dijo, con una sonrisa de pirata: «¡Mucha montaña abajo, Mary!»

Leña

Una mañana de octubre de 2007 un cielo plomizo se adueñó de Sierra Cabrera. A media tarde esperábamos nuestra primera entrega de leña, un camión cargado con troncos y raíces de olivo y naranjo por valor de trescientos euros. El precio no parecía excesivo si tenemos en cuenta la escasez de árboles por aquí y que un cargamento debería durar un invierno y medio en España. Apenas habíamos pagado a Francisco Crespo, el de la leña, cuando empezó a llover.

Francisco también tenía que entregar otro cargamento de leña a nuestros amigos Pete y Mary, que viven en la siguiente cortijada, a unos cientos de metros. Justo en ese momento Mary había llevado a Pete al aeropuerto para que cogiese un vuelo al Reino Unido, así que nos había pedido que nos encargásemos de supervisar la entrega. Cuando Francisco terminó de dejar la leña en lo nuestro, regresó al almacén, cerca de Alfaix, para cargar la leña de Pete y Mary en el camión. Decidí salir a su encuentro llevando sólo una camiseta de manga corta y unos vaqueros. Sí, una locura, ya lo sé. Francisco accedió hasta el jardín delantero e inclinó el volquete para depositar la leña justo al lado de la piscina, tal y como habían pedido mis amigos. Calado hasta los huesos, le pagué con el dinero que me había dejado Mary y me subí al coche. Para poder dar la vuelta tenía que ir hasta el final de la carretera y volver a pasar por casa de Lindy.

El camión seguía allí, las ruedas patinando como locas en la grava de la pequeña e incómoda pendiente junto al portal. «¡Tengo un problema!», dijo Francisco, asomando la cabeza por la ventanilla. Entonces, dos chicas adolescentes con minifalda (sí, has leído bien, igual de surrealista que mi atuendo) que lo acompañaban en la cabina del camión se unieron a mí para empujar y tratar de sacarlo de allí. Para alivio de todos, consiguió salir, derrapando y lanzando una buena ráfaga de grava. Volví a casa como una sopa.

Cuando llueve en Almería...

Es una noche de finales de enero de 2010 y no duermo bien. Siento el viento y la lluvia azotando los ventanales de nuestro dormitorio. Entre sueños oigo el repiqueteo de la lluvia tras los cristales.

La alarma de mi reloj suena a las ocho y media. La apago y vuelvo a acurrucarme bajo el edredón buscando el calor de Troy. Una hora después me levanto. Ella se queda en la cama. El cielo encapotado tiene un aspecto lúgubre. Al menos, con la mitad delantera de la casa ya totalmente reconstruida, ya no tenemos los problemas que tuvimos en el salón, donde el agua se filtraba en el techo y también se introducía por la puerta principal.

La lluvia intensa es característica de las zonas semidesérticas. De nuevo, los desagües que llevan el agua caída desde las terrazas a los tanques de almacenamiento no dan abasto. Así que cuando jarrea las terrazas se inundan y después inevitablemente el agua encuentra resquicios por donde filtrarse, de ahí las manchas de humedad en el techo. Al escribir la palabra *jarrear* el ordenador la subraya en rojo. Es una palabra que recuerdo claramente de mi infancia, así que, aunque normalmente ignoro el aviso del corrector, compruebo en el diccionario que no hay ningún problema en usarla. ¿Es demasiado fantasioso imaginar que el vocabulario que se usaba donde me crié en los sesenta empezaba ya a enriquecer la comprensión de la lengua que hablo?

Colocamos trozos de cartón y cubos en donde más conviene y con la fregona achicamos agua. Reconsidero mi intención de conducir los veinte kilómetros de curvas que hay serpenteando la montaña hasta Sorbas. Esos recados que tengo que hacer pueden esperar fácilmente hasta el día siguiente. Desde la ventana que hay en nuestra habitación principal dando al sur veo que las terrazas del valle se están anegando. Los olivos y los almendros parecen islotes en el lodazal. El agua de lluvia se va acumulando cada vez más y más. Vacío el pluviómetro antes de que se desborde: ha recogido ciento seis litros hasta ahora. Cuando parece que la cosa no puede ir a peor, va a peor. El cielo se ilumina con el resplandor de un relámpago más allá de la ventana y a continuación suena el rugido de los truenos en el cielo. Vuelvo a comprobar el estado de la casa y encuentro dos sitios más por los que está entrando el agua. Otro fogonazo en el horizonte, otro momento de choque de masas de aire cargado de electricidad, y la luz se va.

Encendemos un par de velas, más para darnos una alegría que para otra cosa, añadimos un par de troncos en la estufa de leña y nos sentamos a leer. Está claro que hoy no podemos hacer nada en el jardín. Sin electricidad, el teléfono no funciona, los ordenadores portátiles, ya sin batería, tampoco. La lectura parece ser la única opción que nos queda, aunque la luz de la que disponemos no sea la más adecuada. Tampoco tenemos agua así que cogemos la que viene del techo del porche. Contamos con un camping gas para cocinar y la tetera a pleno rendimiento encima de la estufa de leña. No es que estemos sufriendo.

A media mañana recuerdo que Troy tiene una cita esa tarde con un fisioterapeuta de Carboneras. Voy con el coche a echar un vistazo a las dos ramblas que hay que cruzar para llegar a la consulta. Hay dos tramos con derrumbes, pero son transitables. Por la primera rambla fluye un caudal de agua marrón de un palmo de profundidad. Más adelante a la izquierda hay un pequeño bancal totalmente inundado. El vendaval agita las ramas ocasionando una lluvia de aceitunas de las que habían quedado en los árboles sin recoger. Son como pequeñas explosiones que salpican al caer en el agua. El agua que cruza la carretera también ha arrastrado alguna roca.

En Gafarillos la rambla baja con un gran caudal de agua y arena. Paro el coche y pregunto al marido de una vecina, Mercedes. "¿Crees que puedo pasar?". Se muestra amable pero no me aclara la duda. Le digo que está lloviendo más de lo normal y asiente. Entonces aparece una furgoneta en dirección a Peñas Negras y cruza la rambla sin problemas.

Se acercan un pastor y una mujer, cada uno cargando al hombro un enorme fardo de paja. A cincuenta metros de donde estamos hay un corral donde puedo ver el ganado encorvado del frío que hace. Hoy no sale a pastar. Se me ocurre entonces preguntar al marido de Mercedes si tienen luz. «No», me dice, como insinuando «¿Qué esperabas con este tiempo? Esto es España".

Cuando vuelvo a casa el pluviómetro ha acumulado otros ciento diez milímetros. Salimos con tiempo y llegamos temprano a Carboneras. La consulta está cerca de la Playa del Algarrobico, donde el agua corre por la rambla del Río Alías. El cuadro que veo es tenebroso: el cielo más negro que nunca, un mar encabritado, oscuro y salvaje con olas enormes rompiendo en la orilla desierta.

Después de la cita con el fisio la lluvia ha cesado. Tomamos un café y una tapa en un bar en el que el dueño nos explica sus bajos precios como respuesta a «la crisis» (económica, no meteorológica), y luego volvemos a casa. El nivel de agua de la rambla ha bajado pero el alumbrado público sigue sin funcionar. El pluviómetro tiene otros doce mililitros, que con lo recogido entre la noche de ayer 25 de enero y hoy día 26 suma doscientos cuarenta mililitros. Con la casa a oscuras, entramos evitando pisar a los gatos. Probamos a subir el diferencial y *voilá*, la luz ha vuelto.

En diciembre de 1990 Gafarillos registró ciento setenta y siete litros por metro cuadrado en veinticuatro horas. Parece que hemos superado ese total, pero nada comparado con los seiscientos litros caídos en Zurgena en un solo día de octubre de 1973.

Color después de las lluvias

Han pasado tres meses. Estamos casi a finales de abril de 2010, después del invierno más lluvioso que se recuerda. Tuvimos ciento sesenta y cuatro litros por metro cuadrado en diciembre, trescientos treinta en enero, cien en febrero y otros ciento treinta en marzo. Cuatro veces más lluvia de lo normal según los medios de comunicación. No ha sido así en cien años, dicen los datos registrados. En los últimos días, y ya era hora, las temperaturas han subido. La gente celebra que por fin el sol caliente un poco. Después de meses encendiendo la estufa de leña ahora por las noches quizás no será necesario.

El paisaje es un mosaico de verde intenso combinado con el color que aportan las amapolas escarlatas, las jaras blancas, las viboreras azul púrpura y las gayombas amarillas. No me atrae sólo a mí. Es un placer para las cabras, que se acercan cada pocos días, y para las abejas, que salen de las numerosas colmenas de las laderas. Mientras escribo esto, Paco, el cabrero, tiene a su rebaño comiendo y tirándose pedos alegremente en los campos inusualmente frondosos que hay debajo de nuestra casa. La palabra «prado» me viene inmediatamente a la mente, pero aquí pensar en prados no parece lo más apropiado.

Inundaciones

A veces se piensa que la lluvia intensa y la sequía se contraponen pero no es así: pueden interactuar de forma temible. El viernes 28 de septiembre de 2012 el pronóstico del tiempo daba gran cantidad de lluvia tras meses sin llover. Tal y como habían predicho, el cielo se oscureció y comenzó a llover. Nos sentimos muy aliviados ya que en uno de los veranos más secos y calurosos de las últimas décadas habíamos luchado contra viento y marea por mantener el jardín con vida. La lluvia fue a más, el pluviómetro no dejaba de rebosar y se fue la luz. Casi siempre olvidamos la enorme cantidad de cosas que no puedes hacer cuando se va la luz. Una de las que sí puedes hacer es la declaración de la renta y con eso me puse.

Cinco o seis horas más tarde la lluvia amainó y volvió la luz. Habían caído ochenta y tres litros por metro cuadrado en total, y aparte del corte de luz y de tener que limpiar un poco, no tuvimos grandes problemas. Un día después empezamos a recibir correos electrónicos y llamadas de amigos del Reino Unido que habían visto las noticias, y fue solo entonces cuando nos dimos cuenta de que la tormenta debió de cogernos de refilón. Tuvimos suerte. Tras telefonear a gente conocida que vivía apartada junto a caminos y ramblas supimos que la mayoría de ellos estaban aislados. Las vías de acceso a sus casas habían sido barridas por el agua o estaban intransitables por los socavones o la acumulación de piedras. Fuimos a Cariatiz a visitar a unos amigos y nos encontramos con que la carretera estaba hundida y el camino estaba bloqueado con grandes rocas. Pasamos por la Rambla del Chive, la única vía de acceso a muchas casas. También estaba totalmente devastada y era infranqueable incluso para un todoterreno.

La magnitud del desastre la conocimos después. Sólo durante la mañana del viernes cayeron doscientos cincuenta litros. Once personas murieron en las inundaciones que hubo en Andalucía y Murcia, cuatro de ellas en Almería. Vera, Antas, Huércal-Overa y Pulpí fueron declaradas oficialmente zonas catastróficas. En la provincia de Almería, cuatro mil quinientas viviendas y novecientos vehículos sufrieron graves daños. Tanto por televisión como por internet se veían coches arrastrados, destrozados tras chocar unos con otros, volcados frente a árboles o reducidos a chatarra embarrada. Una planta de tratamiento de aguas residuales resultó dañada, provocando un vertido en el río Antas que duró casi una semana. José Manuel Ortiz, de la Junta de Andalucía, informó de que veinte mil animales se habían ahogado en diez granjas de la zona de Huércal-Overa. Además de carreteras, el agua se llevó por delante un puente de la autopista Vera-Cartagena y muchos otros de menor importancia, por ejemplo, el puente de Los Carasoles, un punto clave en la zona de Zurgena.

El lugar más afectado fue Pueblo Laguna, en Vera. Vino una riada con olas de dos metros y medio cargadas de limo. Una mujer británica de cincuenta y dos años que vivía en la zona fue arrastrada al mar. Su cuerpo fue encontrado cinco días después por pescadores en Cabo de Gata, a setenta kilómetros. Incluso semanas después de las inundaciones los enseres totalmente deshechos y casi irreconocibles por la gruesa capa de cieno se seguían sacando de las casas y amontonando en las calles.

Se cree que el largo verano, más seco y caluroso de lo habitual, influyó en la gravedad de las inundaciones. La tierra estaba tan cocida que la lluvia no pudo filtrar, produciendo una escorrentía instantánea. También se cree que los daños en las zonas de Bédar y Serena se vieron agravados por los incendios forestales que habían arrancado la vegetación de las colinas unas semanas antes. Sin plantas que frenen y absorban el agua, la escorrentía es más rápida y destructiva.

José Cara, del Partido Popular, acusó a la Junta de Andalucía de «ineficacia» a la hora de prevenir lo peor de las inundaciones, diciendo que de los cuatrocientos treinta millones de euros aprobados en 2002 para su prevención sólo había gastado ciento treinta y tres. Añadió que si la Junta se hubiera ceñido a su plan el río Antas no habría causado tantos estragos en zonas como Pueblo Laguna, Cuevas del Almanzora y Pulpí. El grupo ecologista GEM acusó a las autoridades locales y a los promotores inmobiliarios de, a sabiendas, permitir y construir alojamientos vacacionales y otras viviendas en zonas inundables y en otros lugares de alto riesgo de inundación, algo que parece difícil de rebatir. También se sugirió que al no haberse limpiado la maleza y la basura en los cauces de los ríos se taponó el curso del agua impidiendo que fluyese con rapidez.

Miguel Jurado, presidente de la urbanización Playa del Sur, dijo: «Esperamos que las autoridades asuman su responsabilidad. Los propietarios de estas casas las compraron sin saber que estaban en una zona inundable. Tenían todos los permisos», y añadió: «Hay que hacer un esfuerzo por mejorar el estado de los cauces y cortar la vegetación». El lunes 8 de octubre, en una reunión de urgencia en Vera, Juan Ignacio Zoido, presidente regional del Partido Popular, dijo que el coste de la reparación de todos los daños superaría los cien millones de euros.

XVII / **Una amplia diversidad de peligros**

Los geólogos se comunicaban entre sí en inglés y se referían a esto y aquello de un modo que causaba estremecimiento.

Basin and Range
John McPhee

Caminando hasta el curso alto del Río de Aguas.

La tierra tiembla

Todo el extremo sureste de España está afectado por el límite convergente entre las placas tectónicas euroasiática y africana. El choque de estas placas da lugar a la presencia de fallas o, más exactamente, de zonas de falla. La diferencia es que una falla es el único límite claro entre las rocas de ambos lados, mientras que una zona de falla comprende al menos dos fallas más o menos paralelas. Desde Almería hasta Alicante una serie de estas zonas de falla domina la actividad sísmica en la región. Se extiende a lo largo de cuatrocientos kilómetros e incluye Carboneras, Palomares, Alhama de Murcia, Bajo Segura y Carrascoy. La zona de la falla de Carboneras es una de las más activas de la Península Ibérica con una longitud de casi cincuenta kilómetros en tierra y otros cien kilómetros bajo el mar.

En tierra la zona de la falla de Carboneras nace próxima a la desembocadura de la Rambla Morales, cerca de la localidad de San Miguel de Cabo de Gata, y discurre en dirección ONO-ENE pasando en su recorrido por la Serrata de Níjar y Sopalmo. La fuerza de empuje es tal que el terreno al sureste de la zona de falla está siendo arrastrado en dirección noreste. En su extremo noreste converge con la falla de Palomares. Ahí se extiende rumbo al norte, y discurre paralela a la costa en Mojácar. Estas dos zonas de falla han creado lo que los geólogos llaman una «curva de contención», responsable en gran parte de la formación de Sierra Cabrera.

Se estima que desde hace unos dieciséis millones de años las zonas de falla de Carboneras y Palomares se han ido desplazando lateralmente entre treinta y cinco y cuarenta kilómetros. Esto explica el hecho de que Sierra Almagrera, originariamente parte de Sierra Cabrera, se encuentre ahora a muchos kilómetros al noreste de esta última. Si te sitúas en la plaza principal de Mojácar pueblo y miras hacia el norte verás cómo la línea de la zona de falla de Palomares se muestra en línea recta por toda la costa. Además, con visibilidad normal también se aprecia claramente la cordillera desgajada, Sierra Almagrera.

Los investigadores estiman que los valores de deslizamiento lateral, es decir, los que se utilizan para medir la velocidad de movimiento a lo largo de las fallas, tienen un promedio de un milímetro por año para la zona de falla de Carboneras y dos milímetros por año para la zona de falla de Palomares. Estos ritmos de movimiento son similares a los que existen en la mucho más conocida falla de San Andrés, en California. Por supuesto, no se trata de un movimiento sin rozamiento ya que las rocas friccionan entre sí. La tensión va en aumento durante un período de tiempo, llegando a un punto crítico en el que las rocas se rompen al no soportar ya más la presión. Es entonces cuando se produce un terremoto. Dicho de forma sencilla, cuanto más tiempo resistan las rocas la tensión, mayor será el terremoto.

En cuanto a la actividad sísmica asociada a estas fallas, los datos registrados muestran varios terremotos importantes, como los de 1518 y 1865 en Vera y varios en Almería (1487, 1522, 1659 y 1804), que llegaron a alcanzar una intensidad de nueve (sobre doce) en la escala de Mercalli, equivalente a aproximadamente siete (de nueve) en la escala más moderna de Richter. En noviembre de 1518 un terremoto destruyó Vera por completo, mientras que en Almería la Alcazaba, el barrio de la Almedina y varias defensas costeras sufrieron daños considerables. Algunos investigadores sugieren que desde el siglo XV hasta ahora el nivel del mar en la franja costera que va de Carboneras a Cabo de Gata ha subido unos dos metros, tal vez como consecuencia de algunos de los grandes terremotos mencionados.

El 11 de mayo de 2011 se produjo un terremoto de magnitud cinco localizado en el sistema de fallas de Alhama de Murcia, lo que nos recuerda que las placas tectónicas no son sólo cosas curiosas que se estudian en geología. El epicentro se situó a dos kilómetros y medio al noreste de Lorca, una ciudad de noventa mil habitantes. «Se resquebrajaban todas las baldosas del suelo. Saltaban como si estuvieran vivas», dijo Eliseo López, copropietario de la concesión de Nissan y Renault.

El epicentro tuvo una profundidad reducida, sólo un kilómetro. Se tuvieron que lamentar diez muertes y decenas de heridos. El pánico fue generalizado. Muchos habitantes de Lorca desalojaron sus casas y durmieron en la calle las noches siguientes. Se produjeron daños importantes en estructuras antiguas como la Torre del Espolón del Castillo de Lorca. En total, el terremoto liberó una energía superficial equivalente a doscientas toneladas de TNT.

El terremoto de Lorca fue el resultado de una falla de desplazamiento de rumbo. Esto significa que hubo muy poco movimiento vertical, sólo movimiento lateral de las masas rocosas entre sí en los lados opuestos de la falla, y sugiere que la placa africana se está moviendo actualmente hacia el noreste con respecto a la placa euroasiática, probablemente a una media de seis milímetros por año.

El «incidente de Palomares»

Palomares lleva en el candelero durante casi medio siglo por otro desastre, aunque esta vez causado por el hombre y no por una falla. Ocurrió el 17 de enero de 1966, en plena Guerra Fría entre Estados Unidos y la Unión Soviética. Un bombardero B-52G del Mando Aéreo Estratégico de la USAF colisionó con un avión cisterna de reabastecimiento KC-135 a nueve mil quinientos metros sobre lo que entonces era el desconocido pueblo pesquero de Palomares.

El B-52G había partido de Carolina del Norte como parte de una misión denominada Operación Cúpula de Cromo. Consistía en vuelos continuos de B-52 armados con misiles nucleares con un radio de acción que alcanzaba a la URSS. Entre 1961 y 1968 estos aviones permanecían todo el tiempo encima de nosotros y, de hecho, el incidente de Palomares fue sólo uno de otros cinco similares ocurridos durante este periodo.

En esta ocasión el B-52 tuvo que repostar dos veces en pleno vuelo sobre España, y fue durante la segunda de estas operaciones cuando ocurrió el desastre. La carga de combustible del KC-135 se incendió, muriendo los cuatro miembros de la tripulación. Del B-52G tres de los siete tripulantes perecieron al partirse la nave. Los otros cuatro se lanzaron en paracaídas y fueron socorridos por lugareños y pescadores.

De las cuatro bombas de hidrógeno B28RI que llevaba el B-52G, tres fueron a parar cerca de Palomares y fueron localizadas rápidamente. Las bombas no estaban «armadas» pero aun así dos de las tres bombas detonaron al tocar el suelo, contaminando con polvo de plutonio radiactivo un área de dos kilómetros cuadrados.

El 25 de enero de 1966 EE. UU. anunció que en el futuro no sobrevolaría España con armas nucleares y, cuatro días después, el gobierno español prohibió formalmente cualquier tipo de vuelo semejante sobre su territorio. Para suavizar la tensión generada por los riesgos de la contaminación radiactiva se convocó a la prensa para una sesión de fotos en la zona. El ocho de marzo el ministro español de Información y Turismo, Manuel Fraga Iribarne, y el embajador estadounidense, Angier Biddle Duke, se bañaron en las playas de Palomares y Mojácar, sonriendo y saludando como si nada hubiera pasado.

La cuarta bomba cayó en el Mediterráneo y fue encontrada a ochocientos setenta metros de profundidad tras una búsqueda que duró dos meses. Se recuperó intacta y se izó a bordo del USS Petrel. Mientras tanto, en tierra trataban de limpiar la zona y llevarse los residuos radiactivos. De una zona de dos hectáreas, que se consideró la más contaminada, se retiraron seis mil bidones de doscientos cincuenta litros llenos de tierra que fueron llevados a la planta de Savannah River, en Carolina del Sur (EE. UU.), donde serían enterrados. En otras diecisiete hectáreas con niveles de contaminación más bajos simplemente se utilizó maquinaria para labrar y gradar el terreno a una profundidad de treinta centímetros.

Estas medidas paliativas acarreaban enormes costes y la intervención de mucho personal. Estados Unidos destinaba más de trescientos mil euros al año para controlar la contaminación por plutonio y para realizar análisis de sangre a los residentes de la zona. A pesar de la buena voluntad, un viaje gratuito en autobús a Madrid cada año deja de ser una idea atractiva cuando se cierne sobre ti la amenaza de que en el chequeo te diagnostiquen contaminación por radiación nuclear.

En 2004 un estudio reveló que la toxicidad en la zona no se había disipado. Sin embargo, no ha habido constancia de problemas de salud en la población local atribuibles al incidente de Palomares.

En octubre de 2006 los gobiernos estadounidense y español acordaron compartir la carga de trabajo y los costes. Se calculó entonces que el desembolso por descontaminar las zonas restantes estaba en torno a veinticinco millones de euros. España no dispone de la infraestructura necesaria para almacenar la tierra contaminada por lo que tiene que ser enviada a Estados Unidos. Sin embargo, todo sigue igual a como estaba antes del acuerdo.

En marzo de 2009 la revista *Time* incluyó el incidente de Palomares como uno de los peores desastres nucleares del mundo. *El País* calculó que el incidente había costado a EE. UU. la cantidad de casi dos mil millones de dólares. En agosto de 2010 el gobierno español anunció que EE. UU. había suspendido los pagos anuales que venía realizando a España porque el acuerdo había vencido en 2009. Esto ocurrió cuarenta y cinco años después de la catástrofe, que a primera vista puede parecer mucho tiempo, pero es que el plutonio-239 tiene una vida media de ... veinticuatro mil años. Un artículo de prensa de la época dio a entender que la zona contaminada que quedaba iba a ser vallada con una cinta tipo «escena del crimen-policía-no pasar» y utilizada para la caza de conejos.

Más tarde, en enero de 2011, la ministra española de Asuntos Exteriores, Trinidad Jiménez, se reunió en Washington con la secretaria de Estado estadounidense, Hillary Clinton, y recibió el «firme compromiso» de que Estados Unidos seguiría trabajando con el Gobierno español para encontrar una solución al suelo contaminado de Palomares. Años después, como era de esperar, la situación sigue igual y sería optimista pensar que en un futuro próximo se adoptarán nuevas medidas de reparación. El emplazamiento sigue vallado para seguridad de todos.

(Actualización: En octubre de 2015, el Secretario de Estado de EE. UU., John Kerry, y el Ministro de Asuntos Exteriores de España, José

Manuel García-Margallo, firmaron una «declaración de intenciones» para que el terreno contaminado fuera retirado de Palomares. Se celebró como si de un gran avance se tratase, pero no era un acuerdo legalmente vinculante y dependía de la disponibilidad de fondos. La intención era llevar cincuenta mil metros cúbicos de tierra contaminada de plutonio a Estados Unidos y almacenarla en una instalación en el desierto de Nevada, a unos cien kilómetros de Las Vegas. El coste estimado de esta operación ascendía a seiscientos cuarenta millones de euros. La declaración de intenciones no incluía detalles sobre cómo se iban a repartir los costes entre Estados Unidos y España.

A principios de 2016, coincidiendo con el cincuenta aniversario del siniestro, se publicaron dos libros, ambos centrados en lo que ocurrió después del desastre. En *Accidente Nuclear de Palomares. Consecuencias (1966-2016)* José Herrera sostiene que la operación inicial de limpieza por parte de las autoridades norteamericanas fue un despropósito. El otro libro, *La historia secreta de las bombas de Palomares*, de Rafael Moreno, llegaba a una conclusión similar. En él, el autor afirmaba que, una vez que se dieron cuenta de la complejidad de retirar toda la tierra contaminada, las autoridades españolas y estadounidenses se confabularon para minimizar la realidad de la situación.

Han pasado ya varios años desde que la «declaración de intenciones» introdujo cierto optimismo en los acontecimientos pero lamentablemente no se ha pasado a la acción. En el momento de escribir estas líneas, las zonas contaminadas de Palomares siguen valladas).

MAPA D - RÍO DE AGUAS Y KARST EN YESOS DE SORBAS

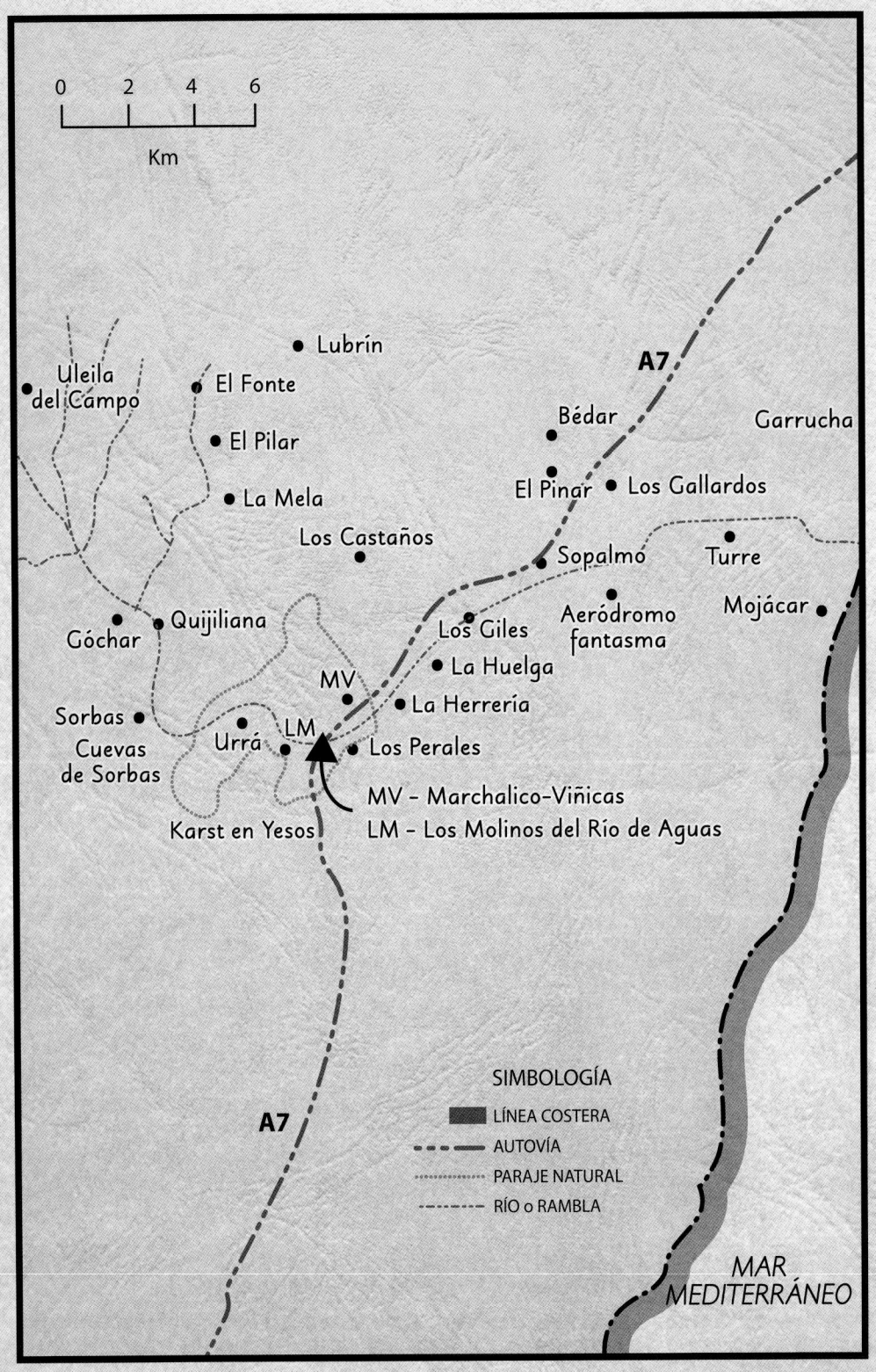

0 2 4 6

Km

Lubrín

Uleila del Campo

El Fonte

El Pilar

La Mela

Los Castaños

A7

Bédar

Garrucha

El Pinar Los Gallardos

Sopalmó

Turre

Mojácar

Góchar

Quijiliana

Los Giles

Aeródromo fantasma

La Huelga

MV

Sorbas
Cuevas de Sorbas

Urrá

LM

La Herrería

Los Perales

MV – Marchalico-Viñicas
LM – Los Molinos del Río de Aguas

Karst en Yesos

A7

SIMBOLOGÍA

LÍNEA COSTERA
AUTOVÍA
PARAJE NATURAL
RÍO o RAMBLA

MAR MEDITERRÁNEO

XVIII / Río de Aguas: desde el nacimiento...

Cuando tengo la posibilidad, me gusta recorrer a pie el camino que va paralelo al río o, mejor aún, caminar por sus aguas.

Riverwalking: Reflections on Moving Water
Kathleen Dean Moore

En el cauce del río el eucalipto domina el paisaje.

Caminando junto al río

Seguir el curso de un río caminando es una costumbre que viene de muy antiguo. Cualquier invasor o colono, al llegar a una costa extraña, comprendía muy pronto que los cauces llevan al interior, normalmente por una ruta relativamente fácil, y que los ríos y las tierras fértiles, y por consiguiente, la riqueza, iban de la mano. El hábito de realizar largos paseos junto a los ríos por placer es más reciente. En el Reino Unido hay oficialmente un sendero que va desde el nacimiento del Támesis en los Cotswolds hasta la desembocadura siguiendo el curso del río, unos trescientos kilómetros. Muchos otros ríos más cortos, como el Test en Hampshire, disponen de rutas similares.

Mucho más interesante que hacer la ruta con un grupo organizado es hacerla individualmente, observando el terreno. Tendemos a saber de estos caminos lo que nos han contado. Acabo de acudir a mis estanterías para hacer una comprobación en el libro de Robert Gibbing, *Coming Down The Wye*, que recuerdo como maravilloso y lleno de sabiduría. No lo encuentro y aunque no es que me invada la angustia, sí que me intriga saber dónde ha ido a parar. Gibbings, un escritor irlandés que también era reconocido por su obra escultórica y por sus tallas en madera, publicó con gran éxito una serie de libros con los ríos como protagonistas: *Sweet Thames Run Softly* (1940), *Coming Down The Wye* (1942), *Lovely Is The Lee* (1944), es decir, el río Lee en Irlanda, y *Coming Down The Seine* (1953). Otro ejemplo más de este subgénero es el libro de Jim Perrin, *River Map*, una crónica personal sobre un viaje tanto dentro de su cabeza como a lo largo del río Dee (o Afon Dyfrdwy), en el norte de Gales.

Todo lo que acabo de exponer me lleva a sopesar la idea de seguir el curso de alguno de los ríos que tenemos en la provincia. El *Atlas de Almería* muestra muy claramente las cuencas fluviales de cada uno de ellos. En el levante almeriense los principales son el río Antas, el río de Aguas y el río Alías. Más al norte, y con una extensión mucho mayor, está el río Almanzora. Elijo el río de Aguas por ser el más cercano a nuestra casa y el que menos desarrollo urbano tiene en su recorrido. Voy a hacer la ruta desde el nacimiento a la desembocadura y así aprovecho la leve pendiente.

El puzle de las ramblas

Seguir el curso de un río en la provincia de Almería debería ser fácil. Al fin y al cabo, casi todos están secos la mayor parte del tiempo. Basta con caminar por el cauce, la rambla. No hay que nadar ni remar. Eso sí, si quieres caminar en sentido descendente primero debes localizar el nacimiento. Y aquí es donde la cosa se complica.

Según el *Atlas de Almería*, el río de Aguas drena una superficie de quinientos cuarenta y tres kilómetros cuadrados y tiene una longitud de treinta y cinco kilómetros, pero su cuenca es mucho más que eso. Es el único río del levante almeriense que lleva agua de forma permanente, aunque sólo en una parte de su recorrido. Los manantiales permanentes aparecen a un kilómetro más o menos al norte de la aldea de Los Molinos. Ojo, esto no es el nacimiento. Estos manantiales siguen un cauce hasta Sorbas y al llegar, la geografía de la rambla se complica. Se divide en dos, una que entra por el oeste como resultado de la unión de la rambla de Cinta Blanca y la de los Chopos, y otra que baja desde el norte, la rambla de Sorbas. A unos cuatro kilómetros pasa a llamarse rambla de Góchar. El afluente menor que llega desde el norte es la rambla de Mora, que se alimenta a su vez de la rambla de Zaga.

Siguiendo con la búsqueda del nacimiento del río Aguas, la rambla de Góchar es la más grande y por tanto parece ser la ruta obvia. Se puede seguir desde la cortijada del mismo nombre durante unos cinco kilómetros antes de que otra bifurcación nos haga tener que decidir otra vez cerca de la aldea de Albarracín. Aquí la Rambla del Salar entra por el oeste (más o menos), la Rambla del Aguador por el noroeste y la Rambla de Garrido por el norte. Estas ramblas recogen aguas de la vertiente sur de la Sierra de los Filabres.

Observando los mapas y rastreando las ramblas cada vez más estrechas y altas en los Filabres, la conclusión es que no hay un punto único y manifiesto que pueda determinarse como el nacimiento del río Aguas. Elige, pues, la opción que más te guste: la rambla del Salar parece una candidata tan buena como cualquier otra (aparece como rambla del Solar en lugar de Salar: ¿un error del cartógrafo o una variación local?). A unos tres kilómetros al suroeste de Uleila del Campo aparece Fuente de la Higuera, justo en el punto en el que la rambla parece volatilizarse casi por completo. En el mapa no consta el símbolo cartográfico de manantial, con lo cual no queda claro dónde se encuentra. No obstante, parece un lugar idóneo para comenzar un viaje desde el nacimiento hasta la desembocadura.

Completamente perdidos

Y así, una excelente mañana de mayo, me pongo en marcha con Charlie Brown, un amigo que vive por aquí y que también tiene ganas de explorar la zona. Calculamos un día de caminata sin parar desde Sorbas hasta Fuente de la Higuera, inicio de nuestra ruta. Aparcamos junto a un puente formado por dos arcos cuadrados (¿pueden los arcos ser cuadrados?). Anotamos su ubicación en el mapa –cuadrícula 568113– para que nos sirva de orientación. El sol ya calienta cuando empezamos a caminar en dirección este por la rambla del Salar. Al cabo de dos minutos nos llega un canto cautivador desde lo alto y Charlie exclama: «¿Qué es eso?» Es un pájaro verde y amarillo de gran tamaño que vuela describiendo un movimiento ondulante, un pito real.

La rambla sirve de pista para vehículos y también facilita el camino a pie. A esta hora temprana, antes de que el calor vaya a más, el paseo es un placer. Pasado un kilómetro, cuando nos acercamos a otro puente de la carretera, el arco enmarca una pequeña torre encaramada a un risco en el margen izquierdo de la rambla. Es el cortijo de El Pocico, que tiene el aspecto, por su posición prominente, de un pequeño castillo.

Una hilera de palmitos y vides bien cuidadas delimita el borde izquierdo de esta rambla pedregosa. A la derecha las amapolas forman un manto evocando un lienzo de rojo bermellón bañado por el sol. Desafortunadamente, este idílico paisaje tiene su contrapunto: alguien ha arrojado un montón de chumberas y escombros. También hay un coche desguazado, oxidándose y durmiendo el sueño de los justos.

El camino es fácil y placentero: casi no hay pendiente, no hay nadie en los alrededores. Vencejos y abejarucos vuelan en amplios círculos lanzándose en picado sobre un cielo de sol y nubes. Los plásticos de un invernadero surgen a la derecha, junto a unos amplios corrales con caballos y burros. Una figura a cierta distancia nos ve ojear el mapa y grita: «¿Queréis algo?» «No, gracias», decimos, «sólo estamos caminando».

Eso es lo que hacemos, seguir la ruta rambla abajo, tarea sencilla. Pasamos por debajo de un puente de carretera imponente y, casi inmediatamente después, por otro más pequeño. Mucho más tarde, con la perspectiva del tiempo, comprenderé que ese fue el momento en que nos equivocamos. Fue un descuido. Habíamos mirado el mapa y decidido que estábamos en un punto a un kilómetro al sureste de donde realmente nos encontrábamos. El puente, la dirección de la rambla, sí, todo encajaba. Pero no, no era así.

Llegamos a unas casas y pensamos que se trataba de Góchar, pero en realidad se trataba de Garrido. Estamos yendo hacia el norte sin damos cuenta. Le digo a Charlie que tengo la impresión de que estamos caminando ligeramente cuesta arriba. La rambla se estrecha y las empinadas laderas de los Filabres están ahora mucho más cerca. Ya no hay duda: estamos perdidos.

Decidimos avanzar y encontrar alguien a quien preguntar. Al cabo de un rato vemos un cortijo y un cartel que pone «prohibido el paso». Los perros ladran nerviosos y agitados pero están con cadena. Un tipo está a unos metros, con un mono de trabajo lleno de aceite, trasteando un vehículo. Mucho más cerca, una mujer está de pie, mirándome con incredulidad.

Le explico que nos hemos perdido y le pregunto dónde estamos exactamente. Ella me contesta que a dónde queremos llegar. Le respondo «Sorbas» y se queda desconcertada. ¿Cómo es posible que vayamos a Sorbas y estemos tan lejos? A pesar de que le vuelvo a preguntar un par de veces más, la mujer parece reacia a contestar. Luego pensé que debíamos de estar en algún lugar cerca de Rincón de Marqués. Me explica que podemos tomar el camino que se ve debajo de donde estamos, que forma una curva al atravesar un olivar y luego desaparece junto a una colina baja. Así llegaremos a la carretera principal y, si giramos a la izquierda, llegaremos a la cooperativa agrícola de El Puntal y, más allá, a La Mela. «*¿Qué distancia hay hasta la carretera principal?*», pregunto. «*Dos o tres kilómetros*", dice.

Le doy las gracias y seguimos la marcha a buen paso. Nos sentimos ahora con más ánimo y confianza sabiendo grosso modo dónde estamos. Avanzamos a grandes zancadas y con brío pero es demasiado tarde para volver a mi coche en Fuente de la Higuera o al de Charlie en Sorbas. Se me ocurre entonces llamar a nuestra amiga Helen, que vive cerca de La Mela y es el tipo de alma caritativa que podría rescatarnos.

Llegamos a El Puntal y ahí la llamamos por teléfono. Me dice que nos recoge en cuanto terminé de hacer una reserva por internet para volar a Australia. Le hace gracia que un geógrafo se haya perdido de forma tan estrepitosa. Mientras tanto, Charlie y yo esperamos a la sombra de un árbol cuya corteza tiene multitud de pinchos. Pronto aparece Helen. Mientras nos lleva a Sorbas, le explicamos avergonzados lo que ha ocurrido. Ella nos sonríe burlona. Al día siguiente recibo por correo electrónico una copia escaneada del mapa 1014-3 Lubrín, que cubre la zona en la que nos perdimos, y a partir de ella consigo encajar las últimas piezas del rompecabezas que tanto tormento nos dio.

Un caos de bloques

El tiempo fue pasando y hubo que esperar dos años para reanudar la ruta. Charlie estaba demasiado ocupado con sus quehaceres o quizás simplemente esperaba a que yo aprendiese a orientarme.

Retomo desde el punto en el que nos equivocamos. El tránsito de vehículos marca un camino en la rambla, que llega a un olivar grande

216

y bien cuidado a la izquierda. Al cabo de un kilómetro la rambla gira a la izquierda en un gran meandro llegando a un puente de carretera con un arco central de gran tamaño. Aquí el cauce seco tiene profundos surcos causados por la lluvia torrencial de finales de septiembre de 2012. El agua formó grandes bancos de arena y guijarros.

Ahora la anchura de la rambla se estrecha durante casi un kilómetro y de repente todo cambia. El lecho se transforma en un caos de enormes bloques de piedra, paredes verticales de roca estriada y peligrosas grietas. Para completar el cuadro, hay restos de árboles amontonados por doquier. En el mapa no hay ninguna indicación de este increíble espectáculo, aunque el nombre "manantial de Los Charcones" aparece un poco después. Hago un par de intentos para abrirme paso en este laberinto de rocas, pero no hay manera y tengo que retroceder. Es una escalada de nivel «suave» pero estoy solo y romperme una pierna aquí me condenaría. Salgo trepando del laberinto hasta llegar a un camino de cabras. Abajo se ve una casa en ruinas desde donde es posible cruzar esta parte profunda y angosta.

Siguiendo la ladera hay tierras de cultivo abandonadas: son terrazas con ribazos y almendros secos. Pronto llego a un camino que conduce a otro cortijo, grande y con una ubicación espectacular, pero en ruinas. La rambla está repleta de árboles y cañas, así que rodeo unos cientos de metros antes de volver a ella y encontrarme otra vez con arena y grava.

No mucho después un puñado de palmeras y algunas casas me indican que he llegado a Góchar. Por debajo del pueblo la rambla forma una curva amplia con grandes acantilados a la derecha y bosquecillos de tarayes y carrizales a la izquierda. Los acantilados van poco a poco desapareciendo y entonces un acceso a Góchar por carretera desde el sur.

Si haces esta ruta no tomes la rambla afluente de la izquierda pues se dirige al norte de Moras. La rambla principal tuerce al sureste pasando por los pequeños asentamientos de Quijiliana y El Mayordomo en su margen derecha. Recorrí este tramo a principios de 2013 con Troy y con Gabrielle y Gary Lincoln, que viven cerca. Gabrielle se mos-

217

tró especialmente triste ante la devastación causada por la tormenta del mes de septiembre anterior. Los estragos cambiaron por completo el cauce del río, arrancando árboles que ella conocía bien y arrastrando gran parte de la vegetación.

Los nombres de Góchar y Quijiliana son de origen árabe. En este tramo los árabes encontraron buenas tierras junto al río y las transformaron en terrazas fértiles. En la siguiente aldea, El Tieso, un estrecho sendero sube hasta la escuela del pueblo, con una única aula y pizarra intacta. Está en ruinas al igual que la casa del maestro. El siguiente lugar, aún más pequeño, es La Tejica, cuyo nombre recuerda la época en que aquí se fabricaban tejas.

Un kilómetro más adelante, justo después de Zoca, comienzan una serie de tortuosos meandros. Sorbas es ahora visible, con su prominente campanario. Pronto se llega a Los Caños, donde hay un doble lavadero. Si lo encaras, el más antiguo, con canales de piedra, está a la izquierda, y el más moderno, de hormigón, a la derecha. Entre ambos se alza una pequeña arcada donde pone DOS ÉPOCAS SEPARADAS POR UN ARCO a un lado y, al otro, ARCO QUE UNE DOS ÉPOCAS XIII-XXI. Un poco más allá un camino sube hasta el barrio de los alfareros.

Más allá del lavadero la rambla describe otro angosto meandro. En dirección suroeste alcanza dos puentes altos distanciados unos pocos metros. Un camino a la izquierda sube hasta la carretera y sale justo enfrente del antiguo bar El Suave (ahora llamado Un Sitio), una buena opción para reponer fuerzas. El puente más antiguo va hacia la parte baja del pueblo y tiene unos arcos impresionantes. El más reciente, por el que discurre la A-340 a su paso por Sorbas, es de hormigón y estéticamente parece un barco de guerra. En Sorbas tenemos un caso paradigmático de geografía clásica: el meandro recorta por el exterior mientras la sedimentación crea un terreno llano en el interior de la curva.

A medida que los acantilados disminuyen en altura se percibe un fuerte y desagradable olor. A la derecha se encuentra la depuradora de Sorbas. Es tristemente famosa en el pueblo. Años de quejas y demandas de solución por parte de muchos vecinos no han llevado a ninguna parte. Sigue oliendo mal. Los vertidos de la planta vuelven a la rambla, sin depurar completamente, creando un grave problema de insalubridad. Al menos veo un andarríos grande, una zancuda espectacular que al asustarse alza el vuelo con su distintivo y sonoro canto. La rambla se dirige ahora hacia el noreste rodeada de eucaliptos en ambas orillas. En alguna ocasión he visto aquí oropéndolas, pero hoy no es el caso. La antigua carretera de Sorbas a la Venta del Pobre, la A1102 (véase el capítulo 24, *"La carretera de las 100 curvas»*), cruza la rambla por un puente de siete arcos, justo después del cual, a la derecha, se encuentran las instalaciones de las *"Cuevas de Sorbas"*.

El siguiente tramo de la rambla es amplio. Presenta varias curvas y pasa por el centro de investigación de Urrá (véase el capítulo 21, «Sorbas y el Karst en Yesos») delimitado por un par de cipreses altos. Más allá de Urrá, la rambla del río de Aguas se ensancha hasta los cien metros o más. Hay una indicación con flechas blancas y amarillas en una roca cercana señalando el sentido de la ruta hacia la derecha. No es aconsejable tomar el estrecho camino de grava que discurre hacia el norte. La rambla principal gira hacia el sureste y luego hacia el este en las proximidades del Cortijo del Hoyo, que se encuentra abandonado. Hay aquí algo insólito: en el campo arado se alza un árbol enorme, con un corral debajo que permite a los animales aprovechar la sombra que da. Un cartel maltrecho de madera lo anuncia como el EUCALIPTO MÁS GRANDE DE ALMERÍA. Pronto llegarás a un cartel que anuncia El Nacimiento. Aquí están las primeras aguas superficiales del Río de Aguas.

XIX / Río de Aguas: acequias y molinos

La ruta nos aportó otro paso natural.

Palíndromo

Los colectores en El Nacimiento donde el agua entra en el sistema de riego para abastecer Los Molinos.

El uso del río

Como se explica en el capítulo 21, el espectacular desfiladero al sur de El Nacimiento es resultado directo de la erosión del agua sobre las margas más blandas que subyacen bajo las profundas capas de yeso. El paso parece complicado pero se puede hacer a pie. Hay altos rodales de caña y adelfa, muchos de los cuales están doblados casi en horizontal por las crecidas del agua.

Los árabes vieron que el río siempre tenía caudal y construyeron un canal para abastecer su asentamiento unos cientos de metros más abajo. A este lugar se le llama hoy Los Molinos del Río de Aguas. La aldea se desarrolló en el tramo que hay debajo de los manantiales permanentes del río. Era donde había espacio para hacer casas y molinos y para cultivar la tierra. Se han sugerido varias fechas, incluso el siglo XII, para la fundación de Los Molinos, pero nadie tiene pruebas concluyentes.

El agua se traía desde justo debajo de El Nacimiento, en canales en parte excavados en la tierra y en parte horadando la roca madre. Estos canales, llamados acequias por los árabes, pero cuyo origen podría ser romano según he oído, daban servicio a las terrazas de cultivo que se encuentran a ambos lados del valle, dos hileras en el lado noreste y posiblemente hasta cinco en el lado suroeste. Los sistemas de riego comenzaban en una balsa situada junto a una pared rocosa con doce colectores arqueados, todavía visibles y en funcionamiento. Las entradas excavadas en la roca eran lo suficientemente grandes como para que una persona entrase y controlara el flujo de agua del canal horadado. La acequia se construyó con una ligera pendiente para que el agua corriese por simple acción de la gravedad.

Se requería, y se sigue requiriendo, un mantenimiento constante para eliminar las obstrucciones y mantener la corriente de agua. Para facilitar esta tarea se han excavado unas balsas más profundas, llamadas «depósitos», que evitan el taponamiento de los tramos subterráneos de la acequia.

El camino desde El Nacimiento pasa junto a dos enormes peñones de yeso inclinados llamados El Fraile. Los indicadores amarillos y blancos en las rocas señalan el camino. Llegas a lo que queda de un pequeño horno circular de yeso y justo después, a la izquierda, las ruinas del Molino de la Pena, cubierto por la vegetación. El molinero de este lugar era Gabriel Idáñez. El nombre del molino evoca dolor o desdicha, en referencia al hecho de que no molía con mucha fuerza. No disponía de balsa para almacenar agua, por lo que la presión del agua dependía simplemente del caudal que llevase el río en ese momento. Muy cerca estaba el molino del Tío Nicolás Serafín.

El camino sube y baja entre carrizos. En uno de los puntos altos un panel de interpretación explica, en español e inglés, los «Manantiales de Los Molinos». En una pequeña plantación de agave, donde el camino se bifurca, sigue a la derecha, cuesta arriba, y continúa adelante. Pasarás por encima de la bomba de ariete, con su machacón y ruidoso golpeo, y entrarás en la parte baja de la aldea.

Los molinos han funcionado desde la Edad Media a lo largo del río de Aguas y del río de Moras, que puede considerarse afluente del primero, aunque tiene un caudal esporádico. Entre El Nacimiento y La Huelga, el río de Aguas ha albergado al menos catorce molinos a lo largo de los siglos. Los registros del *Libro de apeo y repartimiento de la Villa de Sorbas* (1572) y del *Catastro de Ensenada* dan información pero pocos datos precisos sobre la ubicación exacta de estos molinos.

Dos molinos ya han sido mencionados anteriormente. El tercero estaba cerca de la aldea, un poco más abajo, en la margen izquierda. El molinero era el Tío Frasquito, cuyo verdadero nombre era Francisco Fernández Molina. A este molino, hoy desaparecido, se le conocía como el de las Tejas. De nuevo en la margen derecha, y en el propio núcleo de población, estaba el Molino del Tío Juan Barranco.

Contaban con una rueda hidráulica que se colocaba en posición horizontal y no vertical, de ahí que se les llame «molinos horizontales». En la rueda hidráulica giratoria se encaja un eje llamado rodezno, que también se fija a la piedra superior del molino en una sala situada más arriba, proporcionando así la fuerza motriz para el proceso de molienda. La piedra inferior era fija. Las muelas solían tener más de un metro

222

de diámetro y treinta o cuarenta centímetros de grosor. Cuando eran nuevas pesaban unas dos toneladas. Tanto en las inferiores como en las superiores se tallaban estrías y surcos que determinaban el tipo y la calidad de la harina resultante. Estas acanaladuras se gastaban por la fricción, por lo que el molinero tenía que picarlas con martillo y cincel cada pocos días para mantener la calidad de la molienda.

El número de molinos da entender que el aporte de agua estaba garantizado. El caudal proporcionaba una capacidad superior a la necesaria para procesar el grano del pueblo, con lo que la molienda habría sido una importante fuente de ingresos.

Desde el canal de agua situado más arriba, conocido como 'la madre', se conducía el agua de riego a los bancales de abajo. Un ramal revestido de ladrillos, del que aún quedan restos, discurría por encima de las casas del pueblo hasta un depósito. Cada persona se encargaba del mantenimiento de su tramo, y la responsabilidad de la coordinación general se transfería cada dos o tres años; sin duda, el espíritu colaborativo permitió la conservación de esta infraestructura.

Cerca del centro de la aldea otro ramal partía de 'la madre' hasta una torre de piedra de unos cuatro metros. Allí se creaba una cabeza de agua que alimentaba una turbina hidráulica capaz de generar electricidad para Los Molinos y Sorbas entre 1921 y 1925.

María Tomasa Fernández, que se trasladó a vivir a Sorbas en 1925, recuerda sus últimos años en Los Molinos: «En aquella época todo el pueblo tenía luz eléctrica. Pero no duró mucho y estuvimos mucho tiempo sin ella. No sé qué pasó, pero tuvimos que volver a las lámparas de aceite...». Los padres de María Sánchez Mañas recuerdan que, cuando empezó la Guerra Civil, se llevaron la maquinaria en camiones y carros. La turbina hace mucho que no está, pero la torre, a la que los viejos del lugar siguen llamando La Central, fue reformada hace unos años y se encuentra en buen estado.

Los habitantes del pueblo cogían el agua para riego siguiendo un sistema de turnos aún vigente. Durante los meses más calurosos del año las parcelas se riegan por inundación una vez a la semana. Se hace

223

por la noche para minimizar la evaporación. El agua es demasiado salada para beber (debido al yeso) y es también peligrosa por la contaminación que provocan las terrapinas, esto es, las tortugas que viven en agua dulce o salobre. En consecuencia, los habitantes del pueblo utilizaban una fuente al otro lado del río para abastecerse de agua potable. Hoy los vecinos de Los Molinos suelen recoger el agua potable en cualquiera de las diversas fuentes públicas de la zona, en Cariatiz o en el acceso a Sorbas, frente al bar Un Sitio, por ejemplo. Conducen hasta allí, la envasan en garrafas de plástico y se van con el coche lleno.

Los Molinos

En su apogeo vivían en la aldea unas cincuenta familias. El mayor número de habitantes se alcanzó en la década de 1920, con unas doscientas personas. El medio de transporte más sofisticado entonces era el burro. La calle principal, por debajo de la A1102, hace una curva en dirección noroeste y sigue por el Barranco de los Barrancones. Siempre ha sido una calle estrecha y no la utilizan los coches. Los burros, por otra parte, son cosa del pasado, así que ha quedado para peatones y alguna carretilla.

Las casas, en su mayoría de dos plantas, tienen techos de tejas de barro sostenidos por vigas de eucalipto, un árbol común aquí. A estas vigas se atan transversalmente entramados de caña, creando así los techos típicos. Junto a algunas de las casas hay hornos cónicos. En ellos se quemaba el yeso para fabricar la escayola usada tanto en las paredes como en los techos. La trilla se hacía en la era. En Los Molinos hay al menos cuatro, lo que testimonia la importancia del cultivo de cereales. Justo debajo de donde pasa la actual A1102 había también una almazara.

En el pasado los hombres del pueblo mantenían limpio el cauce de la rambla. Desbrozaban la vegetación que interfería el paso del agua reduciendo así el riesgo de inundación. Dos veces al año venían camiones y se llevaban toda la caña que se había retirado del cauce.

Francisco Fernández Molina, alias Tío Frasquito, se encargaba de que sólo hubiera quince eucaliptos bien cuidados, no más. La madera se cortaba y se ponía en remojo durante un año antes de ser utilizada en los techos. Quince árboles se consideraban suficientes para este fin. Ahora que los antiguos lugareños se han ido de la aldea, el número de eucaliptos ha ido en aumento y esto crea un problema pues absorben demasiada de la tan necesaria agua.

Tras la Guerra Civil, en las décadas de 1940 y 1950, el hambre y la miseria se extendieron por Almería, al igual que por el resto del país. Probablemente Los Molinos sufrió menos que otros pueblos gracias a su constante suministro de agua, que permitía cultivar las huertas y que los molinos de harina funcionaran casi sin parar. El problema era que la mayor parte de la tierra era propiedad de unos pocos y los demás trabajaban para esta minoría. Las zonas de secano dependían de las lluvias y dada la pertinaz sequía solía haber malas cosechas. Así, los trabajadores eran contratados sólo en contadas ocasiones. La vida se fue haciendo cada vez más difícil para los mayores y sus hijos no estaban interesados en vivir en un lugar tan deprimido y carente de servicios básicos. A partir de mediados de los años 50 la aldea empezó a quedarse sin habitantes. Los Molinos, pues, se enfrentaba a un destino similar al de El Tesoro, Hueli y El Marchalico: la despoblación total.

Las cosas iban a cambiar con savia nueva proveniente de fuera. El primero en llegar a principios de los años 70 fue un geólogo holandés, Henk Pagnier. Estaba realizando un proyecto de investigación a largo plazo sobre el río de Aguas y se dio cuenta de que sería más barato comprar una casa en la aldea que pagar las facturas de un hotel durante varios meses. También desde Holanda y como resultado del movimiento pionero de Henk y su esposa Annerie, llegó Hanna Geertsema a finales de los años 70.

Hanna recuerda que «aquel verano todavía había españoles como Consolación y Emilio cultivando parcelas. Nunca olvidaré su manera de llevarnos de puntillas hasta El Nacimiento para enseñarnos las casas donde habían nacido. Era todo muy exótico para nosotros».

«La parcela de José Confite era la más bonita de todas. Parecía una obra de arte. Recuerdo a Paco Espain (el apodo de Francisco Idáñez) siempre trabajando en su casa, y a María y al albañil, Francisco, que hizo la preciosa chimenea de mi casa».

«La Tía Cándida venía los domingos a regar las plantas y a limpiar el camino frente a su casa. También recuerdo a la vieja Elisa, la de las hierbas, caminando con su bastón, y a Juan, el de Urrá, con sus cabras, pero mi recuerdo más intenso es el de Cristóbal, el Pirri. De él aprendí a plantar árboles y logramos hacer un pequeño edén alrededor de mi casa. También me enseñó la diferencia entre cocinar con butano y en un pequeño fuego con paja. Era muy amable».

«Recuerdo que una mañana al despertarme me di cuenta de que no había nadie en el pueblo. Me quedé atónita al saber que ese día los viejos vecinos habían subido la empinada cuesta de La Herrería para ir a votar. Menuda naturaleza la de esta gente".

En la década de 1980 un goteo constante de gente vino a vivir a Los Molinos buscando sintonía con el cuidado del medio ambiente. Susan y Bob Harrington se trasladaron desde Mojácar, que se estaba volviendo un lugar demasiado turístico. Un amigo les había hablado de un pueblo con un río donde podrían cultivar alimentos de forma ecológica y encontrarse de nuevo con la España auténtica. Cuando llegaron se encontraron con que nadie vivía a tiempo completo en Los Molinos. Tampoco llovía lo suficiente como para cultivar cereal en las zonas de secano.

La escuela de la aldea había cerrado tiempo antes. Por lo que he podido averiguar fue a principios de los años sesenta. A partir de entonces los niños tenían que ir a la escuela de Sorbas. Hanna Geertsema dice que Emilio le contó que un día, después de muchos años cerrada, abrió la puerta de la escuela y que fue como entrar en una cápsula del tiempo.

A pesar de todo, varios vecinos de Sorbas que tenían tierras en Los Molinos seguían acudiendo a cuidar sus parcelas. Susan y Bob se sentaban alrededor del fuego a comer migas con Emilio, Consolación,

Juan y María, escuchando las viejas historias del lugar; los días de fiesta eran de puertas abiertas para todo aquel que venía de los pueblos cercanos, por ejemplo, a celebrar una boda. Veías a la novia montada en un burro con el vestido colgando y las mujeres usaban pétalos para darse colorete en las mejillas.

Un momento clave en la historia de la aldea es la llegada de la organización benéfica Sunseed, originalmente llamada Green Deserts. Las ideas de Sunseed se plantearon por primera vez en el Reino Unido en 1982. Se trataba de investigar y difundir formas de vida sostenible en entornos de secano. La organización compró su primera casa en Los Molinos en 1986, tras lo cual ha ido creciendo poco a poco y ahora posee varias casas más para dar alojamiento a los voluntarios. Hasta doscientas personas acuden cada año a la aldea, la mayoría jóvenes estudiantes que quieren experimentar y aprender más viviendo de forma sostenible. Sunseed organiza jornadas y cursos para todas aquellas personas interesadas en temas como la jardinería ecológica y el diseño e instalación de sistemas fotovoltaicos. Una medida del impacto que han tenido es que muchas personas que actualmente ocupan puestos de responsabilidad en organizaciones medioambientales y ONGs incluyen en sus currículos una estancia formativa en Los Molinos.

Sunseed ha desempeñado un papel importante en la consideración de Los Molinos como «pueblo alternativo» o ecoaldea, donde es posible vivir una vida «verde» entre personas con ideas afines. Sunseed, por ejemplo, mantiene la bomba de ariete, un excelente artilugio cuya tecnología utiliza la fuerza del agua que cae por la acequia.

Pero también hay otras iniciativas en Los Molinos. Tim Bernhardt, conocido por todos como Timbe, es el impulsor de la Pita-Escuela del pueblo, un proyecto especializado en demostrar y difundir los múltiples usos de los agaves. La Pita-Escuela cree que el agave ocupará un lugar importante en la futura economía sostenible. Puede tener un alto rendimiento y crecer en tierras áridas y semiáridas, donde no compite con los cultivos convencionales. Debido a sus múltiples usos y a la escasa necesidad que tiene de agua y suelo fértil, el potencial del agave como cultivo de futuro para el siglo XXI es enorme y un seguro de vida para los agricultores de zonas áridas. El agave sirve para confeccionar artículos de madera, plásticos orgánicos, fertilizantes, o biocombustibles para energías renovables, además de productos farmacéuticos y sanitarios. El objetivo es difundir al máximo su uso como recurso en zonas áridas marginales. Un vídeo de siete minutos que se puede ver en YouTube ofrece una visión fascinante del trabajo de Timbe en la Pita-Escuela.

Más arriba, en la ecoaldea, se encuentra la Casa de la Realidad, un proyecto realizado por David Dene. Con la ayuda de voluntarios de varios países ha transformado unas ruinas en una casa del siglo XXI, que reduce el consumo de energía y aprovecha al máximo la que usa evitando el malgasto. La Casa de la Realidad fue acogida con entusiasmo por National Geographic al combinar un bajo impacto ambiental con un elevado nivel de vida.

Otra pareja atraída por Sunseed fue la compuesta por Barbara Hart Appel y Harvey «Hogan» Appel. Barbara, cuyo compromiso con la jardinera ecológica es total, descubrió que con los árboles que tiene en su parcela «...podía recoger fruta para desayunar durante todo el año». Muchas otras personas que llegaron inicialmente a Sunseed también quedaron atrapadas por su encanto y ahora viven cerca, en lugares como Góchar, Lucainena, Los Perales, Urrá, La Mela y Lubrín.

La historia del molinero

Vamos a centrarnos en los molinos del río por un instante. Pasado El Nacimiento, el flujo continuo de agua a lo largo de varios kilómetros servía de sustento a muchos cortijos y molinos, así como a los pueblos de El Tesoro, Los Perales, La Herrería, La Huelga y Los Giles. Cada molino tomaba el agua del río y, tras su uso, la devolvía corriente abajo. La gestión de los recursos hídricos requería un alto nivel de cooperación entre las distintas comunidades.

Un riesgo laboral para los molineros eran las poco frecuentes pero feroces embestidas del río de Aguas. La destrucción causada por éstas parece ser la explicación a lo ocurrido en el enigmáticamente llamado Molino de Siete Suertes, del que sólo queda un trozo de muro. A mediados de los años 50 una riada destruyó los molinos del Tío Nicolás Serafín y Juan Barranco. Para entonces el Molino de la Pena ya había cerrado.

En realidad, todos los molinos del río de Aguas habían cerrado a finales de los años 60 y el tiempo y la dejadez han destruido casi todas las edificaciones y la maquinaria. No queda ni un solo molino con su maquinaria intacta. Sin embargo, varias personas que recuerdan el mundo de los molinos sí que seguían viviendo cuando se realizaron las entrevistas para la revista *El Afa* de Sorbas. Uno de ellos era Rafael Llorente Galera, que nació en un molino, creció en un molino y trabajó en un molino durante treinta años. Por si esto fuera poco, también se casó con la hija de un molinero.

Rafael nació en junio de 1927 en el molino de Los Perales, propiedad de su padre José Llorente Lázaro, y creció en la casa familiar cercana junto con sus cinco hermanos. Desde muy joven se ocupó del trabajo del molino. En él había dos salas, una con la maquinaria de molienda y otra con las cuadras y la limpia, donde se cribaba el grano mediante un sistema de poleas y cuerdas accionado por la fuerza del agua. Hoy en día el molino está oculto por la maleza y casi en ruinas; la moderna carretera de acceso al pueblo ha destruido parte de su balsa.

Debido a que el río llevaba agua todo el año, el molino de Los Perales se encontraba en una situación ventajosa. «Siempre había trabajo. Los inviernos eran peores porque entonces había más molinos funcionando. En verano venían aquí hasta de Carboneras porque allí no tenían agua y no podían moler...». Aunque el principio básico del funcionamiento de un molino era sencillo, la maquinaria era bastante complicada y mantenerla en óptimo estado implicaba una cierta habilidad y conocer los trucos del oficio, lo que sólo se conseguía con una larga experiencia.

En *El Afa* Rafael cuenta también que al molinero se le pagaba no con dinero sino mediante «una maquila», una cuota del grano molido. El celemín, una medida de áridos equivalente a unos cuatro litros y medio, era una pieza clave en este proceso. Una fanega de trigo pesaba cuarenta y cuatro kilos y por cada fanega el molinero se quedaba con medio celemín de grano. Según el tipo de grano el peso de la fanega variaba: una fanega de cebada era de treinta y tres kilos mientras que la de mijo llegaba a cuarenta. Aunque el trigo y la cebada eran los granos más comunes, Rafael también molía garbanzos, vainas de algarroba, sipia (el residuo que queda después de moler las aceitunas para obtener aceite) e incluso habas.

Antes de la Guerra Civil los molinos podían trabajar sin restricciones respecto a la cantidad de grano que podían procesar. En noviembre de 1937 se crea el Servicio Nacional de Trigo, que imponía al molinero no sólo cuotas sino también la obligación de llevar un registro de todas sus operaciones: cuántas fanegas de grano entraban en el molino, cuántos kilos de harina salían de él, para quién hacían la molienda y cuándo. Funcionarios poco comprensivos vigilaron estrictamente la nueva normativa y cerraron los molinos que funcionaban de forma sospechosa.

Luego, en los años 50, llegó una época de sequía. Muchas parcelas se abandonaron, los rendimientos disminuyeron y la molienda dejó de ser rentable. Rafael Llorente Galera, que sólo tenía treinta años, se dio por vencido y emigró a Venezuela en busca de mejores oportunidades.

XX / Río de Aguas:
...hasta la desembocadura

Caminante, no hay camino, se hace camino al andar.

Proverbios y Cantares, XXIX
Antonio Machado

Una poza natural en el Río de Aguas.

Contrastes

Retomemos el viaje río abajo hacia El Tesoro. Vamos a coger el estrecho camino que atraviesa el caserío de Los Molinos justo antes de una pequeña zona de aparcamiento en el desfiladero Los Barrancones. Un sendero a la izquierda desciende vertiginosamente por una pendiente junto a una casa de ladrillo a medio construir, bastante alta, deshabitada y en una ubicación espectacular. El sendero PR A-97 está señalizado con un gazapo en el cartel: *"EL TESERO 30"*. 30 indica que tenemos media hora de camino hasta este punto. Esta ruta nos va a llevar hasta un tupido cañaveral con una gran poza que podemos salvar utilizando las piedras puestas en el agua a modo de baldosa. Unas indicaciones amarillas y blancas en las piedras y los postes bajos señalan la subida a las ruinas de Fuente Los Molinos. El sendero asciende de forma pronunciada, ofreciendo una panorámica de lo que queda del Molino de Carrasco de Arriba, rodeado de palmeras. En medio del valle vemos la autovía con sus imponentes pilares de hormigón. Si miras hacia abajo desde este punto verás las ruinas del Molino de Carrasco de Abajo.

El Tesoro es una pedanía abandonada cuyas ruinas están dispersas, pero merece la pena explorarlas. Arriba, a la izquierda, está la antigua escuela, con una pizarra todavía en la pared del fondo de su única aula. En El Tieso, muchos kilómetros más arriba, encontraremos otra. En el número 20 de *El Afa* aparece una fotografía algo ajada pero realmente interesante que muestra una escuela a principios de los años 30, durante la Segunda República. El director, don Joaquín Fernández, está flanqueado por un grupo de veintiún alumnos, unos con el ceño fruncido, otros con los ojos entrecerrados y casi todos con rostro mocoso. Tras ellos aparece una bandera republicana. Hubo espantosas represalias durante y después de la guerra civil con los maestros y simpatizantes de izquierdas. La primera casa, la más cercana al molino, era el cuartel de la Guardia Civil y los pocos que quieren hablar del tema me dicen que era ahí donde aplicaban la tortura.

En algunas de las casas hay una segunda planta y cuidadas molduras en arco sobre las puertas. Aunque dura, la vida en este entorno idílico debió de ser buena pues se ven muchas terrazas y el río siempre llevaba agua. Ahora es muy diferente, con el incesante ruido del tráfico de la autovía que pasa por encima de lo que queda del pueblo y los dolorosos secretos del pasado. Simplemente, el contraste entre lo que fue el pueblo y la moderna autopista, obviando la imagen oscura de antaño, ya es tremendamente sobrecogedor.

Continuemos la ruta. Ve por debajo de la autovía (hay marcas de pintura amarilla y blanca en algunos de los pilares, pero van en otra dirección, así que no los tengas en cuenta) y busca las piedras entre los cañizos para llegar a la otra orilla del río (si tienes la suerte de que lleve la preciada agua). Ahora podrás echar un vistazo al impresionante emplazamiento del Molino de la Cerrá del Tesoro. En 1899 aparece como dueño del molino don Aureliano Piqueras. Aunque hace tiempo que está en desuso, quedan suficientes restos que demuestran que tuvo gran actividad; disponía de una presa con un canal que llevaba el agua a la rueda del molino y una considerable balsa junto al edificio superior. Todo esto puede también verse si vas conduciendo por la autovía en dirección norte, ya que esta carretera desciende por el barranco del Tesoro.

Ir río abajo en este momento resulta difícil y sólo está recomendado para aquellos que gusten del riesgo. En otoño de 2012 las tormentas asolaron el camino y dejaron el valle hecho una maraña casi infranqueable de pozas, espesos cañizos y enormes bloques caídos. Con el tiempo tal vez los jabalíes con su ir y venir hagan un camino. No queda más remedio que retroceder; manteniendo apenas el equilibrio, paso por encima de las piedras sobre el río. Asciendo por el lado derecho de la autovía y luego sigo el terreno elevado entre esta y la pronunciada caída hacia el valle. Hay que subir por terrazas abandonadas, cruzando laderas quebradizas y mantenerse a la izquierda para evitar las simas en este terreno impredecible de matorral y escarpes de yeso.

Esta ruta ofrece unas vistas casi aéreas de la cuidada huerta de Las Canales, con una peña aislada que se eleva junto a los corrales, y otra hermosa vista de los campos de hortalizas de Los Perales, situados en la curva de un meandro de gran belleza. Desde la parte alta de la montaña bajan barrancos tan escarpados que ni te imaginas. Es demasiado riesgo, así que me vuelvo a Los Molinos. El alpinista inglés Don Whillans dijo una vez algo que viene al caso: «La montaña estará ahí otro día. La cuestión es asegurarse de estar tú». Esto no es una montaña, pero en realidad la idea es la misma: una retirada a tiempo es una victoria.

Unos días más tarde pruebo con otra táctica. Esta vez bajo con el coche por la Cuesta del Honor hasta la rambla del Río Aguas por Los Perales. Aquí empiezo a caminar río arriba hacia El Tesoro. El primer tramo es fácil, doscientos o trescientos metros por el camino a Las Canales y luego avanzo a saltos por charcones y pozas poco profundas que hay en el lecho pedregoso de la rambla. Hasta aquí todo bien. La ruina del Molino de la Cerrá del Tesoro es visible más adelante, pero enormes rocas y vastos cañaverales comienzan a bloquear el valle, cada vez más y más estrecho. Logro avanzar un poco más, a fuerza de trepar, agacharme y escurrirme entre tanto obstáculo. Me sorprenden los cortes que me he hecho con la densa y exuberante vegetación y finalmente tengo que admitir la derrota a pocos metros del imponente Molino de las Canales, hoy un montón de ruinas. Esta aventura que os cuento tiene lugar en las cuadrículas 583105 y 584105 del mapa de Sorbas 1031-I. Según ellas no hay manera de seguir, pero me he enterado de que existe un paso entre El Tesoro y Los Perales; está claro que tengo que seguir investigando.

Retomando la rambla

Vamonos a Los Perales. Aquí tenemos dos posibilidades: ir por el río atravesando los cañizos o seguir la carretera, que sube haciendo eses por la pequeña aldea. He probado las dos alternativas. La última, una vez que dejas atrás las últimas casas, consiste en pegarse a la izquierda de los bancales junto a un pequeño y profundo barranco y entonces recuperar el cauce principal del río. Luego continúas por caminos de cabras bajo paredes rocosas en las que se puede apreciar cómo las antiguas acequias discurrían por túneles excavados en ellas. Tras un recodo, lo mejor es subir hasta los bancales, en su mayoría abandonados. Entonces vemos el Cortijo de Lentiscar (aunque encima de la puerta pone 'Cortijo Lentiscal'). Curiosamente, tiene partes en muy mal estado y otras bien conservadas.

Cuando veas una pista para vehículos que baja a través de los bancales y se adentra en la rambla, síguela. El camino se hace con facilidad durante un tiempo. Justo en el punto en el que se ve La Herrería a cierta distancia, la pista hace una U y es hora de retomar la rambla. A veces habrá camino y otras no, así que es cuestión de seguirlo cuando lo veas y busques las piedras en el río o los juncales y cañizos para sortear los tramos de agua poco profundos. En primavera la vegetación se anima con los estridentes cantos del ruiseñor bastardo y alguna que otra llamada de alarma de los mirlos.

Un poco más allá, donde una tubería salva la rambla a unos siete u ocho metros de altura, está La Herrería. A la derecha hay un balate de piedra seca de gran altura. En este punto la carretera de entrada a la aldea desciende por la izquierda. Es muy ancha pues se hizo así para el acceso a las obras del tren de alta velocidad (véase el capítulo 27).

La aldea en sí se encuentra remontando una suave pendiente a la derecha. El nombre «Molino» que aparece escrito en la casa más baja no deja lugar a dudas sobre su antigua función. La carretera sigue por debajo del puente del ferrocarril, pero cuando gira a la izquierda es hora de volver a tomar la rambla. Hay charcas; un andarríos grande vuela, emitiendo su reclamo quejoso. Una casa en ruinas se alza en un risco escarpado a la derecha, detrás de un huerto de naranjos y una hilera de eucaliptos. Ya estamos cerca de la aldea de La Huelga al pie de las laderas de Sierra Cabrera. Más allá, en un valle agreste y solitario, son visibles los cortijos de La Quemadilla y la pedanía de Los Giles.

Prosigo cómodamente hasta que justo cuando avisto el Cortijo Suesa el terreno se ha quebrado debido a la erosión de la tierra. Sin embargo, la situación mejora rápidamente con los campos de cítricos a ambos lados del valle. La pena es que la belleza del lugar se ve arruinada por grandes invernaderos en la orilla norte. Al sur hay un peñasco erosionado que dibuja un meandro y al que acuden las grajillas.

Por aquí hay caminos que atajan entre las curvas del río. Esto simplifica las cosas, y si decidimos cogerlos no por ello vamos a dejar de sentir la esencia de este hermoso valle. Los postes amarillos indican la posición de la línea de gas que se instaló aquí hace unos años; en ellos se puede leer «GASODUCTO ALMERIA-CHINCHILLA», y hay un número al que puedes llamar si detectas una fuga. Aparece el Cortijo la Panalera, imponente y compacto. El camino continúa por la Cortijada Las Flores, donde hay grandes terrazas de cultivo de las que nadie se ocupa. Las siguientes cortijadas pertenecen a Alfaix: son las viviendas dispersas de Los Rodríguez y Los López.

En Los López tienen una «carretera propiamente dicha», con una línea blanca en medio. No dura mucho: bruscamente a la izquierda hay que seguir adelante por la rambla. Aquí el río Jauto, el mayor afluente del río de Aguas, llega desde el norte. Mirando su ancho cauce vacío ves tres puentes a menos de un kilómetro. El efecto óptico hace que parezcan apilados unos sobre otros. Pertenecen respectivamente a la antigua carretera (la N-340a), el nuevo trazado ferroviario del AVE y la autopista A7.

La rambla es arenosa y tiene mucha grava. Mientras la sigo, a finales de marzo, tiene los vivos colores de los vinagrillos, la oruga, el collejón morado, el gayombo y las pimpinelas escarlatas. Sobre un peñasco estriado se alza una casa de color crema. Debajo, el cauce comienza a curvarse alrededor de una gran plantación de cítricos bordeada de pinos. Poco a poco la rambla se estrecha y gana profundidad. Ahora el río se encajona en una garganta totalmente cubierta por la vegetación. Ya no es posible seguir el valle.

Mi solución es tomar el sendero que bordea la plantación de cítricos cerca de unas casas bajas hechas de bloques de cemento y seguir en esa dirección. Va hacia el sur, alejándose del río Aguas, a causa de otro afluente profundo e infranqueable, la Rambla de las Chozas. Al otro lado de este profundo corte se encuentran el Cortijo el Aire y el Cortijo Nuevo del Aire (ver la sección siguiente), pero no parece haber forma de sortear los riscos y las abruptas pendientes. Debemos cruzar la plantación de cítricos y a continuación dirigirnos a la Rambla de las Chozas (cuadrícula 594110).

Cuando vuelvo a enlazar con el lecho de la rambla, los lirios silvestres están esparcidos como estrellas azules. De vuelta hacia el norte, tras casi un kilómetro, el camino se retuerce entre cantos rodados y adelfas y finalmente se une al río de Aguas, donde de nuevo encontramos lechos de roca, pozas, charcas y cantos rodados bajo impresionantes riscos.

En otra curva se encuentra el Molino de la Higuera, que ahora es una casa pero que por su nombre, forma y posición, no hay lugar a dudas de lo que fue anteriormente. Más adelante se encuentra el Puente Vaquero, con sus altos arcos y, poco después, el Cortijo de Buenavista, encaramado sobre un peñasco.

Aeródromo fantasma

Perdonadme por un nuevo desvío en el recorrido. A unos trescientos metros al sur del río Aguas, justo antes de Puente Vaquero, hay un sitio que vi en el mapa por primera vez hace algunos años. Siempre he querido ir a observarlo más de cerca y hoy por fin lo hemos hecho. Se trata del aeródromo, tres kilómetros al suroeste de Turre. El mapa recoge una pista orientada de noreste a suroeste, de unos ochocientos metros, con un edificio al lado, el Cortijo Nuevo del Aire. Se puede llegar allí saliendo de Turre por la antigua carretera de Los Gallardos y, tras dos kilómetros y medio, tomando a la izquierda hacia Cortijo Grande.

Localiza el desvío a la derecha en la carretera de Cortijo Grande. Ya no hay asfalto a partir de este punto. El camino atraviesa un pequeño valle y se curva hasta llegar a la antigua pista de aterrizaje. A la derecha hay una serie de grandes hangares oxidados. Justo después está la pista. Se puede conducir por ella y, aunque los arbustos están invadiendo el terreno, especialmente en el extremo noreste, una avioneta podría hoy aterrizar o despegar. Dentro de la propia zona de aterrizaje se pueden distinguir los restos de una pista de tenis. La superficie está pintada de un color verde ya descolorido y las líneas blancas aún son bien visibles.

Más allá de donde termina la franja asfaltada divisas un paisaje agreste y erosionado atravesado por el Barranco del Aire y unos pinares que se extienden hasta el escondido merendero al este de La Huelga.

En el Barranco del Aire está el Cortijo del mismo nombre, el Cortijo Nuevo del Aire. Ha sufrido daños debido a algún incendio, hay azulejos rotos, las ventanas han desaparecido y los grafiteros han estado por aquí, pero parece claro que con una pequeña inversión se podría dar una nueva vida a este lugar.

Hay un patio invadido por enormes adelfas, dos de flor roja y una de blanca. En una de las esquinas, una escalera de caracol todavía estable conduce a una torre octogonal de tejado metálico. Se trata de un magnífico mirador que sirvió de torre de control para la pista de aterrizaje. En dirección noroeste ves los limoneros y naranjos de La Noria, la colina cónica que llaman Cerro Redondo, cerca de Los Gallardos; al suroeste, el corazón de Sierra Cabrera; y en dirección noreste ves Turre y el mar. Siempre pensamos que este lugar merecía una visita, pero tanto Troy como yo nos sorprendimos del descubrimiento que supuso y realmente podemos asegurar que merece la pena.

La pista de aterrizaje se construyó en una época en la que se pensaba que Cabrera y Cortijo Grande se convertirían en un destino elegido por ricos y famosos, y de hecho se estuvo utilizando hasta que se produjo un accidente mortal a principios de la década de 1980. En él perdieron la vida un piloto y su hijo. Posteriormente la pista de aterrizaje se utilizó durante el rodaje de *Indiana Jones y La última cruzada*. Un amigo cuenta que, durante el rodaje, se encontró en un bar de la zona con Harrison Ford, que no tenía mucha gana de hacer amigos. También afirma haberse cruzado con Sean Connery mientras éste conducía un todoterreno por una de las estrechas carreteras de montaña. Dice que no era el momento de pedirle un autógrafo.

Puente Vaquero

Este puente con su alto arco central permite a la AL-150 cruzar el río para unir Turre con la autopista. El origen de «Vaquero», supe tiempo después, se debe al luctuoso hecho de que uno de los obreros se apellidaba así y falleció víctima de un accidente durante su construcción. Abajo, la rambla está flanqueada por grandes peñascos de lodolita.

En el arco se ven indicadores amarillos y negros para ver hasta dónde puede llegar el nivel del agua. La escala llega hasta los cuatro metros. El caudal es constante por lo que el aviso pintado en uno de los arcos de PROHIBIDO HACER HOGUERAS parece innecesario. El camino embarrado serpentea entre densos matorrales de tarayes y adelfas.

Trescientos metros más adelante una rambla afluente muy profunda entra por la derecha. La atraviesa un puente y cerca se encuentra una casa con una mezcla de colores llamativa donde se lee CASILLA DE PEONES CAMINEROS y CARRETERA DE GARRUCHA A LOS GALLARDOS, KM 11. Hay muchas casetas de peones camineros en estos lugares, que se identifican porque muestran distancias kilométricas entre localidades. Hay una, por ejemplo, junto a la N340-a entre la salida 700 de la autopista A7 y Vera, a orillas del río Antas.

De vuelta a la rambla, más allá de donde el río ha socavado las plataformas de lodolita, los eucaliptos se van sucediendo, flanqueando la orilla sur. En la finca «El Esparragal», sombreada como tierra de regadío en el mapa 1:25.000, hay un letrero grande que dice «GANADOS NO». Lo ilustra una cabra en un círculo rojo de fondo blanco atravesado por una diagonal.

En la orilla norte del río, cerca de aquí, en Cadímar, los arqueólogos Francisco Llidó López y Oscar Jiménez han pasado tres años al frente de un equipo excavando un yacimiento que nunca se había investigado. La excavación fue financiada por Adif, encargada de la construcción del AVE. En febrero de 2013 los arqueólogos presentaron los resultados de sus investigaciones. Habían localizado una villa romana de dos mil años de antigüedad con restos de mosaico, un sistema de calefacción subterráneo y algunas esculturas. También encontraron un asentamiento árabe del siglo IX. Sin embargo, la falta de dinero impidió exponer yacimientos como éste y todo se volvió a enterrar para evitar su deterioro o posibles saqueos. El historiador Juan Grima lamentó esta incapacidad de las instituciones para dar valor al patrimonio que tenemos en Almería.

La rambla se ha ensanchado y tiene muros de contención hechos de hormigón. Algunos desalmados han pasado por aquí y dejado un colchón destrozado, restos de un cuarto de baño y grafitis que desafían la gramática: *"Maricarmen son mongolos"*. En contraste, un solitario arbusto de aulaga muestra su intenso amarillo con Sierra Cabrera de fondo. En la orilla norte un acantilado está lleno de agujeros que aprovechan las chillonas grajillas para hacer sus nidos.

La torre del parque de bomberos de Turre se hace visible; luego, un puente conduce a una señal que promete golf, tiro, lugares de interés paisajístico y muchos establecimientos para comer y descansar.

Hay otro puente doscientos metros más adelante. A la derecha están las instalaciones de Turre Áridos, que producen arena y grava. Cantando con entusiasmo, un gran críalo vuela de lado a lado de la rambla, donde un rebaño de cabras está dando cuenta de los arbustos que han quedado en pie.

A lo largo de los siguientes dos kilómetros, cuatro represas de hormigón retienen y acumulan materiales más finos. Más adelante, cuando el lecho del río inicia una gran curva hacia la derecha, unas llamadas estridentes me alertan de la presencia de un grupo de zancudas. Salen volando mucho antes de que me aproxime, pero está claro que son alcaravanes. Para ellos, esta tosca rambla de estepa pedregosa es el hábitat que más les gusta.

Una vez que terminan los muros de hormigón llegas a un cerro de cima redondeada, el Cerro de Mojácar la Vieja. Aquí se han encontrado restos de los siglos VI-VII d.C. que evidencian la presencia primero de un asentamiento visigodo y después musulmán con el nombre de Muxacra. De ahí deriva el nombre actual de Mojácar.

A estas alturas es más fácil avanzar por la orilla izquierda, donde hay un camino ancho y llano. El pueblo de Mojácar se encuentra más adelante en la colina. Los pájaros animan la escena: un grupo de garcetas comunes, con sus pies amarillos contrastando con las patas negras; una abubilla, siempre un exótico destello de rosa anaranjado, blanco y negro; y una bandada de verdecillos piando.

Antes de pasar por debajo del siguiente puente sobre la carretera, lo mejor es cruzar al lado sur de la rambla y tomar el camino que pasa por Servacon, otra empresa dedicada a la extracción de arena y grava.

Dos cerros estrechan el curso del río, el Rincón del Mirador, al norte, y el Cabezo de Guevara, al sur. El siguiente kilómetro es poco atractivo. Tienes edificios abandonados, una subestación eléctrica y un desangelado olivar cubierto de polvo. Al norte se encuentra el enorme Hotel Marina Playa. Detrás verás una urbanización inacabada llamada Atalaya de Mojácar.

Los romanos tenían un asentamiento llamado La Rumina en la desembocadura del río. Aquí había hornos de alfarería situados estratégicamente para que los productos pudieran distribuirse por mar. El nombre de este lugar sigue siendo el mismo: Vista de los Ángeles-Rumina.

El tramo final de la rambla es más vistoso: está lleno de agua, al menos ahora (finales de febrero de 2013). Hay fochas, unos cuantos porrones y un cormorán, además de golondrinas –recién llegadas– y aviones que se lanzan a toda velocidad cazando insectos. La carretera entre Mojácar y Garrucha, la ALP-118, cruza por encima de esta laguna y ofrece una bonita vista. Está separada del mar por una playa de arena de unos cien metros de ancho en la que hay un chiringuito.

Y ahí está, por fin, el Mar Mediterráneo. Hay una satisfacción extra al ver las olas rompiendo en la playa en este día de invierno, al final de una ruta que empecé en el nacimiento del río y que he ido realizando de manera intermitente durante unos tres años. Ha sido un viaje absorbente en el que he atravesado el corazón del levante almeriense contemplando una enorme diversidad paisajística.

XXI / **Sorbas y el Karst en Yesos**

Me conformo con lo sencillo... el abrazo de alguien querido... la luz del sol sobre una roca o las hojas... el viento en la cara —¿qué más se puede pedir?

Desert Solitaire
Edward Abbey

Un túmulo en la meseta de yeso.

El karst en yesos de Sorbas

Sorbas y su karst en yesos van indisolublemente unidos. Pero, por favor, permitidme antes de analizar este fenómeno geológico hacer una breve mención de lo que es el pueblo.

Hay cierta controversia respecto al origen del topónimo. Es posible que proceda de la palabra árabe *chorba*, que por un lado significa «olla» y entonces haga referencia a la alfarería –el barrio alfarero está en la parte baja del pueblo–. Otra posibilidad es que *chorba*, que también significa "grano", recuerde la forma en que la ciudad se asienta sobre el barranco seco de El Afa, un antiguo meandro del Río de Aguas. Encaramada en lo alto del cañón, Sorbas ocupa una posición imponente y da la impresión de que sus casas van a ir a parar al fondo del barranco.

Karst-en-yesos-de-Sorbas. Parece difícil de pronunciar. Se trata de un sulfato de calcio hidratado, un tipo de depósito que se forma en condiciones marinas muy específicas. "Karst" es la abreviatura que usan los geólogos para designar el paisaje que se forma tras la disolución de una roca madre soluble. Tiene su origen en la zona caliza del Kras, en el suroeste de Eslovenia y el noreste de Italia, donde se estudiaron por primera vez estos paisajes de forma intensiva. El término «paisaje kárstico» se asocia normalmente a zonas de caliza, mucho más común que el yeso. El karst de Sorbas es la zona kárstica de yeso más importante de España y uno de los cuatro mejores ejemplos de Europa.

Lo siento, ¡más geología a continuación! Hace sólo seis millones de años, lo que sería la zona de Sorbas estaba bajo el lecho del mar Mediterráneo. Al norte se encontraba la Sierra de Los Filabres rodeada de arrecifes de coral. Los restos de estos arrecifes son evidentes hoy en día en muchos lugares, especialmente en Cariatiz, a pocos kilómetros al noreste de Sorbas. En esta época no existían ni Sierra Alhamilla ni Sierra Cabrera, ambas ahora al sur de Sorbas. Sierra Alhamilla comenzó a surgir hace unos siete millones de años y Sierra Cabrera aproximadamente cinco. En esta etapa, por tanto, lo que hoy se denomina cuenca de Sorbas estaba semiconfinada por las montañas.

Aproximadamente hace unos cinco millones y medio de años Sierra Cabrera se vio afectada por un levantamiento tectónico y empezó a emerger sobre el nivel del mar. Entonces la convergencia de las placas tectónicas africana y euroasiática cerró la conexión entre el mar Mediterráneo y el océano Atlántico. Esto condujo a la deposición de enormes cantidades de evaporitas (yeso y sal) en las partes centrales y más profundas del Mediterráneo durante lo que se denominó técnicamente la Crisis de Salinidad Messiniense del Mediterráneo. El espesor de la sal acumulada superó los mil quinientos metros en algunos lugares. Sin embargo, fue algún tiempo después, durante el periodo en que el Mediterráneo se estaba rellenando con agua nueva, probablemente de procedencia atlántica, cuando se depositó el yeso de Sorbas.

Como se ha mencionado anteriormente, la cuenca de Sorbas estaba «semiconfinada» o «semirrestringida» por las montañas circundantes. Una barrera submarina poco profunda en su extremo oriental causada por el levantamiento de Sierra Cabrera casi la separaba de las aguas abiertas del Mediterráneo. Al ser aguas de escasa profundidad la tasa de evaporación de la cuenca de Sorbas era alta y el resultado fue la precipitación química de depósitos de hasta ciento treinta metros de espesor.

Estos ciento treinta metros de profundidad de los depósitos no son sólo de yeso sino una «secuencia de evaporitas», es decir, un estrato rocoso de varias capas en el que los bancos de yeso, de hasta veinte metros de espesor, están separados por capas de caliza margosa. Las calizas margosas se depositaron durante lo que se denomina «intervalos no evaporíticos», períodos en los que el mar inundó la cuenca de Sorbas. En la parte más alta y por tanto más reciente del estrato rocoso estas margocalizas presentan restos de esqueletos calcáreos pertenecientes a criaturas marinas.

Más tarde, como resultado del continuo levantamiento, los distintos tipos de sedimentos fueron empujados por encima del nivel del mar. A continuación, los arroyos que bajaban de la Sierra de los Filabres comenzaron a desarrollar una red de drenaje sobre el «nuevo» paisaje. Muy gradualmente las capas sedimentarias situadas por encima del yeso se fueron erosionando hasta que la red de drenaje entró en contacto directo con el yeso. En el paisaje moderno el yeso aflora en la superficie en un área de casi veinticinco kilómetros cuadrados y es lo que constituye el singular y parcialmente protegido karst en yesos de Sorbas. El Centro de Visitantes Los Yesares, con sus expositores y la recreación de una caverna subterránea, es un excelente lugar para conocer mejor la zona.

Dolinas, túmulos y cavernas

En los lugares en los que el drenaje superficial entraba en contacto con el yeso, este último se iba poco a poco disolviendo y formando unas cavidades llamadas dolinas. Con el tiempo las dolinas fueron creciendo en tamaño y el agua a su vez penetrando más profundamente en la masa de yeso. Con la disolución, las grietas verticales y horizontales que el agua iba formando se fueron ampliando poco a poco. A lo largo de muchos miles de años se creó una compleja red de pasadizos subterráneos, galerías y cavernas.

También forman parte del paisaje subterráneo las estalactitas, estalagmitas, columnas y cortinas de gran delicadeza. A medida que el agua se desplaza lentamente por el yeso no sólo lo disuelve, sino que se satura de él. El resultado es que allí donde el agua gotea constantemente precipitan pequeños cristales de yeso que se van acumulando y forman estas estructuras.

La superficie del karst también está salpicada de dolinas, esto es, cavidades formadas por disolución de los materiales calcáreos. Algunas tienen surcos acanalados y aletas estrechas y afiladas. Son el resultado de la «disolución superficial», los llamados lapiaces, erosionados por la acción del agua de escorrentía.

Los alrededores del pueblo abandonado de Marchalico-Viñicas (véase el capítulo 22) son un buen lugar para verlas. Hace algunos años se diseñó y marcó un recorrido circular, el Sendero de Los Yesares. Merece la pena hacerlo pero no siempre es fácil de seguir.

Una característica a nivel de superficie que hace único al karst en yesos es el túmulo. Aparecen cientos de ellos en la planicie. Se forman cuando la capa superficial de yeso cristalino absorbe mucha agua y se expande. El resultado es una cúpula ligeramente abombada de varios metros de diámetro. Como consecuencia queda un espacio de aire inmediatamente debajo de la cúpula y si hay alguna grieta este vacío es visible.

El yeso tiene la capacidad de retener mucha agua. Sin embargo, debajo del yeso hay una marga que constituye una capa impermeable. El agua que alcanza los niveles inferiores del yeso no puede pasar a través de ésta, se acumula y se ve forzada a discurrir lateralmente para emerger en forma de manantiales. De ahí viene el nombre de El Nacimiento, a un kilómetro más o menos aguas arriba del pueblo de Los Molinos. Aquí el agua fluye constantemente desde la base del yeso, creando en el río de Aguas el único arroyo permanente de la zona. Esto explica a su vez el desarrollo del pueblo de Los Molinos y de los varios molinos de agua situados corriente abajo de El Nacimiento (véanse los capítulos anteriores sobre "el río de Aguas").

El río de Aguas ha ido profundizando su valle debido a que la marga es una roca más blanda y fácilmente erosionable que el yeso. En consecuencia, en lo alto del río, en el borde de la meseta kárstica, se formó un notable acantilado conforme las laderas del valle se hacían más empinadas. A lo largo del tiempo geológico, enormes bloques de yeso se han desprendido cayendo por las laderas del valle. Puedes verlos a lo largo del sendero entre el pueblo de Los Molinos y El Nacimiento.

Urrá

El karst en yesos de Sorbas es sólo una de las riquezas geológicas de Almería. Con sus placas tectónicas, fallas, una historia de vulcanismo y los rasgos desérticos, los geólogos tienen mucho donde elegir en el levante de la provincia. La escasa vegetación y los cortes para las nuevas carreteras también facilitan el estudio de la geología. Pero, quizás, lo mejor es el que se hace a pie de campo en Urrá.

A finales de 2004 nos topamos con Lindy Walsh en una marcha de protesta contra el hotel Algarrobico (véase el capítulo 7). Nos mantuvimos en contacto y poco a poco fuimos conociendo la historia de cómo ella y su difunto marido, Bill, desarrollaron el Centro de Estudios del Medioambiente.

En la revista *El Afa* Lindy cuenta cómo llegaron a la zona de Sorbas en 1987. Una herencia les permitía trabajar sólo seis meses al año y pasar los otros seis disfrutando de la vida. Decidieron trabajar durante los veranos y pasar los inviernos en algún lugar del sur de Europa donde pudieran vivir sin muchos lujos. Querían comprar «una pequeña ruina» que irían renovando, poco a poco, durante varios inviernos. No eran constructores, pero habían adquirido cierta experiencia trabajando en su casa de Inglaterra, que tiene quinientos años de antigüedad.

Vinieron al sur de España inicialmente para echar un vistazo a Sunseed, un proyecto del que habían oído hablar y que contaba con «jardines en el desierto» (véase el capítulo 19). Su Land Rover tenía más de veinte años y dormían en una pequeña tienda de campaña. Con Sunseed pensaron que la búsqueda llegaba a su fin: gente amable, hermosas vistas, plantas raras y, por supuesto, el clima.

Vieron «el cortijo con el ciprés al lado del río», muy grande, precioso, con una ubicación privilegiada, abandonado, y lo compraron con sus noventa hectáreas. Hablaron con sus dos hijos, ya adultos, vendieron todo en Inglaterra y empezaron una nueva vida en Urrá. ¿Qué iban a hacer allí ahora? Su única ventaja era ser ingleses y poder comunicarse con otros extranjeros en ese idioma. En 1988 la tierra no daba dinero, así que tendrían que adecentar los cortijos y alquilarlos. ¿A qué tipo de personas les gustaría pasar una temporada en un desierto en un alojamiento sencillo? ¿Jóvenes interesados en el medioambiente, universitarios que estudian geología de tierras áridas? Esta fue la lógica que llevó a la fundación del Centro de Estudios del Medioambiente de Urrá.

Tuvieron muchos problemas al principio. Los lugareños no entendían de qué iba la cosa pero, según Lindy, ahora se han dado cuenta de que simplemente estaban creando una zona de protección total para plantas y animales que se encuentran en el paraje natural, algo crucial para los estudios que venían a realizar sus visitantes.

Con estos planes en mente construyeron dormitorios y duchas de agua caliente para cuarenta personas, una gran cocina que podían utilizar los grupos que estaban allí en régimen de alojamiento (el Club El Tesoro, el club de espeleología local, ha llegado a cocinar para más de ochenta personas allí), y espacio suficiente para estudiar y relajarse. Andrés Requena y su hijo Miguel dirigieron la reconstrucción; Lindy y Bill fueron los obreros. Al cabo de dos años acogieron a su primer grupo de visitantes y en cinco años tenían quinientos huéspedes cada año académico. Ahora, tres décadas después, el Centro de Estudios está dirigido por Paco Contreras, buen amigo de Lindy, que durante el período de confinamiento debido al COVID aprovechó para hacer de estas instalaciones un lugar propio del siglo veintiuno.

Bill murió de cáncer en 1993, pero en sus últimos días dijo que no hubiese cambiado nada de lo hecho en aquellos últimos cinco años. Lindy continuó el proyecto, aunque a un ritmo más lento. Conseguir la conexión a la red eléctrica resultó ser una odisea. En 2003, quince años después de empezar la aventura, Lindy abrió el antiguo cortijo donde ella vivía como casa rural para dar alojamiento y desayuno.

La sala principal del cortijo es digna de mención. Es como un cruce de granero y mansión señorial. Hay una gran chimenea en un extremo y detrás de unas largas y pesadas cortinas de terciopelo encuentras unas enormes puertas de madera, maltrechas y desgastadas, provistas de remaches metálicos. El techo se apoya en pilares de hierro forjado dignos de una estación victoriana, mientras que en el suelo hay baldosas que parecen anteriores al tiempo en que los árabes dominaban este lugar. Vaya sitio.

Los espeleólogos causan impacto

En un artículo de 2009 Juan García Sánchez repasa su participación en la temprana exploración del mundo subterráneo del karst de Sor-

248

bas y los posteriores intentos de proteger la zona. En 1978 los espeleólogos tenían permiso para acampar los fines de semana y pernoctar de vez en cuando en las casas abandonadas de Marchalico-Viñicas. En ellas encontraban cartas desgarradoras de familias que se habían marchado a Cataluña o a Sudamérica en busca de mejores oportunidades.

Cuando los espeleólogos pisaron por primera vez la meseta kárstica, las canteras ya estaban siendo explotadas. Los mercados querían yeso y el acceso a los recursos de la tierra en aquella época era fácil. El plan de extracción era sencillo: arrancar la capa superior y seguir profundizando. En aquella época los espeleólogos pasaban desapercibidos; al fin y al cabo, no eran una molestia. Llegaban a la meseta, exploraban y se divertían descubriendo nuevas cuevas y pasadizos.

Muy pronto los espeleólogos se dieron cuenta de que el karst era algo especial. Se encontraron explorando sistemas subterráneos de enorme extensión y profundidad que formaban parte de un gran conjunto. Aquí era posible observar todas las fases del desarrollo kárstico y se hizo patente que había que salvar este tesoro.

En la etapa que va desde 1978 hasta 1984 los espeleólogos formaron la Sección de Espeleología del Club Almeriense de Montañismo. Se dieron cuenta de que la opinión pública tenía que ser consciente de la necesidad de proteger este bien natural de valor incalculable. También sintieron que debían difundir sus investigaciones a nivel nacional e internacional entre espeleólogos, investigadores y universidades. Iniciaron entonces una campaña contra las poderosas empresas de canteras y contra el punto de vista general de los habitantes de Sorbas que, al tener en ellas su principal sustento, estaban muy a su favor.

Francisco José Contreras confirma que tanto el karst como los espeleólogos estaban mal vistos hace veinte años. Trabajar en las canteras se consideraba la única forma de ganarse la vida. Cuando empezó a practicar la espeleología con otros jóvenes, su padre solía decir: «¿Las cuevas van a poner comida en tu plato?». Su padre, como muchos otros padres sorbeños cuyos hijos fueron a descubrir el karst, tenían miedo a lo desconocido y, dice Francisco, no se equivocaban. Además, si su hijo en

249

aquella época se convertía en espeleólogo, era como tener una oveja negra en la familia, otro más de los partidarios de cerrar las canteras.

Los espeleólogos eran atendidos de mala gana y con agrias miradas en algunos bares del pueblo; se boicoteaban los actos destinados a dar a conocer los nuevos descubrimientos y se arrancaban los carteles; los camioneros de las canteras se presentaban de forma intimidatoria en las charlas y exposiciones. En el Encuentro nacional prodefensa del karst, una importante reunión celebrada en 1985, se cortó la electricidad del salón de actos de la escuela, sede principal, y en el último momento se negó el suministro de agua prometido para este importante evento que contaba con trescientos delegados de toda España.

La intimidación alcanzó niveles tan preocupantes que los espeleólogos temían por su integridad. Decidieron dejar a uno de los suyos vigilando en superficie mientras ellos exploraban bajo tierra. Un día escucharon a un granjero que pasaba en un tractor decir: «Habrase visto estos vagos de las tienduchas. Necesitan que alguien los enmiende con una buena vara de almendro». Los espeleólogos eran vistos como «los delincuentes de las profundidades», a pesar de que en aquella época su aspecto con el pelo corto les hacía bastante respetables. Además de ser un grupo no muy numeroso, se encontraron prácticamente solos sin el apoyo de los espeleólogos más veteranos de la provincia, que se separaron del Club Almeriense de Montañismo para formar el Espeleo Club Almería.

A nivel institucional dos personas tuvieron una enorme importancia: Hermelindo Castro Nogueira, en aquel momento director provincial de la Agencia de Medioambiente, y Manuel Navarro Jiménez, gerente de la Agencia. Ambos solicitaron un informe técnico de evaluación del karst, un paso imprescindible para avanzar en su protección. El ayuntamiento de Sorbas también jugó un papel importante al solicitar financiación para que el informe fuera realizado. Fue entonces cuando, por primera vez, los espeleólogos se vieron capaces de ofrecer un informe rigurosamente detallado de las cuevas del karst. Estas acciones finalmente dieron sus frutos y en 1989 una parte, pero sólo una pequeña parte de apenas dos mil cuatrocientas hectáreas, de la zona kárstica de yesos recibió la declaración de zona protegida. Nacía así el *Paraje Natural del Karst en Yesos de Sorbas*.

Sostenibilidad

Francisco José Contreras no sólo nos habla del karst en yesos sino del arraque del proyecto llamado Natur-Sport. La idea era sencilla: toda persona que quisiese conocer por sí misma los encantos subterráneos descubiertos por los espeleólogos podría hacerlo equipada con cascos y linternas en la cabeza. Contando con el apoyo de Andrés Pérez Pérez desde su puesto en el ayuntamiento, el proyectó salió adelante.

Una de las primeras y grandes defensoras de Natur-Sport fue Lindy Walsh. Por aquellas fechas su iniciativa en el Cortijo Urrá también daba sus primeros pasos. Lindy fue aportando ideas y sugerencias, sirvió de enlace con otros extranjeros de la zona y envió clientes. El Centro de Estudios del Medioambiente aportó una dimensión a la zona que nadie antes había sido capaz de concebir. Año tras año, universidades británicas y escandinavas traían estudiantes de geología, biología y estudios medioambientales. Al mismo tiempo, alumnado de posgrado y profesorado realizaban investigaciones de calidad.

Al tiempo que Natur-Sport arrancaba, el ayuntamiento de Sorbas abrió una oficina de turismo y de manera conjunta dieron los primeros pasos para la promoción del pueblo por medio de sus casas colgantes, la gastronomía y la alfarería. También incidían en la importancia de las cuevas y el río de Aguas cercano al karst. La idea era atraer al turista de costa al interior, que al dejar dinero en las cuevas, tiendas y bares terminaría con las dudas de los escépticos que había en el pueblo.

Al cabo de un par de años nuevos negocios aportaron más servicios de alojamiento y restauración. A la par, las empresas locales experimentaron un impulso. Sorbas empezaba a ser más conocido y el número de visitantes mantenía un crecimiento firme. Las cuevas estaban ya en el mapa, tanto literal como metafóricamente. Natur-Sport se había convertido en un proyecto viable que daba de comer a los hijos de aquellos padres que en su momento habían recelado de los cambios. Para 2009 un restaurante abría en las Cuevas de Sorbas. El negocio de las visitas a las cuevas daba empleo directo a una docena de personas en invierno y a más de veinte en verano.

En treinta años las cosas han cambiado sustancialmente. Muchos de los habitantes de Sorbas piensan de manera diferente ahora. La mayoría de los jóvenes entiende que tiene a su disposición algo de lo que pueden estar orgullosos: un espacio natural único que puede generar puestos de trabajo e ingresos con mucho menos daño para el medioambiente que las canteras. Desde 1990 Sorbas cuenta con su propio club de espeleología, el Club Espeleo «El Tesoro», en cuyas actividades la juventud de la zona participa activamente. Natur-Sport es un ejemplo de negocio dinámico y sostenible que muestra las posibilidades de explotar el karst como reclamo turístico.

Juan García Sánchez, por su parte, desea no tener que esperar otros veinte años para ver nuevos avances en la gestión y protección de la zona kárstica, según él infrautilizada como recurso.

En 2009 las empresas concesionarias de las canteras del karst aplicaron el sentido común. Renunciaron a sus derechos de explotación del yeso en la zona protegida. Aunque a primera vista esto pudiera parecer un impulso para la conservación del paisaje, en realidad no representa ningún avance. A los activistas les gustaría añadir elementos como la «amortiguación», es decir, zonas perimetrales que minimicen el impacto visual de las canteras y la protección de nuevas zonas kársticas actualmente fuera del Paraje Natural. Mientras tanto, las laderas del Peñón Díaz y la Sima de la Parra, entre Los Molinos del río de Aguas y Hueli, siguen siendo devoradas sin remedio por las canteras de yeso.

Por si esto fuera poco, ciento veinte camiones hacían a diario hasta mil cien viajes desde las canteras de Sorbas al puerto de Garrucha. El volumen transportado alcanzó los siete millones y medio de toneladas a más de treinta países en 2021, siendo el yeso el noventa y ocho por ciento de lo exportado.

XXII / **La antigua forma de vida**

Muchos de los bancales están ahora invadidos de vegetación y los muros de mampostería se desmoronan poco a poco.

La montaña sagrada
Jason Webster

Interior de una casa abandonada, Marchalico-Viñicas.

Marchalico-Viñicas

Al pasar el kilómetro 718 de la Autovía del Mediterráneo en dirección norte, si miras a la izquierda, hay una ladera de matorrales que asciende hasta la meseta de yeso. Justo debajo hay un núcleo de casas conocido como El Marchalico o Marchalico-Viñicas. Puedes llegar allí tomando la salida antes mencionada en la autovía, desde donde una empinada pista asciende por la ladera. También es posible llegar al mismo lugar desde la N-340ª (véase el apartado «Caminos de herradura» en el capítulo 27). Muchas de las casas están en bastante buen estado, pero aquí no hay ni un alma; las puertas cuelgan de bisagras oxidadas o han desaparecido. En su interior hay signos de deterioro por todas partes: agujeros en los techos, moldes de escayola cayéndose a pedazos, paredes pintadas de grafitis. Marchalico o marchal, nombre de origen árabe, significa huerta. Isa García Mañas, en un extenso artículo publicado en la revista *El Afa* en 2012, nos ofrece una imagen detallada de la época en que El Marchalico tenía una población próspera. La vida aquí, hasta su definitivo abandono a finales de los años 60, habría sido sin duda la típica de muchos otros pueblos aislados de la zona.

Gran parte de la información de Isa García procede de entrevistas con antiguos residentes. Don Antonio Castro Padilla nació en El Marchalico el 12 de junio de 1938. Vivió allí hasta que se casó a los veintidós años y se trasladó a Los Collados, cerca de Los Gallardos. Otra de las principales fuentes de Isa, doña María Padilla, conocida como María Bolea, nació en abril de 1922 en el pueblo. De los nueve hijos que tuvieron sus padres, sólo María y una de sus hermanas vivían cuando Isa realizó sus entrevistas. María recordaba que, aunque su madre se había quedado viuda con siete hijos, nunca les faltó para comer. También recordaba que, aunque siempre iban con pantalones, no llevaban ropa interior porque "no daba para tanto".

El Marchalico no tenía escuela, ni iglesia, ni médico. De niña, María iba a clase en La Herrería. Todos los días bajaban la empinadísima cuesta que, por supuesto, tenían que volver a subir después. A mitad de camino había un algarrobo y, como hacen los niños, solían pararse allí a jugar hasta que sus padres les llamaban. A María le gustaba estudiar. Cuando llegó la guerra y las familias tenían a sus hijos en el frente era María quien escribía las cartas porque los padres no sabían. «Me iba a la cueva de la fuente al fresco y me llevaba un tintero. La tinta eran unos polvos que yo mojaba en agua y la pluma era de madera. Allí escribía yo tres o cuatro cartas".

Remedios extraños

Si alguien del pueblo enfermaba acudía don Agustín Amérigo, el médico en Sorbas, a lomos de una burra, o bien era el paciente el que se acercaba hasta su consulta. En Los Perales había un gitano llamado el tío Penco que de vez en cuando hacía de médico. Cualquier vecino tenía amplios conocimientos sobre las plantas que crecían en su tierra y a casi todas ellas se les daba uso tanto para prevenir como para curar. Usaban aceite de ricino para purgarse y era algo común que se le diera a los niños y a las mujeres embarazadas como antiviral. También usaban las telarañas para las heridas. Cuando un niño se hacía una herida ponían tela de araña a modo de costra hasta formar una capa y así evitar que se infectara. Para los dolores de huesos y músculos usaban aceites esenciales, romero principalmente, que ponían al fuego de una hoguera. El humo que desprendía se pasaba por la parte del cuerpo dolorida. Antonio Castro nos cuenta cómo hacían fuego con varas de hinojo: "Las varas del hinojo llevan muchas esponjillas dentro, como el carrizo. Se enrollan como un cordelillo y se prende fuego con eso".

Para las picaduras de alacrán había un tratamiento raro pero los vecinos estaban convencidos de que era eficaz. Te metías un pañuelo en la vagina, si eras mujer, claro, y te lo pasabas por donde te había picado. También funcionaba con hombres. Don Gabriel de Haro, el marido de María, recuerda una ocasión en la que escuchó al de la Venta de Los Perales decir que si te pica un alacrán tienes que agarrar una burra y meterle el dedo en su cosa y así el dolor se te quita. Estaba también una vez en La Herrería recogiendo alcaparras y a una niña le había picado un alacrán. Entonces lo que hicieron fue llevársela al barranco, meterle el dedo ahí y vino la chiquilla sin nada.

Para el resfriado recogían higos, algarrobas y tomillo, luego los cocían en agua y se bebía la infusión. También hacían café tostando y moliendo cebada o algarroba. Para curar los herpes dejaban una sartén de hierro al relente de la noche y al día siguiente untaban las pupas con el óxido. Sobre este remedio, sin embargo, Antonio mencionaba que aunque lo probó, no funcionó. Cuenta que el dolor de barriga se lo curaban aplicándose una planta, la boja, de la familia de la artemisia, directamente sobre la barriga.

Una anécdota que contaba María fue el intento de curarle a su hija el asma crónica que padecía. Usó la piel de un conejo recién sollado, poniéndola directamente sobre la espalda de la afectada, dejándola allí toda una noche con la idea de que el calor ayudase a la niña a respirar mejor. El problema fue, "no sólo la olor de aquello, sino que se le empezó a injertar con su propia piel".

Había parteras que ayudaban a la mujer a dar a luz. En aquellos días siempre parían sentadas o en cuclillas. El marido solía ayudar, abrazando por detrás a la parturienta o apretando con sus manos para expulsar al niño. Casi siempre la mujer daba a luz en casa y tenían una media de seis hijos, pero no todos sobrevivían. Era raro encontrar una a la que no se le hubiera muerto un niño, ya fuese en el parto o después, y algunas morían en este trance.

No todo eran padecimientos. Uno de los entretenimientos favoritos para pasar un buen rato eran las cartas. Andrés Morales, vecino de El Marchalico, emigró a Argentina y allí parece que hizo fortuna con este juego. Salvo en época de cosecha, el domingo era día de descanso y momento para bailar y cantar, normalmente en la casa con más espacio. Las mujeres solían cogerse de las manos e ir bailando en carrerilla de un lado a otro mientras otras cantaban canciones como *La campanera* y *La raspa*. En alguno de estos bailes en la década de los años 30

256

María debió de conocer a Don Gabriel. Hubo cortejo durante varios años y el 25 de marzo de 1940 se casaron. Se fueron a vivir a Los Perales, a la casa de los abuelos paternos de Gabriel.

Se seguían también algunas tradiciones, claro. En navidad se recorrían las cortijadas cercanas de casa en casa pidiendo el *aguilando*. El que menos les daba un *chatillo* de vino. Desafortunadamente, no siempre las celebraciones acababan bien. Cuenta Antonio la historia del Pizoco, un gitano que como un ocupa moderno se refugiaba en una de las casas vacías de El Marchalico. Una noche de Navidad pilló tal borrachera que murió. No todo era de color de rosa por aquel entonces.

Cada casa tenía un horno pero al comunal de la barriada se le llamaba "de polla", para hacer churros y roscos. A veces se usaba el horno de la tía Cojica, una mujer que vivía sola y que cambiaba algarrobas a los niños por "cantaricas" de agua. ¿Sabe alguien lo que es una "cantarica"?

Sorprende la cantidad de personas que vivían en El Marchalico teniendo en cuenta que carecía de lo que hoy consideramos básico, por ejemplo, agua potable. A Sorbas sí llegó. La inauguró don Manuel Urbina Carrera por San Roque en el año 1948.

Yeso para todo

Las casas de El Marchalico están hechas de yeso y es aquí donde este material alcanza su máxima expresión en la arquitectura tradicional almeriense. El mortero de yeso sujetaba piedras (de yeso) y la escayola adornaba los interiores. Se trata de un caso único que perdura en el tiempo y que encaja perfectamente en el entorno. El padre de Antonio Castro era albañil. Todavía hoy están las huellas de sus manos marcadas en las paredes de muchas de las casas que construyó. Los moldes de madera para las chimeneas y otros elementos del interior de la casa los hacían los escayolistas. Más tarde los rellenaban con yeso y se fijaban a la pared. El yeso es fácil de trabajar, sobre todo para uso decorativo, como demuestran los frescos, estucos y murales de la

Alhambra de Granada. Una arcilla impermeable llamada "launa" se traía desde el río para hacer los hornos y para cubrir las "solanas" de las casas. Como madera utilizaban los chopos y las pitas.

En Los Molinos/Marchalico-Viñicas se solaparon dos estilos arquitectónicos: la cúbica de techos planos común en el campo de Níjar y la de techos inclinados de teja, típica de los Filabres, debido a su clima más húmedo. Las primeras casas de El Marchalico eran de techo plano sin tejado. Estas son las que están al fondo y las que se encuentran en peor estado. Las nuevas, las más altas, incorporaron una segunda planta y un tejado. Al principio los techos planos se cubrían con la "launa", la arcilla antes mencionada. Más adelante, cuando aumentó el poder adquisitivo, las tejas pasaron a ser de cerámica.

La parte de arriba de la casa solía usarse para secar el grano, guardar la paja y conservar la carne de la matanza. Algunas tenían palomar. Todas tenían horno y chimenea, bellamente decorada con moldes de escayola. Todo se elaboraba con yeso: alacenas, altillos, pesebres o la "zahúrda", un pequeño corral con un techo en forma de cúpula en un extremo. Era en estos corrales donde se ponía el alimento para el engorde del cerdo. Algunos tenían las dimensiones exactas para un solo cerdo. No había entonces ley de bienestar animal...

Agua y guerra

La agricultura era la base de la economía del pueblo. Hortalizas y frutales crecían en la huerta de riego mientras que los olivos, el cereal y las leguminosas lo hacían en la de secano. Había un sistema de acequias perfectamente diseñado ya desde la época de los árabes. Cada propietario se encargaba de limpiar su parte. Existía un manantial del que siempre brotaba agua y un sistema de tandas, para los bancales de hortalizas cada diez o doce días y para los de simiente (trigo, cebada, panizo) con menor necesidad de riego, cada veinticuatro días. El agua venía de la Cueva del Agua. Es parte de un gran sistema que sólo ha sido en parte explorado y topografiado. Este es el tema de una película-documental, *La Cueva del Agua: un reto colectivo,* que muestra algunas de las sinuosas bóvedas y el delicado ambiente natural subterráneo descubierto. Todavía hoy se sigue explorando este lugar.

El Barranco de la Fuente era como se conocía al barranco que llevaba el agua desde El Marchalico hacia el río, hasta La Huerta del Taral, enfrente de La Herrería. Sin embargo, por su alto contenido en yeso, no era buena para beber. Para conseguir agua potable tenían que ir con cántaros y bestias a La Umbría, a casi una hora a pie, donde hay una fuente de agua, o bien ir al Cortijo de Los Yesares, más cercano y donde un aljibe recogía el agua de lluvia. No había en El Marchalico ningún aljibe. Tener que ir a buscar agua a las fuentes era algo común en casi todos los pueblos. "Éramos esclavos del agua", decía María.

En la actualidad, el abastecimiento de agua es un gran problema. Arroyos que siempre han llevado agua se han secado. Las canteras de yeso de esta zona revientan y destruyen los acuíferos dada su gran profundidad. Del mismo modo, los pozos privados también tienen un efecto negativo sobre el nivel freático. Los mayores recuerdan que aunque antiguamente había largos periodos de sequía, venían otros de inundaciones. Por ejemplo, el 20 de octubre de 1921 hubo una riada que se llevó varios molinos y casas. Más adelante, en 1943 recuerda Gabriel que durante el temporal de la Pascua estuvo sesenta horas lloviendo y "se llevó el molino", aunque no queda claro a qué molino se refiere.

Había en el pueblo diferentes oficios. Aunque todos se hacían su propia casa, unos eran albañiles, otros escayolistas o trabajaban la madera y se les podía pedir ayuda o consejo. La matanza, en la que se sacrificaban cerdos y se aprovechaba todo el animal, constituía un acontecimiento anual para cada familia. Era una forma de preservar y tener carne para el resto del año. El padre de María era matador de cerdos, aunque no se trataba de un trabajo a tiempo completo. Además de estas especialidades, muchas personas trabajaban, al menos a tiempo parcial, como agricultores y/o pastores. Las mujeres criaban a los hijos, llevaban todas las tareas de la casa, trabajaban la huerta, cuidaban de los mayores e iban a por agua andando o en burra. Los hombres solían salir con las cabras al monte, a trillar en la era y a trabajar la tierra.

Había en el Marchalico seis eras, una de ellas comunal en la que se celebraban todo tipo de eventos. Antonio describe el momento de la piñata: "Le daban a uno un garrote, le tapaban los ojos y le daban unas vueltas. Entre dos pitacos y una buena soga se colgaba la cántara. Dentro había hasta ranas que pillaban del barranco". La versión moderna de este juego es menos cruel. Se les tapan los ojos a los niños y éstos tratan de romper la cántara, que al romperse liberará una catarata de golosinas. Ya no hay ranas dentro. Ley de bienestar animal.

Sin saberlo, los habitantes de El Marchalico convivieron con algunas formaciones geológicas de carácter único. Nos cuenta Antonio que a los túmulos de yeso los llamaban "bochas". Antes de la llegada de los geólogos, los habitantes de esta zona ya los conocían porque eran lugares donde los conejos se refugiaban y allí acudían con hurones para cazarlos. Usaban la Cueva del Roble, donde daban cobijo y encerraban el ganado, o la Sima del Roble, muy cerca de ésta y, según él, de más profundidad. También un túmulo gigante se conocía como la Cueva de José Ramón. Existía El Torcal del Marchalico, "un caos de bloques", y allí mismo, junto a un antiguo manantial, se encuentra la Cueva de la Pistolas, donde los milicianos ocultaron sus armas tras la Guerra Civil y que algunos niños encontrarían por casualidad años más tarde. Más pequeña y cercana al pueblo, tras el nacimiento de agua, estaba la Cueva de los Trancos, que servía como refugio a las parejas de novios.

El período que va desde finales del siglo XIX a finales del siglo XX fue una época de grandes cambios políticos, sociales y medioambientales. Se sucedieron la segunda república, la guerra civil, la dictadura franquista, la restauración monárquica y el periodo de transición a la democracia. Durante la dictadura no hubo partidos políticos pues estaban prohibidos. Me dicen que la gente de Sorbas estaba muy a favor de Franco, pero en el campo había más diversidad de opiniones.

Era arriesgado hablar de política. No obstante, en El Marchalico, parece ser que existieron personas de izquierda muy decididas a expresar sus ideas. Se cuenta un episodio en el que unos jóvenes fueron a quemar la imagen de San Diego, Santo de Gacia Bajo, una pedanía a unos pocos kilómetros en Sierra Cabrera. A algunos de los que cogieron los fusilaron en Sorbas, justo al lado de la Venta de la Viuda, en unas zahúrdas que había allí en las afueras no lejos del cementerio. Otros pasaron hasta tres años en la cárcel (sólo eran meros sospechosos). El periodo de la guerra todos lo recuerdan como algo horrible: miedo, saqueos, gente que desaparecía y ya no volvía. Muchos fueron a la guerra, pero la mayoría no volvieron.

El saqueo fue algo común. Aunque no se dice abiertamente de quién se trataba, «ellos» entraban a las casas y requisaban parte de la cosecha, lo cual dio lugar a una gran hambruna. Durante la dictadura fue cuando el pueblo quedó finalmente abandonado: era la época de las grandes industrias en el País Vasco y Cataluña. La gran mayoría de los habitantes de El Marchalico emigraron a Cataluña o a Francia, con toda la pena de dejar sus casas, sus huertas y la mitad de sus familias en estas tierras. La vida estaba cambiando y el dinero era necesario para vivir mejor.

Los que no emigraron fuera de Andalucía se quedaron en pueblos cercanos, como Turre, La Huelga, La Herrería o Los Gallardos, bien porque tenían familia allí, bien porque tuvieron más posibilidades de encontrar un trabajo remunerado. La última familia en irse fue el matrimonio formado por Gabriel Requena Padilla e Isabel Muñoz Galera, ya fallecidos, que se fueron a La Huelga más o menos en 1969.

El Marchalico cuenta aún con más de veinte casas en pie, todas con dueño pero igualmente saqueadas. Muchas de las losas de cerámica que cubrían sus solanas, las rejas de las ventanas y las tejas de los tejados han sido reutilizadas. Algunas se pueden ver en casas de pueblos cercanos. Al no vivir nadie en El Marchalico parece que no hay interés en preservarlo. El tiempo parece haberse detenido aquí, pero va pasando y las casas irán derrumbándose y volviendo a formar parte del yeso que una vez fueron. En unas décadas, cuando ya seamos historia, las casas no serán más que enigmáticos montones de escombros olvidados, posaderos para la collalba negra entre los duros y viejos algarrobos.

XXIII / **Eras y palomares**

Las grandes víctimas de la modernidad son la naturaleza, la diversidad de las tradiciones y las particularidades de cada lugar.

Natural History: An Annotated Booklist, en The Picador Nature Reader

Barry Lopez

La mies se trillaba en la era. Nótese la fecha tallada en la piedra. Barranco de la Abuela, El Fonte.

El rito anual

Por todo el levante de la provincia de Almería encontramos centenares de eras, un ejemplo singular de la arquitectura en piedra seca propia del entorno rural de la provincia. Después de la cosecha del trigo y la cebada, el cereal más extendido por estos contornos, se iba a la era y allí se trillaba. La ubicación del terreno era importante. Por un lado, había de ser un lugar alto donde no hubiera casas ni árboles que pudiesen impedir la acción del viento. Por otro, el cereal debía sembrarse cerca de la aldea. Muchas de ellas se encuentran en buen estado de conservación y son un hito en el paisaje agrario.

Hasta hace bien poco la era se usaba cada verano. Tras todo un año de trabajo llegaba junio y había que distribuir las tareas: las mujeres segaban el cereal mientras los hombres se encargaban de la trilla. Para protegerse del sol abrasador se levantaban de madrugada y acudían ataviadas con ropa de manga larga además de sombrero o pañuelo en la cabeza. La recolección se realizaba a mano, con hoces y utilizaban unos dediles de cuero para no cortarse con el borde cortante de la mies.

Iban en cuadrilla con un encargado, además de un atador para las gavillas. Otras faenas eran la de aguador o cocinero. Tras la recogida del cereal, las gavillas se amontonaban en la era. Luego venía la trilla, la separación del grano de la paja. Se extendían las gavillas y se metía una yunta de caballos, normalmente hasta cuatro, para arrastrar el trillo. En el centro de la era un hombre guiaba a los animales y otro se subía en el trillo para darle peso. Los caballos daban vueltas en círculo y se controlaba concienzudamente el trazado que describían para asegurarse de que el rulo quedase bien pasado. Dependiendo del tamaño de la era varias yuntas podían trillar al mismo tiempo sin chocar.

El trillo de pedernal fue un elemento clave. Tiene el tamaño y la forma de una puerta grande, con cuatro grandes planchas de madera, normalmente de pino, unidas con travesaños y clavos. Este tablero macizo mide entre un metro y medio y dos de largo. En su cara inferior presenta aproximadamente 1500 hendiduras en hilera hechas con martillo y escoplo. En cada hendidura se inserta una lasca de pedernal en posición de canto respecto a las planchas. Cuatro pequeñas ruedas de hierro le dan una altura suficiente para proteger las lascas. La parte delantera está curvada hacia arriba y tiene una argolla fuerte donde se amarra el ganado de tiro (mulas, caballos o vacas) con un balancín de madera. Aún se pueden ver estos trillos en tiendas de anticuario. Si quieres comprar uno ve preparando la chequera. En Lubrín, en el bar Los Molinos, aparecen dispuestos con el lado que contiene las lascas mirando hacia arriba. Para protegerlos los han acristalado.

Si el trillo era importante la horca no lo era menos. Con ella te asegurabas de que la mies más profunda de trigo o cebada pasase a estar arriba y fuese trillada. Estas horcas se hacían con una sola pieza de madera incluyendo tres, cuatro o cinco dientes curvos para manejar la paja cómodamente. Utilizando el fresno y el acebo, se iba dirigiendo la rama para que adoptase la forma correcta y formase una horquilla. La madera dio paso al metal y, como los trillos, las viejas horcas son ahora objetos decorativos en la pared de algún bar.

Después de varias horas de duro trabajo en equipo, la parva amontonada, ahora una montaña aplastada de color amarillo pajizo, estaba totalmente machacada. A continuación había que separar el grano de la paja. En *Al Sur de Granada*, Gerald Brenan describe la escena: "Después, cuando caía la oscuridad, comenzaban los preparativos para el aventamiento. Un grupo de hombres y mujeres se reunía en la era, se encendía un farol y alguien comenzaba a rasguear una guitarra."

Para esta criba era necesario que soplase el viento, que normalmente sólo llegaba durante la noche. Los niños y mujeres dormían al raso en pequeños refugios construidos con las albardas de los mulos. En cuanto sentían un aire suave en la dirección correcta comenzaban a trabajar. Se lanzaba al viento la mies revuelta con la paja. Brenan de nuevo describe este momento: "al subir y aproximarme a la era veía la paja flotando como una capa blanca sobre la brisa y el grano caer a plomo en un montón, como las monedas de oro sobre Dánae."

Al final, se usaba una pala para aventar incluso la paja más pequeña. Se barría el grano para formar un único montón en el centro y se llenaban los sacos o costales. La última tarea consistía en acarrearlos a los graneros o 'trojes' en la planta superior de las casas. Las eras se usaban no sólo para trigo y cebada sino también para avena y legumbres como garbanzos, guisantes y lentejas.

Eras

En la Sierra de los Filabres, Sierra Alhamilla, Tabernas y Sorbas encontramos las eras más impresionantes, las empedradas. Dado que los lugares en los que se hacían las eras raramente eran planos, era habitual cortar la ladera por un lado y construir un muro bajo que servía de retención e impedía que el grano y la paja se saliesen fuera. Su construcción era relativamente compleja y costosa, pero como contrapartida tenía la ventaja de ser muy duradera, especialmente si eran realizadas por manos expertas. Cabe destacar en este sentido a José Ramón Peña Martínez (1870-1938), albañil minucioso, cuyo trabajo aún se puede contemplar en el Cortijo de Zofre, a tres kilómetros de Uleila del Campo, junto a la carretera que va a Cantoria. También la formidable labor en piedra del Restaurante Casa Elisardo y la de la era en el cortijo de Las Palmeras. Una de sus obras es la era de Pepe Higinio, construida en 1920, llamada así en homenaje a su yerno. Es un magnífico trabajo de artesanía en las afueras de Uleila.

En el Barranco de la Abuela, en El Fonte, al norte de Sorbas, hay tres eras muy singulares. Una se construyó en 1862 y la segunda en 1899. En ambas se utilizó una losa de pizarra para realizar las inscripciones. La tercera tiene en el centro una piedra blanca de cuarcita de un metro de diámetro que contrasta con el color oscuro del resto de las losas. En Los Herreras, en la localidad de Cariatiz, el maestro de Lubrín, José Codina López, construyó en 1909 una era con losas de gneis extraídas de Los Castaños. Los radios la dividen en doce segmentos. Más cerca de Sorbas, en el Cortijo Urrá, la era está fechada en 1884 y conserva una mampostería impecable.

Alcudia de Monteagud tiene dos eras comunales construidas con losas de roca metamórfica de forma circular, la Era Grande, en la calle

Era, y la Era de Abajo, en la calle Tercia. La Era Grande, la era empedrada más grande de la provincia, se construyó en 1894 con un diámetro de cuarenta y cinco metros y una superficie de mil cuatrocientos metros cuadrados. Está dividida en noventa y seis sectores.

Existían las llamadas eras de tierra, más sencillas de hacer. Para su construcción se limpiaba el lugar de vegetación y de piedras. Para compactar la tierra se regaba y luego se apisonaba. Este tipo de era se encontraba más frecuentemente en el valle del Almanzora y en la Sierra de las Estancias. A veces los rulos de piedra o hierro podían ser cilíndricos para facilitar el trabajo de tiro del animal. Estas eras de tierra tenían usos específicos. En Cariatiz, por ejemplo, los vecinos llevaban los garbanzos a la era de Los Mónicos porque en las eras enlosadas el garbanzo se cascaba y rompía.

En los últimos años se han hecho intentos para la revitalización de las antiguas eras. Entre los lugares donde se han llevado a cabo iniciativas está la Era Grande en Alcudia de Monteagud; varias eras en Cariatiz, incluyendo la de Los Martínez, que hoy es un lugar para oír música, bailar, comer, beber o saltar a la comba, todo en sintonía con la recuperada romería de San Gonzalo de Amaranto; y la era de Pepe Higinio, en Uleila del Campo. Juan Ramos Peña me comenta que en Uleila la Fiesta de la Trilla, recuperada en 2012, ha tenido tan buena aceptación que continúa cada mes de julio. Estos esfuerzos nos indican que no todo está perdido para estos antiguos círculos enlosados.

Palomares

A la altura del kilómetro 730/731 de la autovía del Mediterráneo se pasa por las ruinas del Cortijo Los Arejos. Rodeado de palmeras, se trata de un conjunto sugerente de casas entre la autovía y la antigua carretera, la A1101 de Peñas Negras a Venta del Pobre. Se accede fácilmente desde esta última. Trepé por las ruinas a finales de 2011, encaramándome por los escombros y así observar más de cerca su interior.

Los muros que quedan en pie cuentan con nidales abovedados o palomares. La base de cada nidal queda parcialmente ocluida hacia el interior para evitar la caída de los huevos.

La cría de palomas era un elemento importante para la supervivencia de las familias; más concretamente, la carne de pichón ha formado parte del aporte proteico tradicional de los habitantes de este lugar. El palomino también resultaba un preciado abono antes de que los fertilizantes químicos acaparasen el mercado.

Los palomares solían ocupar los espacios superiores de los corrales, pero no era extraño dedicarles un lugar específico en la planta superior de las viviendas, algo fácilmente detectable si nos fijamos en los orificios triangulares que se dejan en los muros para la salida de las aves. A través de estas, las palomas podían volar libremente por el campo y alimentarse. Después, volvían para guarecerse y criar. Y aquí radica precisamente la triple ventaja de criar palomas: salían cuando querían, no necesitaban excesivo cuidado y siempre proporcionaban un excedente constante de carne para el consumo.

En determinados ámbitos de la comarca las palomas suponían tal aporte económico en carne y abono que se construyeron palomares como edificaciones independientes, algunos capaces de albergar miles de ellas. Estos palomares se situaban en los alrededores del cortijo. Algunos albañiles se especializaron en su construcción pero hoy en día ya no los encuentras por ninguna parte.

Geología local

Tanto para su aspecto exterior como para el diseño interior los palomares utilizaron materiales propios de la geología local. Encontramos diferencias de estilo según se hallen en el semidesierto de Tabernas, los paisajes pizarrosos de los Filabres o la zona kárstica de Sorbas.

Justo al norte de Tabernas, en el área conocida como el Pago de Gérgal, se encuentran las ruinas del cortijo de la familia Góngora. La parte superior tiene varios conjuntos triangulares de diez entradas, lo cual sugiere que toda ella era un palomar. No lejos, otra casa, pero sin ventanas, también tiene entradas justo debajo del tejado con las iniciales JAD. Se trata del palomar de Juan Alarcón. No he podido averiguar lo que significa la D.

Delante de la casa de nuestra amiga Lindy Walsh, en Cortijo Urrá, hay un montón de vasijas cerámicas, vasijas de paloma, según Lindy. No me atreví a preguntar entonces pero ahora sé que son arcaduces, o nidales cilíndricos, de unos veinte centímetros de diámetro y treinta de altura. Los hacían los alfareros de Tabernas y se ponían en la pared con un reborde de seguridad que evita la caída de los huevos y los pichones en la fase de cría.

Juan Antonio Muñoz, en un artículo dedicado a los palomares en el número 23 de la revista *El Afa*, aboga enérgicamente para que se haga una lista con los mejores y se proceda a su conservación. En este listado propone, por su visibilidad y elegancia, a los que se concentran en el pequeño cerro del Cortijo del Pastor; al palomar del cortijo de Madolell por su llamativo interior, o al de la Venta del Compadre por su tamaño y porte distinguido. También menciona la existencia de un peculiar conjunto en la barriada de Espeliz, justo al sur de la N-340a, al pie de Sierra Alhamilla, más o menos a unos cuatro kilómetros del cruce con la carretera de Turrillas. Se trata de diecisiete palomares alrededor de una calle central, que al objeto de hacerlos más visibles a las aves destacan por su altura y colorido. Un amigo me dijo que las palomas no ven la realidad en color, por lo que carece de sentido adornar los palomares con colores para que las aves los identifiquen. ¿O se trata de varias tonalidades de gris que los pájaros sí son capaces de reconocer? El caso es que cada uno de estos palomares tiene también un color para identificar a los dueños.

Existen una serie de palomares que se encuadran dentro de la llamada arquitectura negra. La Sierra de Filabres es una zona en la que abunda la pizarra, y de ahí viene el nombre. Para los pesados tejados su utiliza el barro y los troncos de ribera. El barro es un tipo de aglomerante y los troncos de ribera, procedentes de las orillas de las ramblas, se usan como sustento. Estas construcciones parecen incrustadas en la misma montaña. Las puedes ver en la ribera alta del Arroyo de Verdelecho, cerca de Olula de Castro.

Estos palomares, cuya misión principal era aportar palomino para los pequeños huertos situados en los valles, eran de base rectangular, normalmente de unos doce a quince por seis a ocho metros de planta. En su interior encuentras la totalidad de los paramentos con nidales cuadrados de pizarra. Las entradas se hacían en alto, generalmente justo debajo del tejado, para dificultar la entrada de alimañas. Aunque en un principio estos palomares no se encalaban, el blanco se ha ido extendiendo de tal manera que ahora los palomares rompen el paisaje oscuro de pizarra. Además del encalado se hacía un mantenimiento anual en los muros para tapar los agujeros que dan paso a roedores u otros enemigos del palomar.

En la zona kárstica cercana a Sorbas se usó abundantemente el yeso para la construcción de palomares. El palomar del Cortijo del Pilarico utiliza una estructura de siete metros de base circular con una torre de ocho metros de altura. Los nidales que conforman el columbario permitían albergar cerca de cinco mil aves. Por altura y volumen tiene más entidad que el cortijo al que pertenecía, lo que nos indica que en este caso la cría de palomas y venta de palomino era una actividad fundamental. Este edificio singular se ha derrumbado, igual que el cortijo de los Arejos, con el que empezamos esta breve reseña.

En muchos pueblos y cortijos los palomares aún existen pero raramente desempeñan su papel original. En muchos casos simplemente han sido abandonados y, como los anteriormente mencionados, han acabado por derrumbarse. No obstante, cerca de Lucainena, en Los Baños, el palomar, con sus nidales circulares y abovedados, ha sido rehabilitado como aula o sala de actividades. Es, a pesar de todo, la excepción que confirma la regla. Con la falta de fondos y de voluntad para catalogar y rehabilitar algunos de los mejores ejemplos de esta excepcional arquitectura autóctona, los palomares continuarán deteriorándose y la herencia que dejarán los alarifes llegará a su fin.

270

XXIV / **La carretera de las 100 curvas**

Cuánto anhelaba encontrarme una curva en la carretera —
aunque fuese el más mínimo giro—, algún tipo de alivio contra la
implacable eficacia de viajar en una continua línea recta.

Diarios del agua
Roger Deakin

Sinuosidad en el paisaje,
cerca de Los Molinos.

Contando las curvas

Vivimos a veinticinco minutos en coche de Sorbas y el tramo que va desde nuestra casa hasta allí es una carretera de montaña llena de curvas, la AL 1102 (aún aparece en algunos mapas como la AL-140). Esta carretera atraviesa el Paraje Natural del Karst en Yesos de Sorbas. Un día se nos ocurrió, sólo por gusto, contar las curvas desde nuestra casa hasta el punto en que llega al cruce con la N-340a (A 370 en algunos mapas), justo a un kilómetro más o menos de las afueras de Sorbas. El total resultó ser exactamente cien, aunque todo depende de dónde uno crea que empieza una curva y termina otra.

Primero hay que serpentear hacia abajo pasando por La Herradura, luego hacer un giro tremendamente pronunciado a la izquierda, que sigue descendiendo más hasta un puente casi insignificante sobre la rambla, para después subir una pendiente muy acusada hasta Los Rellanos. Al menos, así es como llaman los mapas a la pequeña aldea situada en la cima de la cresta, aunque en los últimos años ha aparecido un cartel hecho a mano que la anuncia como La Rellana. Desde allí serpentea de nuevo hasta Gafarillos. Aquí hay que girar a la izquierda y la carretera, relativamente nueva y diseñada para una velocidad constante de setenta por hora, traza una serie de curvas que descienden durante casi tres kilómetros hasta Peñas Negras.

Un giro a la derecha en el cruce de Peñas Negras nos lleva a la AL 1102 en dirección a Sorbas. Pronto pasa por debajo de la autopista, la autovía del Mediterráneo, y luego asciende de forma constante, alcanzando casi cuatrocientos cincuenta metros sobre el nivel del mar en la falda del Cerro Molatas.

Una vista impresionante

Un poco más allá, en una curva pronunciada a la izquierda, en la coordenada 58311046, hay un punto en el que puedes parar a la derecha y disfrutar de una vista completa y maravillosa. No es un mirador oficial pero es impresionante, sin duda uno de los mejores de la región para quienes les guste apreciar una excelente vista mientras se desplazan en coche.

Al frente, la AL 1102 pierde altura y luego cae haciendo una serie de curvas más pronunciadas hasta las casas de Los Molinos del Río de Aguas, que se agrupan en las laderas sobre la verdadera orilla derecha del río. A menudo, los que llegan acortan el nombre a Los Molinos o incluso a Los Mol, aunque los antiguos residentes españoles lo llamaban simplemente El Río. (Es posible que ya hayas leído mucho más sobre este pueblo en el capítulo 19).

En este punto estamos mirando en dirección noroeste. Por encima del pueblo se encuentra el prominente morro rocoso conocido como Peña del Águila. Inmediatamente detrás y mucho más lejos asoma como una mancha blanca la pequeña localidad de Uleila del Campo. Detrás de Los Molinos se encuentran los enormes acantilados y las formas caóticas de los desprendimientos de roca que constriñen el río de Aguas. Desde este punto Sorbas está más cerca que Uleila pero no se puede ver por las ondulaciones del paisaje. El horizonte lejano está formado por las crestas de la Sierra de los Filabres, y algo más al norte, en dirección nornoroeste, reluce el blanco santuario de Santa María de la Cabeza sobre el picacho cónico de Monteagud, a unos veintiséis kilómetros de distancia en línea recta.

Siguiendo en dirección norte, en el sentido de las agujas del reloj, encontramos los colores pastel de las pendientes que llevan a la planicie de yeso, el Karst en Yesos de Sorbas. Más a mano, en este mismo sentido, puedes ver mucho más abajo los molinos de agua abandonados de Carrasco. Sin embargo, nuestra vista se va inevitablemente a sumergir más a la derecha, en el profundo escarpe rocoso del Barranco del Tesoro. Esta maravilla de la naturaleza está eclipsada por una gigantesca curva de la autovía, que atraviesa el antiguo paisaje agreste con pilares de hormigón.

Joe Moran, en su libro *En las carreteras: una historia oculta*, aborda la sensación incómoda de tener ideas en conflicto en la mente: "no podemos mantener simultáneamente en nuestras cabezas estos dos impulsos aparentemente contrapuestos: reconocer la destrucción medioambiental, la alienación humana que provocan las carreteras, pero también el logro físico de todas esas suaves líneas de asfalto talladas en una tierra implacable». Se ajusta a lo que tenemos aquí: el misterioso Barranco del Tesoro parece magnificar el ruido del tráfico y lanzarlo hacia arriba, exagerando la violación visual de este espectacular paisaje.

Volvemos a la vista desde la curva en la AL 1102. Al rodear un poco más, hacia el noreste se alcanza a ver Garrucha y el mar Mediterráneo, a veinticuatro kilómetros. Girando de nuevo, hacia el este, las laderas se elevan hasta el Cerro de la Matica, de quinientos cincuenta metros de altura a sólo tres kilómetros de distancia, y luego, prácticamente hacia el sur, el perfil asimétrico de El Cerrón, de seiscientos dos metros. Más alto aún, seiscientos cincuenta y ocho metros y ligeramente más distante, el Cerrón de Hueli apenas asoma por la cresta intermedia. Al este-sureste, el Peñón Díaz se alza sobre una línea de escarpados riscos con el Cerro Quemado tras él. Desconozco la razón por la cual este último recibe tal nombre.

Detrás de esta enumeración de nombres de cerros y alturas está el puro placer de ver las laderas y crestas, una tras otra, difuminándose en la distancia, de modo que entre los Filabres y el Mediterráneo, efectuando una rotación de ciento ochenta grados, se puede abarcar una vista de unos setenta kilómetros de terreno excepcional.

En el sentido de las agujas del reloj, más allá de las numerosas ondulaciones del terreno, volvemos a encontrarnos con el lejano horizonte de la Sierra de los Filabres. Su punto más elevado se encuentra en el observatorio astronómico de Calar Alto, a casi dos mil doscientos metros sobre el nivel del mar. Desde cincuenta kilómetros sus esferas blancas resplandecen entre la nieve de la cresta de los Filabres.

Descenso a Los Molinos y subida de nuevo

La AL 1102 se hizo en los años sesenta. Pagaban diecisiete pesetas al día a los peones. En contraste, a los que trabajaron en 1962 como

274

extras en *Lawrence de Arabia* les dieron ciento cincuenta pesetas al día.

El firme es bueno porque los camiones de la enorme cantera del Peñón Díaz lo utilizan constantemente para acceder a la autovía y la empresa que explota la cantera financia su mantenimiento, o eso me han dado a entender. En su punto más bajo, conforme las curvas se hacen más cerradas en el Barranco los Barrancones, un camino se abre hasta la parte más baja del pueblo. A unos pocos metros en esta dirección hay un monumento conmemorativo bien cuidado recordando que Francisco Sáez Hernández y Juan Cayuela García «fallecieron en este lugar» el 2 de noviembre de 1988. Es conmovedor, y más aún al no indicar cómo murieron o qué edad tenían.

Sospechando que Lindy Walsh pudiese saber lo que realmente ocurrió la llamé un día y me quedé atónito al saber que ella estaba de hecho en Los Molinos cuando ocurrió el accidente. Era de noche, algo tarde. Había llovido y el firme estaría resbaladizo. Al parecer se salieron de la carretera y se estrellaron contra el fondo del barranco.

La mayor parte del pueblo se encuentra por debajo de la carretera bajo los imponentes riscos de la Peña del Águila. Una vez que llega a la meseta y se nivela es posible aparcar y dar un paseo hasta la cima de este afloramiento. El tramo final de esta corta caminata es empinado, pero la recompensa es otro panorama fascinante.

Unos metros más adelante en dirección a Sorbas, un camino sale a la izquierda. Conduce a una cantera de yeso y es utilizado por un flujo constante de camiones pesados. También es el camino para llegar al pueblo abandonado de Hueli, que merece la pena explorar. Más allá hay un sendero a la cumbre de Cantona, a setecientos cincuenta metros, con una gran vista hacia el valle de Mizala.

Poco después de pasar la carretera de la cantera está el Mirador de Urrá. Fue creado en un terreno cedido al ayuntamiento de Sorbas por Lindy y Bill Walsh. Hay un aljibe profundo reconstruido para embellecimiento del mirador. Junto a unos eucaliptos hay paneles informativos con un mapa que muestra las joyas botánicas de este emplazamiento. Entre las plantas endémicas de la estepa kárstica se encuentran el romero, el narciso y la jarilla de Sorbas. También hay otro panel que explica el origen de su cuenca y la formación de la meseta de yeso. Antes de que existiera el mirador había en este lugar una casilla de peones camineros.

Menos de un kilómetro después del mirador se encuentra el del Barranco de Hueli o del Peral (tiene varios nombres). Bastante espectacular en su parte central, aunque cubierto por la vegetación, suele estar seco como la mayoría de los lechos fluviales de esta zona.

Hacia Sorbas ya son visibles las casas del Centro de Estudios del Medioambiente; tras un par más de curvas, se pasa el camino a la derecha que lleva a Urrá. Pronto hay un largo tramo de bajada que conduce a las Cuevas de Sorbas. Un poco más allá llega otra rambla afluente desde el sur. Se trata del Barranco del Infierno.

Inmediatamente después hay una curva pronunciada sobre el puente del río de Aguas y otra breve subida para alcanzar la N340-a, todavía conocida como la carretera nueva pero construida en la década de 1890 para unir Almería y Puerto Lumbreras. Aquí termina la A 1102, nuestra carretera de las 100 curvas. Poco después giramos a la izquierda y llegamos a Sorbas, donde la carretera pasa por debajo de las casas colgantes suspendidas al borde del desfiladero de El Afa.

Vehículos camuflados y moteros

Solemos conducir por la AL 1102 y con frecuencia vemos coches tomando las curvas con elegancia. Vienen del Centro de Experiencias de Michelín en el Cabo de Gata a probar neumáticos. También es frecuente encontrar moteros trazando la curva con las rodillas casi rozando el asfalto. Suele haber uno cámara en mano para captar el momento.

Propongo que alguien escriba un libro titulado *Las 100 mejores carreteras para moteros de Europa* e incluya la AL 1102. La AL-P 117 Los Gallardos-Bédar-El Marchal tiene una mención en Google y recibe una calificación de cinco estrellas: "poco tráfico reseñable y vistas espectaculares de la costa y el entorno". Quizás la presencia de camiones procedentes de las canteras sea el motivo de que no se incluya nuestra sinuosa carretera, la AL 1102. Por otra parte, tenemos la AL-P115 que va desde el norte de Sorbas a Lubrín, y sin duda otras muchas otras carreteras hermosas aún por descubrir que no aparecen en la lista. Equipos ciclistas profesionales de varios países han valorado positivamente estas serpenteantes carreteras de montaña, eligiéndolas para entrenar en pretemporada.

Si echas media hora para llegar al pueblo más cercano, o al banco más próximo, o a la oficina de correos, o a comprar harina en la panadería, no podrías encontrar otra carretera tan espectacular para pasar ese tiempo como nuestra AL 1102.

XXV / Notas de campo desde las colinas

En la novela vale todo, con tal de que vaya contado con sentido común; pero en la geografía, como es natural, ya no vale todo, y hay que decir siempre la verdad, porque es como una ciencia.

Viaje a la Alcarria
Camilo José Cela

Cerro de la Mezquita, Sierra Cabrera.

En el corazón de Sierra Cabrera

Las carreteras se retuercen en dirección suroeste desde Turre pasando por Sierra Cabrera hasta llegar a Cortijo Grande y Cortijo Cabrera, dos localidades habitadas casi en exclusividad por británicos. Más allá siguen hasta el sur del saliente de Loma del Colorado, donde otra carretera se desvía con una fuerte pendiente hacia el sur. Después de una serie de curvas llegas a una pequeña capilla blanca que data de 1889 y a un grupo de casas encaramadas en el Cerro de la Mezquita. Se trata de La Carrasca, una aldea que ahora está renaciendo.

Hasta aquí nos hemos desplazado un día de finales de octubre para hacer una caminata organizada por la Asociación de Vecinos La Carrasca y el Club de Montaña Amigos de Sierra Cabrera. Poco a poco va apareciendo gente y un puñado de perros. Tras el preceptivo discurso de los monitores nos ponemos en marcha.

Atravesando algunos huertos pronto llegamos a la Fuente de Abajo. Las mujeres la utilizaban para lavar la ropa, y tanto el depósito de agua principal como los lavaderos contiguos están en buen estado. Pregunto a un lugareño cuántas personas viven ahora en La Carrasca a tiempo completo. "Bueno", dice, "están uno de mis hermanos y su mujer, y un hijo y una hija. Y yo estoy jubilado pero estoy cinco días a la semana, luego voy a Almería un par de días". Pronto llegamos a la Fuente de Arriba, que se encuentra en buen estado y dispone de agua potable. «Llenen sus botellas», anuncia Eduardo Sánchez, uno de los guías de la ruta, "no hay más fuentes después".

Los lugareños tienen nombres para cada parte de su entorno y éstos no se corresponden con lo que aparece en los mapas. Subimos hasta el Pozo Pablo antes de tomar un sendero apenas perceptible que atraviesa un empinado valle por La Trocha (no figura en el mapa) y el Cruce de la Manga (tampoco está en el mapa).

El viejo lugareño con el que había estado hablando antes nos dice que los cazadores venían aquí a cazar porque no había guardia civil. Señala un edificio lejano al que llama el Cortijo de Faína y se lanza a contar la historia de una mujer de Carboneras que vivió allí. Entre que su acento es muy cerrado y que mi español no es muy bueno, los detalles que me quedan de la historia son confusos. Por cierto, no hay ningún Cortijo de Faína en el mapa.

Pasamos por delante de algo que aquí llaman 'puesto', esto es, un escondite circular de piedra seca con una entrada estrecha para cazadores. Tiene un metro de altura y se cubre de ramitas de vegetación para que parezca parte del paisaje. A unos quince metros hay un pequeño mojón de piedras. Pedro, el lugareño, lo explica: los cazadores ponían una perdiz hembra enjaulada sobre el mojón y sus reclamos atraían a los machos. No estoy seguro de que esta práctica sea ilegal, pero he visto muchos cazadores en Sierra Cabrera que las siguen utilizando.

Nos adentramos en el Barranco de Faína en dirección hacia dos grupos de peñascos impresionantes. "Antes había buitres, ya no. Sólo se ve algún águila real", dice Pedro. La ley ya no permite dejar el ganado muerto en el campo y por tanto no hay carroña. Las águilas capturan presas vivas como conejos, palomas y perdices. Unos meses más tarde, en una conversación entre nuestro vecino español José y un amigo nuestro rumano, Calin, oigo que la ley ha cambiado y se ha vuelto a legalizar el abandono de animales muertos en el monte con el fin de animar a los buitres a volver a los lugares que solían frecuentar.

A estas alturas paramos a comer y por fin saco mi mapa. Me acerco a Javi, el presidente del Club de Montaña, para confirmar que estamos en el Collado de Faína y me dice que es el Collado del Portillo.

Tras reponer fuerzas continuamos hacia la Rambla de Los Jarales. Esto nos lleva a una pequeña llanura que nos dicen que es la Era de Los Borrachos. A partir de aquí nos desviamos hacia el norte por un sendero bien marcado que asciende hasta un paso en la ladera del Cerro de La Mezquita. A pesar de la niebla la panorámica es una maravilla. Ves más allá de Uleila del Campo y Bédar, en la Sierra de Filabres, hasta Garrucha, junto al Mediterráneo.

El Cerro de la Mezquita, elevado sobre la aldea de La Carrasca, es con sus 962 metros el punto más alto de la Sierra de Cabrera. He estado una vez en la cima, o más bien sus dos cimas, de casi igual altura (962 metros y 960 metros), separadas unos doscientos metros. Son lugares abiertos y luminosos, de superficie calcárea singularmente erosionada y vegetación baja. Uno de ellos tiene un vértice geodésico y un pequeño mástil, el otro un pequeño edificio tipo cobertizo y también otro mástil. No son lugares vírgenes pero tienen un aire salvaje. Al día siguiente de nuestro paseo Eduardo comenta que el Ministerio de Defensa piensa destruir la cima para construir un radar. Este proyecto de "comunicaciones inteligentes", cuyo coste es de ochocientos cincuenta mil euros, supondrá la construcción de una nave equipada con un sofisticado radar en un recinto que abarcará al menos dos mil quinientos metros cuadrados.

En julio de 2013 vuelvo a este lugar. Veo un almacén protegido por una valla de alambre y un muro de hormigón. Es feo e indiscreto pero no es tan malo como esperaba. Por lo menos, todavía se puede estar junto al vértice geodésico y, mirando hacia el sur, tener una idea de cómo era esta montaña.

Buscando granates

Nos han hablado de un lugar donde se pueden encontrar granates. Una pareja de amigos y su hijo de cinco años están con nosotros en casa. Les interesa todo. ¿Qué mejor que ir en busca de un tesoro? Dirígete por la autovía del Mediterráneo y toma la primera salida hacia Níjar (km 747) si vienes del levante. Al final de la rampa de salida hay una pista polvorienta paralela a la autovía desde donde se divisan dos escarpados afloramientos enfrentados por un montecillo. Se ve claramente un camino hasta el punto más bajo de ese montecillo. Está a apenas un kilómetro de donde hemos dejado la autovía.

Dejamos el coche y tomamos el sendero. En pocos minutos de subida nos encontramos con una enorme depresión circular. Se trata del Hoyazo de Níjar, el cráter de un volcán que emergió de un mar poco profundo que cubría esta zona hace unos seis millones de años. Los afloramientos que se alzan a ambos lados son los restos de los arrecifes de coral que se desarrollaron en las aguas cálidas que rodeaban el volcán. La brecha que hay entre ellos, en la que estamos parados, es por donde la erosión posterior ha roto el borde del cráter.

Este corte en el borde del cráter se conoce como la Rambla de la Granatilla y fue un abanico aluvial depositado por las aguas de esta rambla. Justo al sur del cráter se encontró un mineral muy resistente a la erosión, unos pequeños nódulos de color rojo oscuro. Son los granates. Etimológicamente significa eso, rojo oscuro. Del latín "granatus", grano, es posible que sea una referencia a *Punica granatum*, la granada, un árbol cuyas semillas, con un poco de imaginación, son similares en forma, tamaño y color a los cristales del granate.

La mayoría de los granates tienen entre dos y cuatro milímetros de diámetro, algunos ligeramente más grandes. En su mayoría son euhédricos, esto es, que tienen caras afiladas y reconocibles, aunque algunos están más redondeados. El hijo de nuestros amigos, Archie, está fascinado, pero quizá no más que nosotros, los adultos. Al cabo de una hora hemos recogido un buen botín. Luego he sabido que es ilegal sacar granates de este sitio. El cielo amenaza lluvia y hace fresco. Por hoy es suficiente. Es hora de ir a Níjar para celebrar la caza del tesoro con un café, unas tapas y, quizás, un helado para Archie.

Los granates constituyen casi el uno por ciento de la roca volcánica. Estaban presentes en los esquistos de las profundidades del volcán y desde allí fueron arrastrados hacia arriba durante los periodos de actividad volcánica. Hay muchos tipos de granates en el mundo. Los del Hoyazo de Níjar son de la variedad almandino. Cuando los granates muestran cristales bien perfilados se utilizan como joyas semipreciosas. No es nuestro caso, aunque algunos estén facetados y son atractivos.

En la escala de Mohs el granate tiene una dureza de siete a siete y medio en una escala sobre diez, lo que los hace ideales para usos industriales en papel de lija, discos abrasivos, etc. Al parecer, los ebanistas también utilizan el papel de granate para el acabado de la madera.

A principios del siglo XX la explotación del granate era importante en esta zona. Tuvo su punto álgido en 1933 y luego empezó a declinar. Posteriormente durante unos años una empresa privada llamada Garnetkao S. L. reanudó la explotación en 1996. El proceso consistía en recoger la arena rica en granos, cribarla, separarla por medios magnéticos y, a continuación, lavar y triturar los granates para producir un polvo abrasivo.

Mi fuente de información es un artículo de tres geólogos españoles en Internet que dice: "El producto final que se obtiene es un polvo rico en granate de ochenta mallas, y el rendimiento medio se estimó en seis toneladas diarias". Parece una cantidad astronómica por día, pero indica la abundancia que existe en el yacimiento del Hoyazo de Níjar.

Mi amigo Joe Evans me dice que también ha encontrado cristales blancos claros en el mismo lugar. Los describió como fragmentos de parabrisas rotos pero un coleccionista le ha dicho que son zafiros blancos. Que yo sepa, todavía no los ha vendido.

Ruta Teresa

Hacemos otra ruta de senderismo en el corazón de Sierra Cabrera. Desde el punto de encuentro, la plaza principal de Turre, el guía sale rugiendo en su todoterreno. Le seguimos en dos vehículos. Toma la antigua carretera hacia Cortijo Grande sin esperar a nadie y continúa subiendo otros tres kilómetros. Parece no darse cuenta de que nadie le sigue.

Por fin tiene la delicadeza de detenerse junto a un cartel informativo que anuncia la Ruta Teresa. El guía se llama Javi y es el que no sólo ha estado marcando las rutas de senderismo sino también ideando los recorridos. Al cabo de un rato llegan más vehículos, gracias a que uno de ellos lo conduce Eduardo Sánchez y conoce a fondo estas montañas.

A las diez, por fin, estamos listos para ponernos en marcha. Tras recorrer un par de cientos de metros siguiendo un sendero contemplamos un edificio en ruinas, sin tejado aunque con paredes altas y sólidas. Una collalba negra revolotea cerca mientras Eduardo nos da una explicación detallada.

Se trata de la Ermita de Teresa, construida en 1505 sobre una mezquita. Hubo un gran asentamiento morisco en este lugar y aprovechando que había mucha agua, dice Eduardo, se dedicaron a la cría de gusanos de seda.

Seguimos el camino y encontramos otro cartel que informa de que los pueblos de Teresa y Cabrera pudieron haber surgido ya en el siglo VIII y, sin duda, son anteriores a la fundación de Turre. Teresa está totalmente despoblada y Cabrera, a unos tres kilómetros, es ahora un asentamiento de alto nivel ocupado principalmente por británicos. Los pueblos se fundaron aquí porque en aquella época disponían de abastecimiento fiable de agua y las montañas ofrecían protección contra los piratas que merodeaban por la zona.

Algunos de los participantes recorren la corta distancia hasta la cascada, actualmente seca. Rocas bellamente esculpidas por el agua brillan al sol, indicando el lugar donde se forma una cascada cuando llueve mucho. Las adelfas de flor rosada aportan un toque de color a la grava gris del lecho seco. El camino se estrecha a través de una hendidura rocosa y llegamos a una antigua acequia árabe.

Al poco, tras otra fuerte pendiente está la Rambla de las Chozas, que vierte al Río de Aguas en el Llano del Pino. Veo granados, con sus flores lustrosas de tonos escarlata. En algún lugar cercano escucho el canto delicado y aflautado de una oropéndola y el tintineo de los trigueros. En la Loma del Colorado distinguimos dos grandes rapaces que juegan con las corrientes de aire, bajando, ascendiendo y jugueteando mientras caen en picado. Diría que son águilas perdiceras.

A estas alturas hay un murmullo generalizado entre la multitud, y es que es mediodía y hay hambre. Aparte de las explicaciones de Eduardo y Javi al principio, no ha habido paradas para descansar, explorar, rehidratarse o hacer preguntas. Se corre la voz de que la parada va a ser en los algarrobos. Ahí es donde vamos a dar buena cuenta de los sándwiches de huevo y tomate que con tanto esmero hemos preparado. Sin darnos tiempo siquiera a terminar el grupo se levanta y se pone en marcha.

Pasamos por encima de las ruinas del Cortijo Ortiz, desde donde se ven corrales de cabras al abrigo de grandes árboles en la Rambla del Azogador. Un nuevo y empinado sendero serpentea en dirección este. A veces proporciona una diminuta sombra pero la subida se hace agotadora e interminable. Nos acompaña un perro que tiene dificultades para mantener el ritmo. Eduardo decide cogerlo y se lo pone a modo de bufanda alrededor del cuello. Al perro aún le quedan energías como para agradecérselo agitando la cola y dándole lametazos en las orejas al mismo tiempo.

"¿Cuánto falta?", pregunta alguien. La respuesta habitual viene de Javi, "alrededor de un kilómetro". Afortunadamente, este tramo final de asfalto es casi todo cuesta abajo. Un cartel bien grande anuncia que con financiación europea se han invertido 1.361.672 euros para restaurar los paisajes dañados en los incendios de 2009. Dada la falta de lluvia desde hace semanas y la sequedad extrema de la vegetación, el mensaje del cartel nos invita a reflexionar mientras pausadamente recorremos estos últimos kilómetros.

XXVI / Explorando los mapas

Los unos por una razón, los otros por otra, aprecian, aman, adquieren y usan los mapas.

Los amantes de la verdad, 1570
John Dee

Mina de bentonita a cielo abierto, Cantera de Los Troncos.

Los mapas españoles

Al ser británico y geógrafo estoy acostumbrado a los mapas elaborados por el Ordnance Survey, la agencia nacional de cartografía de Gran Bretaña. El equivalente español es el Mapa Topográfico Nacional a escala 1:25.000. La hoja del mapa que muestra dónde vivo es la 1031-4, El Llano de Don Antonio, una interminable sucesión de retorcidas curvas de nivel de color marrón que se estrechan a medida que te acercas al Cerro de la Mezquita. Los contornos no cambian con el paso del tiempo pero la hoja en cuestión se reimprimió por última vez en 2010 basándose en vuelos fotogramétricos anteriores. Esta es una de las desventajas de los mapas en papel: no se pueden actualizar ni reimprimir con gran frecuencia.

Una característica de los mapas españoles que me gusta es la presencia de sombreado y símbolos para indicar la amplia variedad de usos del suelo. Te revelan si una zona es un bosque frondoso, si es viña con frutales, si hay lava en el terreno, etc. Son pequeños y manejables. Examinar uno a fondo por un modesto precio de compra (tres euros y medio en 2022) es instructivo y entretenido.

Los encuentras en Almería capital y también a veces, y de forma bastante imprevisible, en algunos pueblos de la provincia. La fuente oficial es el Instituto Geográfico Nacional, cuya sede en Almería está en el edificio del Laboratorio Geofísico y Sismológico, ubicado en el Camino de la Sismológica, número 26. Su teléfono es el 950 759 210 y está abierto de nueve a dos en días laborables.

La forma más fácil de hacerse con uno es a través de Internet. Entras en la tienda virtual de www.ign.es. Escribe la localidad que busques, por ejemplo, Lubrín. Aparecerán cuatro mapas que tienen el número de identificación 1014, a saber, 1014-1 Albanchez, 1014-2 Cuevas del Almanzora, 1014-3 Lubrín y 1014-4 Vera. Haces clic en "Añadir" a tu cesta y procede como en las compras en línea.

Durante varios años he tenido algunos de los mapas de esta serie, pero hace poco me rasqué el bolsillo y solté otros cincuenta euros, más o menos, para ampliar mi cobertura. Desde entonces he disfrutado muchas horas simplemente examinando zonas que no conozco bien para ver qué puedo aprender.

Por ejemplo, justo en el interior del pueblo costero de San Miguel de Cabo de Gata se encuentra un extraño patrón de carretera que corresponde al Centro de Experimentación de Neumáticos. Creado por Michelín en 1973 cubre ahora un área de cuatro mil quinientas hectáreas de pistas en las que se prueban todo tipo de neumáticos, desde los de bicicleta hasta los enormes de *dumper*. Michelín eligió este lugar por las escasas precipitaciones y temperaturas de la zona. Se llega desde Ruescas pero está prohibido su acceso al público en general.

Otro patrón sinuoso sorprendente es el que aparece al norte de Velefique (hoja 1013-3 Velefique), en la Sierra de los Filabres. La carretera asciende más de un kilómetro vertical en sólo trece kilómetros. La pendiente media es de casi del ocho por ciento, con un desnivel máximo del once por ciento. Los nombres y los mensajes pintados en blanco en la carretera indican que esta subida es una de las favoritas para los organizadores de carreras ciclistas.

Los contornos se arremolinan y retuercen en patrones caóticos al sur-sureste de la pequeña localidad de Macael, donde se encuentran sus famosas canteras. La zona se puede ver de cerca desde la A-349 en el corazón de la Sierra de los Filabres.

En la costa la carretera entre El Pozo de los Frailes y La Isleta del Moro conduce a la pequeña aldea de Presillas Bajas. A un poco más de un kilómetro al norte el mapa muestra una disposición claramente circular de las curvas de nivel, como un cuenco. Se trata del extinto cono volcánico de Majada Redonda, al que se puede acceder tomando el conocido sendero de la Caldera de Majada Redonda. Está señalizado y es una ruta sencilla. Recorre el corazón del Parque Natural y es poco probable que te encuentres con alguien.

Una última observación: si resides en Mojácar, comprar tu hoja local es una mala inversión. Esto se debe a que más del ochenta por ciento del mapa está ocupado por el sombreado continuo de azul pálido del mar Mediterráneo.

288

Un mapa del Parque Natural Cabo de Gata-Níjar

Los mapas que elabora la Junta de Andalucía de sus Parques Naturales son excelentes. El de Cabo de Gata-Níjar, a dos caras, en papel resistente e impermeable, es un ejemplo. Al norte del Centro Experimental de Michelín comienza un extenso conjunto de bloques de color malva, los invernaderos, que se van extendiendo hasta rodear las localidades de San Isidro de Níjar y Campohermoso. Otros símbolos, como los de gasolineras, aljibes o canteras hacen que el mapa sea muy fácil de interpretar. El sombreado de colores para los diferentes tipos de uso del suelo también ayuda.

Los mapas muestran las canteras pero no se nos dice lo que se extraía de ellas. Sólo en una guía de bolsillo del Cabo de Gata hay unas cuantas etiquetadas como minas de bentonita (a cielo abierto). En la Cantera de Los Trancos, entre Agua Amarga y Fernán Pérez, hay numerosos montículos de arcilla blanca con una leve tonalidad verde pálido. Creada por la alteración de rocas volcánicas, la bentonita es de tacto graso y muy plástica, capaz de absorber una cantidad de agua. Se usa como lodo de perforación, para preparar moldes en la fundición e incluso se emplea como clarificador de vinos y aceites. Mi amigo Pete Adeline, alfarero de gran talento, me comentó que la bentonita es también un aditivo esencial para casi todos los esmaltes cerámicos. Una pequeña cantidad añadida reduce la sedimentación de las partículas del esmalte. Por cierto, algunas personas ingieren bentonita para hacerse un buen lavado intestinal.

Hay también códigos de colores para las zonas marinas catalogadas como praderas de fanerógamas y algas marinas, la posidonia, una especie de hierba marina endémica del Mediterráneo que forma grandes praderas. Su presencia es sinónimo de ausencia de contaminación y crea un rico hábitat fundamental como zona de reproducción para peces jóvenes.

Este mapa, pues, es magnífico en términos de presentación, resistencia y facilidad de uso. Qué pena que no haya mapas tan buenos disponibles para el resto del país.

Topónimos

¿Conoces el significado de cerro, collado, loma, pago, peña o peñón, puerto, rincón, rellana, alto o risco?

Collado normalmente se refiere a un paso entre colinas o montañas. Un pago, del latín *pagus* (país), se refiere a un terreno relativamente pequeño (su área puede abarcar desde una hectárea a no más de cinco mil kilómetros cuadrados). Cañada significa barranco o bien hondonada, pero también puede referirse a un camino para el ganado. En las zonas menos accidentadas se puede encontrar llano y prado. En la costa están punta, cala o ensenada (entrada del mar en la tierra formando un seno donde pueden fondear los barcos para abrigarse del viento; es de dimensiones menores que una bahía).

La mano del hombre nos da algunos términos más como huerta, puente, cortijo, cortijada y molino. A menudo, los nombres son simplemente descriptivos. Por ejemplo, honda o ancha referido a una rambla. Otros nombres son igualmente claros y directos: Cerro de la Piedra Blanca, al noreste de Cariatiz; Las Cuevas Frías, al oeste de Mizala; y La Huerta Nueva y el Cerro Redondo, al sur de Los Gallardos. La Herrería es bastante clara: se refiere a la actividad del herrero, pero La Herradura se refiere a la forma del paisaje.

La vegetación viene descrita sin rodeos: las encinas o robles, Los Chaparrales, al sur de Tahal; Las Avellanas, Los Castaños y Los Algarrobos, en Sorbas. Y también es sencilla la forma de referirse al riego: Cortijo de Boqueras nos recuerda que se hacía mediante presas o diques que desvían el agua hacia los bancales.

Otros nombres son más desconcertantes; por ejemplo, Cortijo de la Cueva Ahumada. ¿Y qué decir de la Cruz del Rojo? ¿Tiene alguna significación política? Y a cinco kilómetros al suroeste de Níjar, ¡el Alto de Narices! En la costa encontramos la Punta de la Media Naranja, la Playa de los Muertos, la Cala de los Toros y el Arrecife de las Sirenas.

También hay personas cuyos nombres han pasado a los mapas (epónimos). Al sur de Turre, en Sierra Cabrera, se encuentran el Cerro del Judío, el Risco del Moro y el Diente de la Vieja. También cerca de

Turre está el Llano del Gitano. Los norteafricanos vuelven a aparecer a cinco kilómetros de Níjar en la Umbría del Moro. El topónimo Los Zurdos aparece en una zona montañosa de Sierra Cabrera, al noreste de Peñas Negras. Tenemos amigos que viven en Los Guapos, cerca de Lubrín, pero no conocemos a nadie que viva en la Cortijada Los Feos, cerca de la Venta del Pobre. Entre mis favoritos están el Corral de Juan Cipriano, el Cortijo de Paco el Americano y, a pocos kilómetros al suroeste de Níjar, el Camino de la Cuesta de Juan Grande.

¿Y la fauna? La Loma de la Víbora no está lejos de Sorbas. Al sur del antiguo escenario cinematográfico Oasys MiniHollywood se encuentra el Barranco del Grillo; ¿y qué decir del Cerro del Piojo, cerca de Vera? Los conejos aparecen en el Rincón del Conejo, en las colinas agrestes del Arroyo Verdelecho o en el casi idéntico Rincón de los Conejos, en Mojácar; de nuevo, a tres kilómetros al oeste de Níjar, el Cerro de los Conejos. Por encima del pueblo de Bayarque, en los Filabres, está el Alto de la Peña de la Zorra. Es de suponer que el empleo de zorra aquí no tiene relación con el término malsonante aplicado a las prostitutas.

Lo más cerca que puedes ver lobos es a doscientos kilómetros de distancia, en Sierra Morena, pero hay gran cantidad de pruebas cartográficas que sugieren que una vez estuvieron muy extendidos por aquí. El Barranco de los Lobos está cerca de Sorbas. El cerro con dos cimas al sur de Gafarillos es el Cerro de los Lobos. Justo al este de ese cerro se encuentra el pueblo de Los Loberos, y a pocos kilómetros al sur de esta localidad está El Salto del Lobo. También está el pueblo de Los Lobos, en la falda noroccidental de la Sierra Almagrera, no lejos de Cuevas del Almanzora. Por último, a diez kilómetros al oeste de Níjar, se encuentra el Cerro de la Fuente del Lobo. Cuando el término lobo aparece en la costa, como en Torre de los Lobos, la referencia es a los lobos marinos, las focas monje. Sin duda, este es también el caso de la playa Cueva del Lobo, en Mojácar.

Las águilas abundan en la toponimia. Está El Águila, sin más, a un kilómetro de Alfaix; el Cerro del Águila y el Alto del Águila, en Verdelecho; el Risco del Águila, a seis kilómetros de Carboneras, etc.

Justo al sur de Uleila del Campo se encuentra la Vereda de los Aguileras. A tres kilómetros al noroeste de Tabernas hay un cerro al cual llaman El Búho, con la Fuente del Búho y la Rambla del Búho en sus proximidades, mientras que a tres kilómetros al suroeste de Macael está la Piedra del Halcón. En la costa se encuentra la Cala del Cuervo.

Los pájaros más pequeños asoman de vez en cuando. En el mapa de Lucainena está la Piedra de las Golondrinas. Justo al sureste de Tabernas, Los Abejarucos. A dos kilómetros al noreste de El Pozo de los Frailes se encuentra el Cerro del Mochuelo; y a seis kilómetros de Agua Amarga, El Mochuelo. La Hoya de la Perdiz está en Uleila. Cómo no, las palomas tenían que aparecer. A cuatro kilómetros al sur de Turre está la Majada de las Palomas, y cerca de Antas se encuentra la Cañada de las Palomas.

En marcha

Una doble línea con el nombre Cordel de Ganados (vía pecuaria) destaca en la esquina noreste del mapa de Los Yesos (hoja 1030-2). Cuando llega a la AL-3325 cruza y continúa como Camino Viejo de Uleila. Luego, surge toda una red entre los que cabe destacar el Camino del Vicario, el Camino del Pastor, de las Majadas, etc.

Otro Cordel de Ganados atraviesa el mapa del Arroyo Verdelecho, llegando a Gérgal. Pasa por la Plataforma Solar de Almería y enlaza con el Camino Viejo de Uleila.

Níjar está plagada de antiguos caminos: el Camino de Turrillas, el Camino de Terrones, el Camino del Cortijo de Acosta y el Camino de Talva. Se trata de rutas de trashumancia, utilizadas para trasladar el ganado desde los pastos de invierno en las tierras bajas hasta los pastos de verano en las montañas. El traslado de animales a pie era antiguamente una gran actividad. (Para más información, véanse los capítulos 10 y 27).

En los caminos no podían faltar las posadas o ventas. Si seguimos el tramo desde Los Gallardos hacia el oeste pasamos primero por la pe-

292

culiarmente llamada Venta del Chocolate, en Almocáizar, y luego por la Venta los Castaños, en la aldea del mismo nombre. Sobre esta venta en particular hay un artículo fascinante escrito por Andrés Pérez, en *El Afa* número 39 (Verano 2022).

Seguimos con las ventas. La Venta de la Tencia aparece justo al sur del Cortijo el Aguarico. También antes de Sorbas estaba la Venta de la Viuda, cuyo nombre todavía está pintado en el edificio, si bien hace tiempo que cerró el negocio. Más allá están la Venta Llana, la Venta de la Mojonera, la Venta del Viso, la Venta de los Yesos, tristemente demolida en 2022, y la Venta del Compadre. Esta última sigue abierta y funcionando a pleno rendimiento. Sus paredes están profusamente recubiertas de cabezas de animales sacrificados y no extraña ver allí a muchos cazadores. Es un lugar para los amantes de la carne; te costará encontrar variedad de opciones vegetarianas.

Algunas cosas están en los mapas y otras no

Junto a la carretera N-340A Sorbas-Tabernas encontramos un destacado autódromo, el Circuito Costa de Almería. Tiene cuatro kilómetros, con trece curvas y una larga recta de novecientos metros. Se ha hecho popular como lugar de pruebas para varios equipos importantes de F1 y Moto GP.

Durante algún tiempo me extrañó que el circuito no apareciera en el mapa local 1:25.000. En los mapas del Ordnance Survey en el Reino Unido era habitual que las instalaciones militares no aparecieran para no dar pistas al enemigo. Tal vez ocurra algo parecido en España, pensé yo, pero no estoy seguro de que un circuito de carreras sea un objetivo estratégico.

Mi mente se entretenía con estas sutilezas cuando caí en la cuenta. El Circuito de Almería no se inauguró hasta el año 2001 y mi mapa 1:25.000 se publicó antes, en el año 2000.

Atlas geográfico de la provincia de Almería

En el Atlas Geográfico de la Provincia de Almería se pueden encontrar numerosos mapas de distintos tipos. Vi el Atlas por primera vez en casa de un amigo y no me podía creer que sólo costase treinta euros. No es precisamente barato, es cierto, pero teniendo en cuenta que los libros en España son muy caros en general, tienen una relación calidad-precio asombrosa. Con una combinación de texto, fotos (incluyendo magníficas imágenes aéreas) y una enorme variedad de mapas, este apasionante volumen cubre una maravillosa y esclarecedora gama de temas: el primer mapa topográfico de la provincia de Almería de 1855; el cielo nocturno visto desde el observatorio astronómico de Calar Alto; el litoral de hace seis mil años; el patrón de dirección del viento en la provincia; la amenaza de la desertización; la distribución de la población en diferentes épocas; los lugares de residencia de los extranjeros; el legado de la minería; el esparto; la uva; la agricultura intensiva; el número de cabras y cerdos; la producción de mármol; el número de plazas hoteleras; los diferentes tipos de suelo; la ciudad de Almería desde el aire...

El Atlas Geográfico de la Provincia de Almería es un libro de gran formato con un mapa superpuesto en transparencia que señala todos los municipios que hay en la provincia. Incluye un CD-Rom con todos los contenidos del libro y un mapa de la provincia a todo color de setenta por noventa. El sombreado en color muestra cómo las líneas del paisaje han determinado el trazado de las carreteras y los contornos submarinos, con azules que se van haciendo más intensos a medida que te alejas de la costa y el Mediterráneo sobrepasa los mil metros. En definitiva, un impresionante trabajo cartográfico, y no, no voy a comisión.

XXVII / Líneas en el paisaje

A la hora de buscar una ruta tanto los hombres como los animales se guían por los hábitos preconfigurados del terreno. Los primeros caminantes abrirán un paso que atraerá a otros. Todos ellos irán dejando la marca de sus pisadas asentando y reafirmando el nuevo camino. Pero no olvidemos que fueron las gotas de lluvia caídas hace cientos de miles de años las que determinaron las sendas que seguimos.

Las viejas sendas
Robert Macfarlane

Puente de la Mora.

Caminos reales

Los caminos reales fueron los más importantes de las rutas anteriores a las que hoy consideramos modernas. Hacen referencia a cualquier camino cuya competencia pertenezca directamente a la Corona española. Este capítulo examina especialmente la zona de Sorbas y cómo han ido evolucionando en su trazado. Las primeras secciones serán de interés principalmente para los investigadores de movimientos sociales y para fanáticos de los mapas. Si no perteneces a ninguno de estos grupos, puedes saltártelas e irte a la parte correspondiente a "Autovía".

Donde hubiese personas había animales y esto llevó a la creación de una red de caminos estrechamente vinculada con la agricultura, el transporte y el comercio. En la actualidad se encuentran en su mayor parte abandonados y en serio peligro de desaparición.

La alfarería sorbeña les debe mucho. Sirvieron para transportar el yeso cocido desde los hornos a su destino. También eran utilizados por los labradores que semanalmente acudían al mercado para vender los excedentes de sus huertos. Las caballerías iban y venían con el cereal cultivado en la meseta de yeso para luego ser transformado en harina en los molinos situados a lo largo del cauce del río de Aguas. ¿Y qué decir del ganado? Las grandes rutas trashumantes recorrían los caminos desde la Sierra de Segura hasta sus cuarteles de invierno en el Campo de Níjar.

Los caminos reales comunicaban los grandes pueblos y el principal medio de transporte era el carruaje. El hoy Paraje Natural de Karst en Yesos era atravesado por el que unía Vera con Almería y el que conectaba Vera y Sorbas. De ambos nos llegan noticias a través del *Diccionario Geográfico* de Tomás López de 1774.

De Vera a Almería

López dice que "tiene al norte, a un tiro de bala de los cortijos, el río de Aguas". El camino real seguía el cauce del río remontándolo por La Herrería hasta Los Perales. Justo a la altura del molino en Los Perales el camino dejaba el río, pasaba delante de la Venta de Honor y ascendía la Cuesta del mismo nombre que López describe como "una cuesta muy mala para carruajes". Tras esta subida se alcanzaba el Campico de Honor.

El mapa moderno señala que esta cuesta alcanza doscientos diez metros sobre el nivel del mar en Los Perales y trescientos cuarenta en el punto más alto de la Cuesta de Honor. Entre estos dos puntos no hay más de un kilómetro en línea recta. La actual carretera secundaria, que sigue el mismo trazado, es capaz de alcanzar la cima tras un ascenso complicado lleno de curvas.

Cuenta la leyenda que por este camino pasó la reina Isabel la Católica a finales del siglo XV. Se dice que la reina pernoctó en la venta junto a los Perales. Las mujeres de la zona acudieron hasta allí para regalar un ramo de flores a la Reina, para hacerle saber el honor que suponía su presencia. Desde entonces a la Venta, a la Cuesta y al Campico se les permitió añadir el sobrenombre "de Honor". Esta venta ahora es una moderna casa.

El camino real pasaba junto al aljibe viejo, que desapareció durante las obras de la autovía a principios de los 90. El único indicio que queda de él es el nombre, Llano del Aljibe, junto a la autovía, a un kilómetro y medio al nor-noroeste de Campico. Desde allí el camino se dirigía a Peñas Negras, lugar también conocido, según los más viejos del lugar, como Los Ventorrillos. Este nombre, de hecho, aparece en el mapa a medio camino entre Campico y Peñas Negras, junto a una zona ondulada de frutales y matorral. En realidad, la posada junto al camino estaba en Peñas Negras, y así lo señala López cuando hace referencia a un punto hostelero aquí. En Peñas Negras había una cantera de la cual se extraía una piedra ferruginosa negra, de ahí el nombre.

Desde este lugar el camino real caía de nuevo a la rambla hasta el Cortijo de Los Arejos, que López llama Los Hanejo y añade que había una posada. En la actualidad en Los Arejos hay una serie de casas con arcos y atractivas ventanas triangulares de palomar (véase el capítulo 23). El contraste es singular: el encanto del balanceo de las palmeras que han crecido allí con el estado de abandono del lugar, decadente, atrapado entre la autovía y la vieja carretera nacional. Un poco después, a través del Collado de Almería, el camino entraba en el municipio de Lucainena en dirección a Almería.

La circulación por este camino fue a menos con la construcción de la "nueva" carretera (la actual N-340a) de Almería a Puerto Lumbreras en 1890. El abandono definitivo vino de la mano de la finalización de la carretera de Sorbas a la Venta del Pobre (la A-1102) allá por 1960, que mejoraba el acceso al Campo de Níjar desde el levante. La autovía del Mediterráneo recupera en parte este paso natural, circulando casi en paralelo al antiguo trazado.

De Vera a Sorbas

El segundo camino real de la zona unía Vera con Sorbas. La primera referencia a este camino la encontramos en el *Libro de Apeo* de 1573, pero de nuevo recurrimos a la información más detallada del *Diccionario Geográfico* de Tomás López de 1774. Vemos que el camino real Vera-Sorbas coincidía con el de Vera a Almería, separándose al salir de La Huelga.

En este punto el camino remontaba desde el lecho del río de Aguas y nos llevaba hasta la meseta de los Yesares, muy cerca del pueblo abandonado Marchalico-Viñicas. Una vez atravesada la meseta de los Yesares, superaba el Barranco del Tesoro a través del antiguo Puente de la Mora.

El Puente de la Mora es una maravilla arquitectónica que aún se erige imponente a pesar de su deterioro. Queda un elegante arco de piedra con pilares rectos además de altos contrafuertes a ambos lados del barranco. En su forma primitiva, el puente tenía veintiséis metros de largo, unos tres de ancho y más de trece sobre el lecho del barranco. Debía de ser impresionante. De los alrededores, López comenta: "se compone todo de piedra de yeso, con diversas simas de imponderable profundidad y de no poco peligro para los transeúntes que les ignoran". Se está refiriendo aquí a las dolinas (véase el capítulo 21 para más detalles).

Más allá del Puente de la Mora el camino pasaba muy cerca del Cortijo de los Yesares, hoy en ruinas. Volvía al río de Aguas cerca del

Cortijo del Hoyo para llegar al pueblo de Sorbas por el barrio de Las Alfarerías. Este camino dejó de funcionar al construirse la carretera nacional de Almería a Puerto Lumbreras a finales del siglo XIX.

Caminos de herradura

Además de caminos reales había caminos de herradura, sólo practicables para viandantes y caballerías. Conectaban los pueblos con las aldeas o las tierras de cultivo. De muchas de estas sendas y servidumbres apenas queda rastro y han caído prácticamente en el olvido. Lo que sigue a continuación se centra de nuevo en el área de Sorbas. Incluso en esta zona tan reducida existía una compleja red de las cuales mencionaré las más importantes.

Un camino de herradura llevaba desde Cariatiz a El Tesoro. Coincidía en su mayor parte con la vía pecuaria llamada Vereda de Lubrín. Va en dirección sureste desde Los Alías hasta el enorme Cortijo de Los Yepes, que perteneció a la propietaria de muchas minas de plata y plomo de Sierra Almagrera, la familia Soler. Desde Los Yepes el camino continuaba en dirección sur-sureste, siguiendo la Cruz del Rojo. Desde allí cruzaba la N-340a y seguía junto al Corral de Juan Cipriano hasta el cortijo de Los Yesares, para terminar en el Tesoro bajando la Cuesta del Gato.

Desde Cariatiz al Marchalico-Viñicas y La Herrería había otro que coincidía en su primer tramo con el de Cariatiz al Tesoro. Bordeaba la enorme cantera de yeso llegando poco después al Marchalico-Viñicas. Desde allí el camino desciende cruzando la autovía hasta la Herrería. Este último tramo no es siempre transitable, como pudo comprobar un amigo nuestro cuando su jeep se quedó encallado en un barranco especialmente peligroso abierto por escorrentía.

Uno de los de mayor recorrido era el que iba de Carboneras a Sorbas. Entraba en el término de Sorbas por Los Alamillos siguiendo el río Alías. Desde allí ascendía por la cortijada Los Feos hasta Los Arejos. Este tramo que ahora tiene el ancho para un vehículo fue reasfaltado en 2009, lo cual mejoró las condiciones para la circulación. Allí se unía con el camino real de Vera a Almería hasta Peñas Negras. Desde ese punto se dirigía al este de los Alpañeces y ascendía la cuesta de Mizala por el oeste del Cerrón que, por cierto, con sus seiscientos metros, es un soberbio mirador al que se puede acceder desde la A-1102. Después descendía hasta pasar por el oeste del Cortijo del Peral en dirección al Barranco del Infierno, coincidiendo con el que iba de Sorbas a Hueli. Cerca de la Fuente del Peral el paso constante de caballos ha quedado marcado en el lecho de roca del camino. Después de cruzar el río de Aguas pasaba por la puerta del cementerio en su tramo final hasta llegar a Sorbas.

Hanna Geetsema y Maarten van Lier tienen una casa en Los Molinos, en las proximidades de uno de estos caminos de herradura. Maarten me enseña, con cierto orgullo, cómo se ocupa de mantener su tramo. Por su parte, Hanna me dijo que Diego le había comentado una vez que siendo joven –ahora tendrá casi noventa años– solía sentarse junto al camino. Entonces lo llamaban el camino mayor o el camino Campico y recuerda ver pasar cada domingo "más de cien caballerías para ir al mercado de Sorbas". Creo que este Diego es el mismo que aparece en el capítulo 24. Sus recuerdos dan fe de la importancia de estos caminos.

A pesar de los esfuerzos apasionados de gente de la zona como Andrés Pérez Pérez, organizador de muchas excursiones para la Sociedad de Amigos de Sorbas por estos antiguos caminos, lo cierto es que conforme pasa el tiempo el conocimiento que tenemos de ellos se va perdiendo. En cuestión de una o dos generaciones el recorrido exacto de estos viejos caminos habrá desaparecido.

Vías pecuarias

Andrés Pérez Pérez y Ana María Rodríguez Agüero dan constancia en *El Afa* del hecho de que las personas mayores de la zona de Sorbas aún recuerdan los numerosos caminos de ganado que hubo en su época. Sin embargo, sólo se nombra la Vereda de Lubrín en el inventario realizado por el Ministerio de Agricultura en los años 60. Su función era el paso de ganados que llegaban a la costa almeriense desde las lejanas tierras de Baza, Huéscar, Galera y la Sierra de Segura para pasar el invierno. Durante siglos las llanuras de Almería eran arrendadas a los ganaderos para alimentar al rebaño cuando en las montañas el frío invernal privaba de pasto al ganado.

En la hoja 1013-1 una línea de trazos intermitente señala la antigua vía pecuaria, la Vereda de Lubrín, que es fácil de seguir. Entraba en Sorbas atravesando La Mela y descendía la Rambla de Castaños hasta Cariatiz. A continuación, tal y como referíamos anteriormente, iba por el cortijo de Los Yepes, la Cruz del Rojo, y el cortijo de Los Yesares. Bajaba la Cuesta del Gato por el Tesoro y descendía hasta los Perales, remontando la Cuesta de Honor hasta el Aljibe Viejo, que servía de abrevadero para los animales. Sigue en dirección al Campo de Níjar por Peñas Negras y Los Arejos. Esta vía pecuaria estaba conectada con toda una red de abrevaderos cuya agua venía del sistema Covadura.

También existían las llamadas majadas de amparo (refugios para el ganado), que normalmente eran cuevas. En el siglo XVIII, en el diccionario geográfico de Tomás López, se describe así la Cueva del Tesoro: "Es su capacidad digna de admiración, pues me aseguran que en tiempos de lluvias se entran cuatrocientas cabezas de ganado en ella, con sus pastores, sin mojarse siquiera una".

A finales de los 90, en un intento de poner en valor algunos tramos de estos antiguos caminos y de estimular la maltrecha economía local, Andrés Pérez Pérez logró recuperar el tramo de camino que desde la barriada de Los Molinos del río de Aguas remontaba la acequia hasta el Nacimiento. Este sendero formaba parte del que sería bautizado como Sendero de la Mora, de treinta y ocho kilómetros de recorrido circular.

Autovía

En uno de los primeros números de la revista *El Afa* aparecen fotos del Barranco del Tesoro justo antes y después de la construcción de la autovía. En una de ellas tomada en 1990 un meandro del río de Aguas ha esculpido el yeso y formado vertiginosos acantilados. El ser humano ha dejado su huella –las viejas casas y terrazas en las laderas del precipicio–, pero en la foto no cabe duda de que la naturaleza domina el entorno. Según Lindy Walsh, hasta una pareja de águilas perdiceras había anidado en el cañón. Luego llegó la autovía.

Desde el mismo punto en que se hizo la foto, pero ahora en 2002, el horizonte montañoso es idéntico. Las viejas ruinas siguen ahí como si tal cosa, pero por debajo pasa una enorme autovía con elevados pilares de hormigón que la elevan por encima del barranco. El lugar está totalmente transformado: ya no es la naturaleza la que manda y las águilas perdiceras que anidaban aquí hace tiempo que no están.

¿Alguna vez tendremos AVE?

Voy a terminar esta historia de líneas en el paisaje con los ciento ochenta y cuatro kilómetros que tiene el tramo de Murcia a Almería del AVE. Su construcción se inició en 2009 después de varios años de planificación, debates y disputas sobre el recorrido exacto que debía tener. Como no podía ser de otra manera, la obra ha ido atravesando y destruyendo partes de los antiguos caminos y sendas. Al principio se dijo que la fecha de finalización de las obras sería en 2014, pero estamos en 2022 y por aquí vamos.

Uno de los tramos terminados es claramente visible desde la salida 718 en La Herrería. Aquí el túnel de Sorbas ha horadado Sierra Cabrera. Fue una impresionante obra de ingeniería en la que se excavaron dos túneles paralelos, casi rectos, de siete kilómetros y medio, separados por una distancia de veintiséis metros. También se construyeron diecinueve túneles transversales para mantenimiento y emergencias.

La máquina utilizada para perforar el túnel (la tuneladora TBM), una S-373 Herrenknecht de doble escudo fabricada en Alemania, tiene fama de ser la mejor del mundo. Doble escudo significa que puede excavar y revestir el túnel al mismo tiempo. La tuneladora se trajo desde Asturias, donde había sido utilizada anteriormente. Fueron necesarios quinientos camiones para su traslado y hubo que ensanchar la carretera local que unía el pueblo con la autopista.

La tuneladora es en realidad una serie de máquinas unidas entre sí. Su cortadora, de nueve metros y medio de diámetro, gira a gran velocidad. Contiene un montador de dovelas o segmentos de revestimiento, que va acoplando para formar un anillo de hormigón armado. La estructura resultante queda sellada herméticamente con un metro y medio de ancho y medio de grosor.

Cerca de La Herrería fue necesario construir una subestación eléctrica para proporcionar energía a la tuneladora. En cada extremo del túnel se instaló una factoría que producía las dovelas de hormigón. Una estaba en La Herrería y la otra en un terreno elevado a unos quinientos metros al noreste de la Venta del Pobre. Allí se iban apilando en hileras y colocando a un ritmo de hasta sesenta al día. En el momento de escribir estas líneas la factoría sigue en pie y será interesante ver lo que finalmente pasa con ella.

La mayor parte del túnel atraviesa conglomerados, margas y arenas, aunque el último kilómetro hacia el extremo sur está compuesto de yeso, de anhidritas y dolomías fracturadas por fallas. En la boca sur del túnel hay pizarras negras. Esta parte se excavó sin la tuneladora debido a la naturaleza inestable de las formaciones geológicas. A finales de 2012 se terminó el túnel y poco después, en diciembre de ese año, se completó un viaducto de cuatrocientos treinta y dos metros. Las pruebas para comprobar su solidez estructural fueron realizadas con éxito por una flotilla de camiones pesados.

Una vez desmenuzada la roca, pasaba a una cinta transportadora que formaba parte del conjunto de la tuneladora. Esta cinta la subía a una torre de servicio cercano, desde la cual los camiones la llevaban a varias escombreras. Una de ellas se encuentra próxima al cruce de la carretera de Polopos con la de Peñas Negras-Venta del Pobre, la A-1103. Otra está cerca del desvío de Gafares en la carretera Venta del Pobre-Carboneras, la N-341. Un cartel anunciaba junto a la primera escombrera que se depositaban allí de forma temporal. ¿Se alisarán y ajardinarán, o surgirán nuevas colinas donde antes no existían? Cuando hace unos años se instaló un importante gasoducto en la misma zona, el acondicionamiento posterior fue de una calidad excepcional y la vegetación, al menos superficialmente, se recuperó rápidamente. Si no fuera por una serie de pequeñas marcas amarillas, a simple vista no te darías cuenta de que el suelo hubiese sufrido alteración alguna. Mientras escribo esta actualización en septiembre de 2022 las escombreras del AVE han sido colonizadas gradualmente por la vegetación y sospecho que, como con el gasoducto, los transeúntes simplemente asumirán que son una parte natural del paisaje.

Inmediatamente al norte del túnel de Sorbas el tramo de ocho kilómetros de la línea hasta Los Gallardos discurre por una zona sin apenas terreno llano, por lo que es una secuencia casi continua de puentes, terraplenes y desmontes. Incluye seis viaductos, de los cuales el que salva el río Jauto, de ciento veinte metros y de un solo arco, es el más conmovedor. El viaducto más largo, de quinientos treinta y cuatro metros, está cerca de la Rambla Almocaizar. Aunque admirables desde un punto de vista arquitectónico, estas construcciones han abierto una amplia herida en el paisaje.

En Sierra Cabrera la construcción de las bocas de los túneles implicó el corte de las laderas de las montañas y su revestimiento con lo que parece ser hormigón: una intervención invasiva en la naturaleza, desagradable y fea. Esta proeza de ingeniería civil arruinó la sosegada vida en La Herrería durante años.

Fue en junio de 2012 cuando estalló la noticia bomba. El alcalde de Almería, Luis Rogelio Rodríguez-Comendador, en una conferencia en Sevilla, dijo que estaba convencido de que el AVE en Almería no estaría terminado ni en su legislatura ni la siguiente, es decir, al menos hasta 2019. Afirmó que el ayuntamiento de Almería no estaba "en condiciones" de invertir los trescientos millones de euros necesarios para soterrar la vía del AVE en la ciudad. En ese momento, de los trece tramos del trazado del AVE Murcia-Almería, sólo cuatro estaban en construcción.

Poco después, en agosto de 2012, en un apéndice a su traducción del libro *A todo tren*, Don Gaunt, una autoridad en materia de ferrocarriles del sur de España, se pronunció en una línea similar. Explicó que la crisis financiera mundial había tenido un impacto crítico en los planes para la construcción del AVE en España, haciendo que el Corredor Mediterráneo, diseñado para unir Francia con Andalucía, quedase sin financiación.

A finales de 2013 se produjeron nuevos sobresaltos. Se sugirió que entre Murcia y Almería hubiera una sola vía de AVE. Un estudio de viabilidad indicaba que así se ahorraría un cuarenta por ciento de los costes de construcción. Era como si resultase conveniente olvidarse de que los túneles gemelos en el municipio de Sorbas ya se habían completado con un coste de doscientos noventa y un millones de euros y que el nuevo plan dejaría uno sin uso. ¿Y cómo funcionaría el horario de los trenes que circulen en ambas direcciones por una sola vía?

Otra gran sorpresa fue la prometida estación de Vera. Los ingenieros de ADIF afirmaron que el contrato para la estación (que se había realizado en 2011 con un coste de trescientos veinte mil euros) se cancelaba. Un portavoz oficial se limitó a decir que se estaban "revisando los planes". Algunos señalan de forma impertinente que la parada del AVE en Vera obedecía al hecho de que el entonces presidente del gobierno, José Luís Rodríguez Zapatero, tenía una casa en Vera Playa. En realidad, en el área que comprende Garrucha, Los Gallardos y Vera, se estaba produciendo un desarrollo urbanístico importante con la construcción de hoteles, campos de golf y otros servicios, pero la recesión económica dio al traste con todo.

(Actualización: hoy, con las obras en marcha en varios tramos del AVE, la fecha contemplada para la finalización del tramo Murcia-Almería es 2026. Tal vez esté terminado para entonces).

MAPA E - ALMERÍA, TIERRA DE CINE

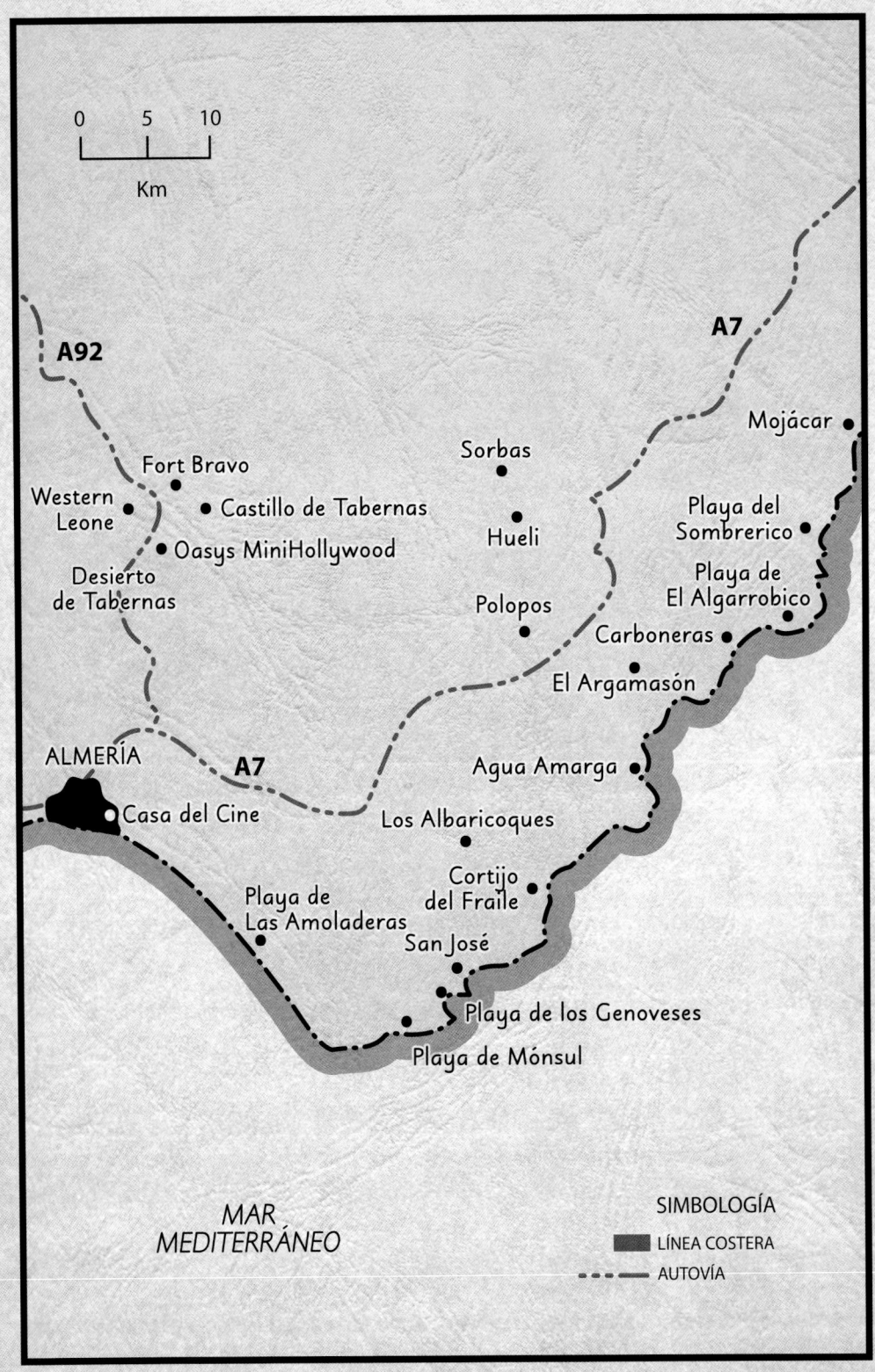

0 5 10
Km

A92

A7

Mojácar

Sorbas

Fort Bravo

Western Leone

Castillo de Tabernas

Oasys MiniHollywood

Hueli

Playa del Sombrerico

Playa de El Algarrobico

Desierto de Tabernas

Polopos

Carboneras

El Argamasón

ALMERÍA

A7

Casa del Cine

Agua Amarga

Los Albaricoques

Cortijo del Fraile

Playa de Las Amoladeras

San José

Playa de los Genoveses

Playa de Mónsul

MAR MEDITERRÁNEO

SIMBOLOGÍA

LÍNEA COSTERA

AUTOVÍA

XXVIII / Almería, tierra de cine

Decidí pasar el resto de mis días en Almería. He viajado mucho pero aquí encontré mi rincón en el mundo.

Eduardo Fajardo, actor

El Castillo de Tabernas, con paneles informativos sobre su gran patrimonio: el cine.

Los comienzos

A mediados de los años 50 el director de cine francés André Cayatte tenía un buen guion y buscaba un desierto para *Oeil pour oeil* (*Ojo por ojo*). Ya había estado en Líbano, Siria, Jordania y Egipto cuando alguien de una agencia de París le dijo que había uno en el sureste de España. Su búsqueda terminó cuando encontró las ramblas de Alfaro, Indalecio, Benavides y Lanújar en el desierto de Tabernas. *Oeil pour oeil*, estrenada en 1957, fue la primera película extranjera producida en Almería. Desde entonces cientos de películas se han rodado, al menos en parte, en la provincia, además de innumerables anuncios y vídeos musicales.

Por cierto, en este capítulo no hablaré mucho de películas ya mencionadas en los capítulos 1 y 7.

Sergio Leone

Estoy escudriñando el mapa 1:45.000 de la Junta de Andalucía correspondiente al Parque Natural de Cabo de Gata-Níjar. Quiero encontrar la Cortijada Higo Seco, una aldea semiabandonada donde Sergio Leone rodó una secuencia de *El bueno, el feo y el malo*, estrenada en 1966. A propósito, las fechas que doy se refieren al año en que se estrenó la película y no al momento en que se rodó.

Sí, se trata de la Cortijada Higo Seco, justo al norte de la carretera que va de Fernán Pérez a Los Albaricoques. Leone había estado en España buscando localizaciones para *El coloso de Rodas*, la película con la que debutó como director en 1960. Aunque no utilizó Almería en esa película, se acordó de la zona y volvió para hacer sus películas más famosas, la trilogía del spaghetti western, entre 1964 y 1966. La primera fue *Por un puñado de dólares*, en 1964. Leone tomó como modelo la película *Yojimbo*, sobre los samuráis, del director japonés Akira Kurosawa. Su adaptación fue tan fiel que Kurosawa le demandó por plagio y llegó a un acuerdo para quedarse con un porcentaje de la recaudación mundial de la película de Leone. El gran (vale, es sólo mi opinión) cantautor californiano Jackson Browne tiene esta frase en el tema *Sergio Leone* de su álbum de 2002 *The Naked Ride Home*: "Lo que le robó a Kurosawa se lo legó a Peckinpah". También menciona Almería, algo que no es habitual en las obras de los grandes compositores. Pero de nuevo me estoy yendo por las ramas. Gran parte de *Por un puñado de dólares* se rodó en Madrid, pero Leone también utilizó localizaciones en el desierto de Tabernas y en Los Albaricoques.

Los Albaricoques es un pequeño rincón polvoriento en el interior del Parque Natural. Al acercarse desde Almería, la carretera está flanqueada por un mar de plástico poco cuidado y que echa para atrás sólo de verlo. No hay ninguna razón para ir allí excepto por el hecho de hace unos pocos años alguien se dio cuenta del potencial que tenía como lugar de rodaje. A la entrada del pueblo hay una enorme silueta de chapa de un vaquero y paneles informativos que te dicen dónde rodó Leone algunas secuencias de *La muerte tenía un precio*. La era de trilla, donde transcurre el final de la película, ha sido restaurada con gran cuidado. También han renombrado la mayoría de las calles del pueblo, Aguascalientes, con los nombres famosos de aquellos que pasaron por aquí: Avenida de Sergio Leone, Calle Eduardo Fajardo, o Calle Ennio Morricone.

Paré a tomar un café en el Hostal Restaurante Alba y pasé rato mirando atentamente todo lo que tienen de recuerdos del spaghetti western. Clint Eastwood, el hombre sin nombre, estaba en una tele (un DVD, presumiblemente) que había en la esquina, en lo alto, aunque las familias que disfrutaban del menú del día le prestaban poca atención.

Mientras conducía hacia Los Albaricoques me sorprendió ver varios carteles que anunciaban, en letras mayúsculas, Sex Museum. Al verlo de cerca comprendí que se trataba del nombre de una banda que iba a dar un concierto en la zona, y no del nombre de la última atracción turística de este pueblo apartado.

Desde Los Albaricoques sólo hay un par de kilómetros hasta el Cortijo de Doña Francisca. Aquí hay una noria de agua (un burro la accionaba dando vueltas en círculo sin parar) que aparece en la primera parte de *El bueno, el feo y el malo*. En este lugar también se rodó parte de *Patton* en 1970. Dos kilómetros más adelante nos encontramos con el Cortijo del Fraile, al que ya se ha hecho referencia (véase el capítulo 13), pero que también ha aparecido en muchas películas, sobre todo en *La muerte tenía un precio* y en *El bueno, el feo y el malo*. Si quieres saber más sobre las localizaciones utilizadas, prueba este enlace http://www.youtube.com/watch?v=q2tKfBOv9Xs

Casi al mismo tiempo que Leone realizaba sus westerns, el director español Joaquín Luis Romero Marchent rodaba películas como *El sabor de la venganza* (1963) y *Antes llega la muerte* (1964) en la zona de Tabernas y en el Cabo de Gata. Estas películas fueron denominadas, incluso por el propio Romero Marchent, como "paella westerns".

Decorados y localizaciones

A finales de mayo de 1965 Leone comenzó a trabajar en *La muerte tenía un precio*. Construyó un enorme decorado de cuarenta mil metros cuadrados en el Cortijo Genaro, no lejos de Tabernas. Se reprodujeron minuciosamente hasta los detalles más precisos de un auténtico pueblo del oeste, tanto en exteriores como en el interior. Muchas películas utilizaron este estudio después, pero a finales de los 70 se encontraba en un estado ruinoso. En 1980 sufrió una profunda remodelación, se rebautizó como Mini Hollywood y se abrió a los visitantes. Las mejoras han continuado, aunque la parte central sigue siendo fiel a lo que vimos en *La muerte tenía un precio*. Se han añadido piscinas, jardines y un zoológico. En lo que ahora se llama Oasys MiniHollywood los visitantes ven recreadas escenas del salvaje oeste. Todos los días hay un tiroteo con espectaculares caídas desde un balcón, y bailarinas de can-can luciendo sus encantos en el salón *The Yellow Rose*.

Para *El bueno, el feo y el malo* se construyó un decorado totalmente nuevo. Al parecer, el productor italiano Alberto Grimaldi y el propio Leone apalabraron con Juan García el pago compartido de dichas instalaciones. Pero, ya con las obras en marcha, los italianos se echaron atrás y fue Juan García el que tuvo que afrontar solo el proyecto. Le costó arrancar el complejo, pero pronto supo diversificar su oferta presentando dos ambientes típicos: el texano y el mexicano. El estudio se denominó inicialmente Poblado de Juan García, para luego convertirse en Texas Hollywood y sobrevive hoy como Fort Bravo. El folleto de Fort Bravo ofrece una lista interminable de las películas y actores que pasaron por aquí y tienta a los visitantes con paseos a caballo.

En 1968 se rodó *Érase una vez en el Oeste*, con Claudia Cardinale, Henry Fonda y Charles Bronson. Se realizó al sureste de Haza Blanca, justo al lado de la carretera de Gérgal. Todavía existe bajo el nombre de Western Leone y es visible desde la autovía Almería-Granada. Junto a Western Leone en 1969 se construyó un magnífico fuerte para la película *El cóndor*, protagonizada por Lee Van Cleef. Este notable decorado se mantuvo en buen estado durante largo tiempo y fue utilizado para muchas más películas, entre ellas *Marchar o morir*, de 1977, con Gene Hackman y Catherine Deneuve. Siguió en uso tras el cambio de siglo, pero desde entonces ha ido cayendo en el olvido y se encuentra en un estado penoso.

Uno de los mejores lugares para hacerse una idea de los paisajes del desierto de Tabernas es desde las ruinas del castillo que dominan este pueblo. Si subes disfrutarás de unas vistas magníficas (no hay que pagar). Entre los restos del castillo, un panel informativo decorado con fotos de Lee Van Cleef, Eli Wallach, Clint Eastwood y Gian María Volonté celebra la *Trilogía del d*ólar e indica dónde se rodaron las secuencias. Desde el castillo puedes caminar durante un kilómetro más o menos hasta la Cabeza del Águila (Cerro Castillejo), una colina cónica muy característica con un morro rocoso en la cima. De nuevo, otro cartel informativo recuerda que en 1965 se rodó aquí *El último mohicano*.

¿Por qué la provincia de Almería se ha convertido en la preferida de los cineastas? Debe de ser por algunas de las mismas razones por las que muchos europeos del norte han elegido fijar aquí su residencia: más de trescientos días de sol al año y muy poca lluvia. Además, una gran variedad de paisajes aporta valor dramático y, al menos en los años 60, costes de producción baratos. El apogeo de los westerns coincidió con el declive de las minas de oro de Rodalquilar. Había mucha gente desocupada, deseosa de trabajar, y si había que hacer de extra se hacía. Los que fueron contratados entonces recuerdan que su trabajo en el cine era mucho más fácil, mucho más agradable y mucho mejor pagado que la minería.

La apertura del aeropuerto de Almería el 6 de febrero de 1968 supuso un nuevo impulso para la industria cinematográfica almeriense. Antes, los equipos de rodaje volaban a Málaga y tenían que hacer un duro viaje por carreteras en mal estado hasta llegar a nuestra provincia. Y eso no era todo, había que hacer continuos desplazamientos para llevar el material ya rodado a donde pudiera ser revelado rápidamente, Madrid o incluso Londres, y que así el director pudiera ver lo que había "en la lata".

Una vez descubierta Almería como lugar de rodaje se abrieron las puertas de par en par para la llegada de cineastas. El desierto de Tabernas era un atractivo indiscutible, pero también las cualidades de la costa llamaban la atención. La zona de San José se convirtió rápidamente en una de las favoritas. Allí se rodaron *Shalako*, en 1968, con Sean Connery y Brigitte Bardot; *Hannie Caulder*, en 1971, con Raquel Welch y Ernest Borgnine; y *Viajes con mi tía*, en 1972, con Maggie Smith.

En el extenso valle de Genoveses se encuentra el Cortijo El Romeral y sus anexos, propiedad entonces de Doña Francisca Díaz Torres. La similitud de los paisajes y las casas con los que se encuentran a lo largo de la frontera de México con Estados Unidos hizo que se rodaran aquí escenas de *La muerte tenía un precio* y *El oro de nadie*, western de Sam Wanamaker protagonizado por Yul Brynner y Leonard Nimoy en 1971. Este último dijo que estaba especialmente contento de participar porque le permitía descansar de ser Spock en Star Trek.

Más al norte, tanto el tramo de costa que rodea la Playa del Sombrerico, al sur de Mojácar, entre Macenas y la Rambla del Granatilla, así como la zona de Carboneras, se utilizaron como localizaciones en 1972 para una versión de *La isla del tesoro,* con Orson Welles en el papel de Long John Silver.

Michelangelo Antonioni, Jack Nicholson y el Cojo Juan

Antonioni dirigió *El reportero,* protagonizada por Jack Nicholson y Maria Schneider. Karin S. De Boer, una productora holandesa, me proporcionó algunos detalles inestimables del rodaje. Me dijo que "la película acaba con un plano largo final, atravesando puertas y ventanas, el mejor jamás realizado". Los miembros del reparto y del equipo tuvieron que firmar un contrato en el que se incluía una cláusula por la cual nunca contarían el secreto de cómo se había hecho. Seguí la pista de Karin y acudí a YouTube, descubriendo no sólo cómo la cámara pasaba aparentemente por arte de magia a través de una reja, sino también que la plaza de toros que aparece en esta toma, a pesar de ser supuestamente la de Osuna, en la provincia de Sevilla, es en realidad la de Vera.

Otras partes de la película se rodaron en Sorbas. En una secuencia vemos las casas colgantes; en otra breve toma, Jack Nicholson se sienta en la pequeña plaza blanca que tiene un naranjo. Karin dice que aún quedan sorbeños que reconocen a sus tíos o abuelos en la película.

Antonioni y su equipo utilizaron el Bar Fátima como campamento base mientras rodaban en Sorbas, pero se comportaron como lo hacían los equipos de rodaje en los años ochenta, y después de un par de días el Cojo Juan, dueño del bar, se hartó de ellos y les pidió que se fueran. Dice Karin: "Qué curioso que al gran premiado Antonioni lo echara este señor que hacía de extra".

De nuevo Karin: "Me gusta mucho esta historia porque conocí al Cojo Juan cuando yo tenía unos veintitrés años. Estuve seis meses en Los Molinos y era mi primera vez en España. Siempre pasaba por su bar con mi bicicleta para tomar un vaso de vino y una tapa: jamón con habas. Además, me regalaba una botella de plástico de su vino peleón para el camino de vuelta a Los Molinos".

Strawberry Fields

Cómo gané la guerra, de Richard Lester, se hizo famosa no por la película en sí, que fue un fracaso en taquilla, sino por el hecho de que trajo a John Lennon a Almería. El rodaje duró seis semanas entre septiembre y noviembre de 1966. Es curioso pero lo que más revuelo creó no fue su presencia sino el Rolls Royce que trajo consigo. Esta película, un tanto vanguardista y ambientada en el norte de África durante la Segunda Guerra Mundial, fue la primera y la última que Lennon hizo sin el resto de componentes de The Beatles; no le gustaba el tiempo que tenía que esperar entre toma y toma. El reparto también contaba con Michael Crawford y Roy Kinnear; se rodó en Carboneras, entre las dunas del Cabo de Gata, y el famoso trío de ramblas: Viciana, Lanújar y Alfaro, cerca de Tabernas. Sin embargo, ninguna de estas localizaciones quedó tan asociada a la película como la Casa Romero Balmas, una casona en el noreste de la ciudad de Almería. A mitad del rodaje, el 9 de octubre, John Lennon se trasladó del Hotel Costasol aquí y fue donde terminó de escribir *Strawberry Fields Forever*.

Tras su paso por Almería el Beatle decidió quitarse sus características gafas de montura de alambre, una cuestión inicialmente exigida en el guion. También llevaba en su maleta lo que se convertiría en una canción icónica y un nuevo impulso hacia el pacifismo. A finales de los años 70 la Casa Romero Balmas había caído en el olvido, y así permaneció hasta que fue adquirida por el ayuntamiento de Almería en 1991. Finalmente, tras una importante reforma, se reabrió en enero de 2011 como Casa del Cine de Almería, un museo que celebra la historia del cine en Almería y el papel que este edificio desempeñó en ella. Se ha hecho con habilidad, con un uso intrigante de hologramas, videoclips y exposiciones imaginativas.

David Lean y su fanático colaborador

La mano derecha de todas las grandes películas de David Lean, Eddie Fowlie, compró un terreno en Carboneras y construyó el Hotel El Dorado para el rodaje de *Nicholas y Alexandra* en 1971. Hoy sigue abierto y sus paredes albergan una buena colección de recuerdos de la película. Fowlie, al que Lean se refería como su «fanático colaborador», falleció en 2011 a la edad de 89 años. Era un experto en efectos especiales y en buscar localizaciones: los del levante almeriense le cautivaron de tal manera que decidió quedarse.

Tierra adentro, los que ahora son pueblos totalmente anodinos fueron en su día un hervidero de actividad cinematográfica por su parecido con los poblados mexicanos. El Argamasón, a pocos kilómetros de Carboneras, fue escenario de *Tepepa* (1969) y *Los compañeros* (1970) y, más al interior, Polopos (un lugar más tranquilo es difícil de encontrar) fue escenario de *Tú perdonas, yo no...* (1967), *Cabalgando al infierno* (1970) y la serie *Curro Jiménez* (1990). Del cartel que informaba de los rodajes aquí, situado frente a la evocadora iglesia blanca de Polopos, sólo queda la estructura.

Música, anuncios, guerra e inmigrantes

Los años sesenta y setenta fueron las décadas de máximo esplendor del cine en Almería. Desde entonces, los viejos decorados han tenido que empezar a buscarse la vida con el turismo. La industria cinematográfica no es que haya desaparecido sino que ha evolucionado, centrándose ahora en anuncios, vídeos musicales y cortometrajes. En 2003 algunos jugadores de la plantilla del Manchester United se encontraron en Fort Bravo, batiéndose en un duelo futbolístico contra varias estrellas del Real Madrid para un anuncio de Pepsi.

A partir de los años 80 una serie de músicos y grupos, entre ellos Chris Rea, Depeche Mode, Sting, Ocean Colour Scene, Jamiroquai o Kylie Minogue, vinieron aquí a grabar vídeos. Sin embargo, el músico extranjero más asociado a la zona es el difunto Joe Strummer de The

Clash. En los años ochenta descubrió Granada y se sintió intrigado por Federico García Lorca, una fascinación que dio lugar a la canción *Spanish Bombs*. Posteriormente, Strummer compró una casa cerca de San José y pasó largas temporadas en Cabo de Gata. Allí rodó en 1986 *Straight To Hell*, una parodia de los spaghetti westerns. Dirigida por Alex Cox, fue protagonizada por Strummer y contó con la participación de Dennis Hopper, The Pogues y Elvis Costello. Más recientemente, el cantante David Bisbal se ha mantenido fiel a sus raíces almerienses realizando varios vídeos en la Playa de Mónsul y en los alrededores de Tabernas.

Los días de los spaghetti y paella westerns han quedado atrás, pero desde el cambio de siglo los cineastas del norte de Europa se han sentido atraídos por Almería. La película finlandesa *Avenida Colorado* se rodó en 2007; y en 2009 la primera película de la *Trilogía del Milenio*, basada en el thriller *La chica del dragón tatuado*, del escritor sueco Stieg Larsson, incluye una breve secuencia rodada en una de las ramblas de Tabernas.

Utilizando el paisaje almeriense como si fuese el de Afganistán, en 2004 se rodó aquí *Hermanos*, de la directora danesa Susan Bier. En la misma línea, la producción holandesa *Stella's Oorlog* (*La guerra de Stella*), de 2009, utilizó los paisajes de la zona de Sorbas para el rodaje en exteriores de una historia sobre un grupo de combate del ejército holandés en la zona de Uruzgan, en Afganistán. El argumento principal se centra en los soldados traumatizados que vuelven de la guerra. La antes mencionada Karin S. De Boer fue la que convenció al director Diederik Van Rooijen para que la película se filmase en el desierto de Hueli y las ramblas de Tabernas.

El tema de la inmigración también ha aparecido en varias películas. El cineasta francés Tony Gatlif realizó en 2004 *Exils* (*Exiliados*), la historia de dos jóvenes, Zano y Naima, que viajan por Francia y España hasta Argelia. Por el camino a veces trabajan recogiendo fruta. Varias escenas fueron rodadas en el Cabo de Gata y en el puerto de Almería. También con escenarios almerienses, sobre todo al final de su película, Alain Gomis realizó en 2007 *Andalucía*, una historia de un treintañero francés de ascendencia argelina que intenta reencontrarse a sí mismo.

Una visión española de la cuestión de los inmigrantes vino de la mano de Chus Gutiérrez en 2002 con *Poniente*. Esta película se desarrolla casi por completo en los invernaderos, analizando el racismo inherente al cultivo intensivo presente en los mares de plástico. En *Naufragio* (2010), Pedro Aguilera cuenta la historia de Robinson, un negro africano cuyo barco se hunde frente a las costas del sur de España y que consigue, tras un gran esfuerzo, llegar a tierra. Convertido en un exiliado anónimo y en inmigrante ilegal, encuentra trabajo en un invernadero, pero se ve perturbado por voces interiores; la trama continúa a partir de ese momento.

Ridley Scott devolvió Almería al mapa de las grandes superproduccion a finales de 2013 con el rodaje de *Éxodo*. Protagonizada por Christian Bale, Sir Ben Kingsley, Sigourney Weaver y Aaron Paul, explora la relación entre el profeta Moisés y el faraón egipcio Ramsés I. El plató principal, un impresionante campamento en el desierto, se situó en un valle cercano a Pechina, en Sierra Alhamilla.

El rodaje de la película trajo a España cuarenta y tres millones de euros, de los cuales la Andalucía Film Commission calcula que el sesenta por ciento se quedó en Almería. Esto se debió a los gastos en hoteles y restaurantes, transporte, alquileres de inmuebles, construcción y materiales de rodaje, conductores, servicios de catering, guardias de seguridad y gente del lugar contratada como extra. La magnitud de esta película sugiere que no todo está perdido para la industria del cine en Almería.

¿De dónde es Walt?

Una última curiosidad relacionada con el mundo del cine. En octubre de 1940 la portada de la revista cinematográfica española *Primer plano* mostraba el rostro sonriente de Walt Disney y planteaba la pregunta de si había nacido en España. Esta es una historia muy manida. Todos los datos apuntan a que Disney nació en Hermosa, Chicago, el 5 de diciembre de 1901, pero la leyenda urbana continúa: Walt Disney, según se cuenta, nació supuestamente en Mojácar, de forma ilegítima, como José Guirao Zamora, hijo del médico del pueblo, José Guirao, y de Isabel Zamora que, para evitar la deshonra, emigró a Estados Unidos. Allí, en Chicago, Isabel dio a su hijo en adopción a la familia Disney. Incluso hace tiempo había un cartel junto a la carretera en las afueras de Mojácar que proclamaba: «Lugar de nacimiento de Walt Disney».

XXIX / **Auge y esplendor de un pueblo**

Fue uno de los mayores éxitos de la minería en Almería...

Almería and The Great Southern of Spain Railway (The GSSR)
Don Gaunt

Los hornos de calcinación de Lucainena.

MAPA F – LA DESAPARECIDA VÍA FÉRREA: LUCAINENA A AGUA AMARGA

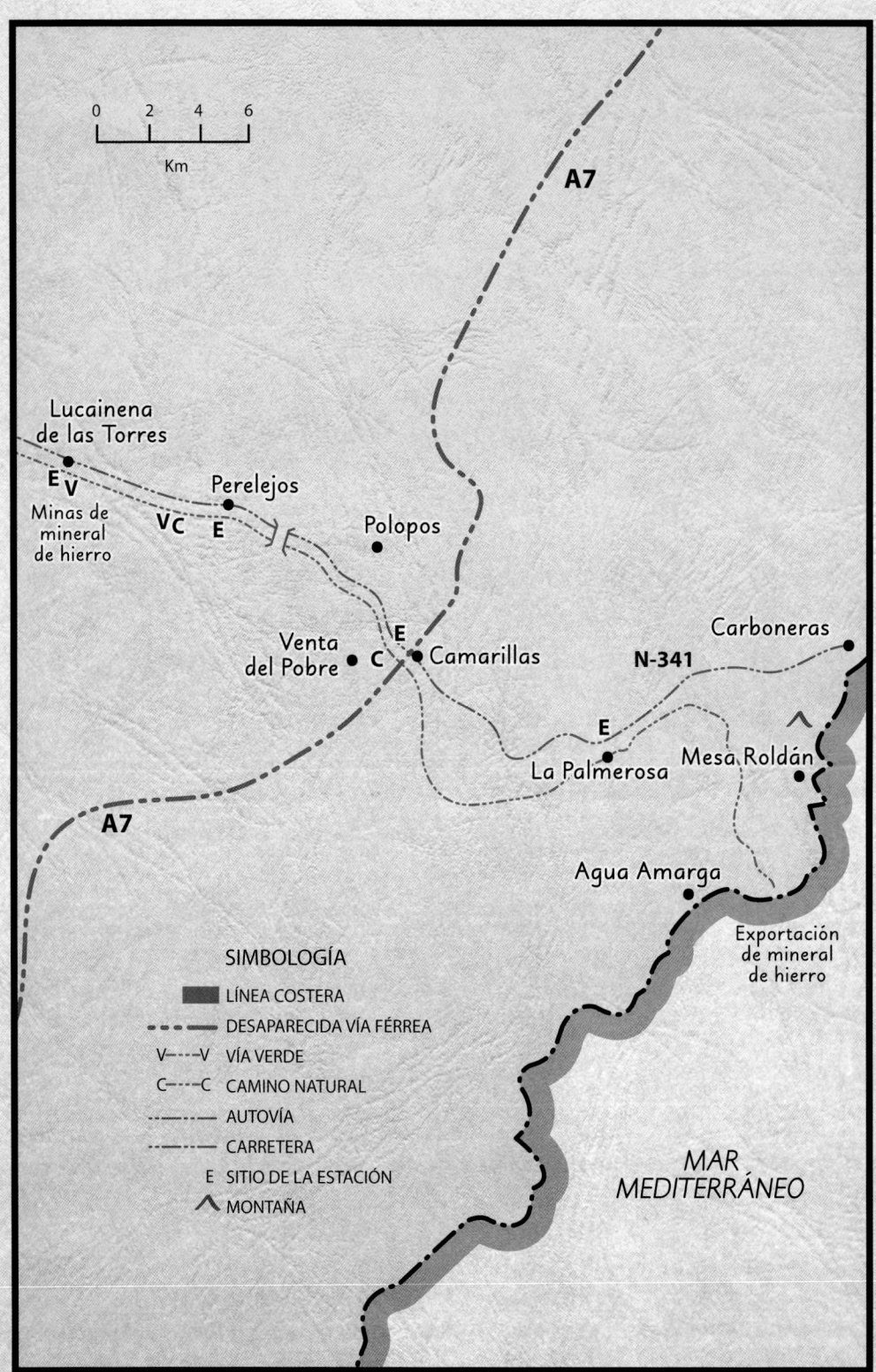

0 2 4 6
Km

A7

Lucainena de las Torres

E V
Minas de mineral de hierro

Perelejos
VC E

Polopos

A7

Venta del Pobre
C
E
Camarillas

N-341

Carboneras

La Palmerosa
E

Mesa Roldán

Agua Amarga

Exportación de mineral de hierro

SIMBOLOGÍA
LÍNEA COSTERA
DESAPARECIDA VÍA FÉRREA
V---V VÍA VERDE
C---C CAMINO NATURAL
AUTOVÍA
CARRETERA
E SITIO DE LA ESTACIÓN
∧ MONTAÑA

MAR MEDITERRÁNEO

La llegada del ferrocarril

A finales del siglo XIX se encontró mineral de hierro al oeste de Lucainena de las Torres. Para su explotación, Ramón de la Sota y Eduardo Aznar, que contaban con una sólida y probada trayectoria de empresas rentables en el País Vasco, fundaron a partes iguales la Compañía Minera de Sierra Alhamilla (CMSA).

En aquellos tiempos la única forma de enviar lejos un producto tan voluminoso como el mineral de hierro era por agua. Lucainena está a sólo treinta kilómetros del mar, pero la compleja topografía planteaba problemas para llevar el mineral a la costa. Se barajaron varias opciones, entre ellas un teleférico, pero se rechazaron debido a las dificultades del terreno, con sus colinas y ramblas encajonadas. Finalmente se optó por el ferrocarril como el mejor método de transporte. Se eligió Agua Amarga como final costero de la ruta porque sus ensenadas estaban protegidas de las posibles tormentas que pudieran traer los vientos del este.

La planificación de la ruta concluyó en marzo de 1894. En septiembre de ese año comenzó la construcción y en octubre se encargaron más de sesenta mil traviesas de roble. Fue un caso claro de adelantarse a los acontecimientos ya que era necesaria una Real Orden de concesión para la construcción de cualquier línea ferroviaria. Ésta llegó finalmente en febrero de 1895 con una concesión por noventa y nueve años. No se perdió tiempo y para marzo de 1896 las obras estaban terminadas.

La línea tenía una longitud de treinta y cinco kilómetros y medio, con una pendiente media de bajada entre Lucainena y Agua Amarga del uno y medio por ciento y una máxima del dos y medio. El desembolso fue de tres millones y medio de pesetas para el ferrocarril, ciento sesenta mil pesetas en las obras de almacenamiento de mineral y doscientas sesenta y cinco mil en el cargadero. Dos meses después de la finalización de las obras, en mayo de 1896, se cargó en el vapor Albia el primer envío de mineral de hierro.

La extracción del mineral de hierro en Lucainena

Inicialmente el mineral de hierro de Lucainena se explotó en las laderas de la parte alta del pueblo, en los yacimientos a cielo abierto de El Visto, La Gracia y La Manuela. Pronto hubo que excavar túneles y galerías para seguir extrayendo el mineral bajo tierra. Desde ellas se llevaba en cestas de esparto a los vagones, arrastrados por mulas y hombres a lo largo de vías estrechas como la denominada Vía Superior. Discurría a lo largo de la ladera hasta hacer parada en la pequeña Estación del Burrucho. Desde este punto bajaba por un enorme plano inclinado de seiscientos metros de longitud. En 1900, como resultado de una nueva explotación en la parte baja de la montaña, se hizo la Vía Inferior, que se unía al plano inclinado a media altura. Los vagones de mineral bajaban hasta una tolva con capacidad para mil quinientas toneladas cerca de la estación. Las fotos de la época muestran una gran superficie con grandes galpones y apartaderos ocupados por filas de vagones repletos de mineral.

A principios del siglo XX el mineral se destinaba a Inglaterra, donde las acerías de la época necesitaban mineral de hierro con un contenido de azufre inferior al 0,05%. En Lucainena el mineral contenía una proporción mayor de azufre. La solución era tostar el mineral para eliminar las impurezas del dióxido de azufre sin fundir el hierro. Se construyó un grupo de ocho hornos de calcinación en la ladera de la montaña. Uno de ellos se restauró por completo en 2011 para poner de relieve la riqueza arqueológica del pueblo.

Cada horno podía procesar cincuenta toneladas de roca al día. Tras la cocción se descargaban por la parte inferior y el mineral se clasificaba a mano: a un lado iban las pepitas de mineral más ricas y a otro la escoria.

Como el calor requerido no era grande se utilizaba madera local como combustible. Se construyeron dos largas rampas para que los vagones subieran el carbón a los hornos y la madera a las minas. Los vagones se elevaban gracias a la energía eléctrica generada en una central diésel en la ladera, más allá de los ocho hornos. A medida que se ampliaban las explotaciones se construyeron más y más vías para darles servicio. Al final para transportar el mineral se llegó a disponer de una red de líneas de vía estrecha cuya longitud alcanzaba los cinco kilómetros, además de ocho planos inclinados.

Auge y esplendor de un pueblo

La explotación del mineral de hierro y la presencia del ferrocarril cambiaron la vida de Lucainena. Además de proporcionar empleo, suministró luz eléctrica pública y privada gracias al excedente de energía que generaba la central eléctrica de la compañía minera. El pueblo alcanzó su máxima población, dos mil cuatrocientos cincuenta y cinco habitantes, en 1900. Contaba con una oficina de telégrafos, una escuela, un juzgado, un puesto de la Guardia Civil, una oficina de correos, tres bancos, cuatro barberos, tres estancos, dos fabricantes de limonada, un relojero, un teatro llamado «Cervantes» y un hospital.

De vía de tren a vía verde

Cuando se inició la producción en 1895 se utilizaron tres locomotoras en el ferrocarril Lucainena-Agua Amarga. Construidas por la firma británica Nasmyth Wilson, eran del tipo 064, con grandes depósitos de agua laterales y una carbonera en la parte trasera. Se llamaron Lucainena, Níjar y Agua Amarga y se pintaron de rojo y negro, el color distintivo de la compañía CEMSA. En 1896 se incorporó otra del tipo 062T con el nombre 'Carboneras'. Normalmente tiraban de veinte vagones, cada uno de los cuales pesaba casi tres toneladas en vacío y se cargaba con hasta siete toneladas y media de mineral.

En 1902 llegó otra locomotora 062. Esta había sido construida por Sharp-Stewart en Escocia y se llamó inicialmente Paralejos, el nombre de la segunda estación de la línea antes de ser rebautizada como Rivas en honor a uno de los directores de la compañía. Era la máquina más potente de la línea y podía arrastrar cuarenta vagones cargados. Al no existir una plataforma giratoria en la línea las locomotoras apuntaban siempre en la misma dirección, hacia Lucainena. En total se utilizaron nueve máquinas.

Los vagones, más de ciento cincuenta en total, tenían forma rectangular, se abrían por un extremo y su altura era algo mayor que la de un hombre de pie. Para el transporte del mineral el ancho de vía en los muelles de carga y en la línea principal era de setecientos cincuenta milímetros, por lo que los vagones podían utilizarse en cualquier lugar. Además, el equipo rodante incluía dos vagones de pasajeros; uno se utilizaba para el transporte del personal y el otro, al parecer, para ir a las corridas de toros. La idea de un vagón de pasajeros utilizado específicamente para ir a las corridas de toros suena extraña, así que me pregunto si es cierta o si se trata de una leyenda urbana. Lo que sí parece cierto es que los lugareños utilizaban estos trenes para ir a la playa de Agua Amarga.

En 2008 se iniciaron las obras de recuperación de los primeros cinco kilómetros de la antigua línea de mineral como vía verde, es decir, para uso recreativo de caminantes y ciclistas y, según el ayuntamiento de Lucainena, de patinadores. No se escatimó en gastos. Se instalaron barandillas de madera y una zona de merendero con arbolado. Así, a principios de 2010 la vía verde abrió al público. En la inauguración se congregó una multitud en torno a doscientas o trescientas personas que escucharon los discursos, recogieron camisetas y comieron una enorme paella con bebida gratis. Entre los discursos y la paella bastantes personas recorrieron también la vía verde.

Comienza frente a un gran edificio de planta cuadrada, originalmente las oficinas de la compañía minera y ahora una escuela de primaria. Detrás vemos un vestigio del pasado: una alta chimenea hecha de ladrillo. Al otro lado de la carretera hay una capilla privada muy bien cuidada, la Ermita de Nuestra Señora del Rosario. Lo que fue la antigua taquilla de estación se ha reformado y ahora se utiliza como punto de información, si bien suele estar más tiempo cerrado al público que abierto. Una de las paredes tiene un bonito retablo de azulejos típicos del pueblo. Hay un excelente mirador pasado el pueblo junto a la iglesia de Nuestra Señora de Montesión, del siglo XVII. Desde allí se divisa El Peñón, un peñasco rocoso cuya cumbre de ochocientos veintisiete metros domina el paisaje.

Al igual que el ferrocarril la vía verde tiene una ligera pendiente descendente. Es un recorrido de escasa dificultad, y sus cinco kilómetros pueden recorrerse a pie en poco más de una hora. Encontramos cortijos dispersos y un paisaje donde el esparto y el tomillo ondulan bajo el viento. Vamos viendo las laderas de Sierra Alhamilla y, justo antes de llegar al final, se encuentran los restos de un molino de agua, próximo al Cortijo de las Tejas. Muy cerca se encuentra el Cortijo El Saltador, dirigido por Claudia Scholler. Este centro ofrece cursos, retiros, exposiciones, tranquilidad y, ocasionalmente, maravillosas veladas de «flamenco bajo las estrellas» en un marco incomparable.

Al final de la vía verde el itinerario desemboca en una estrecha carretera asfaltada. Esta une Rambla Honda con Polopos y durante los siguientes siete kilómetros sigue más o menos el trazado original del tren minero. Este tramo se describe como «tramo por carretera» y, aunque el tráfico es escaso, los ciclistas y los senderistas deben estar atentos, especialmente en las laderas bajas del Cerro del Molinillo, donde pasas por un túnel sin iluminación. Unos cientos de metros antes del túnel se encuentra el Cortijo de los Paralejos. Aquí pudo estar la primera de las tres estaciones intermedias de la antigua línea mineral. La finalidad de las estaciones intermedias era gestionar el paso de los trenes que iban en direcciones opuestas y abastecer de agua a las locomotoras de vapor.

Ante los restos de un puente de gran altura llamado Puente del Molinillo la carretera moderna se adentra en la rambla y se dirige en dirección noreste hacia Polopos. En este mismo punto, el ferrocarril mineral se desvía hacia el sureste.

XXX / La desaparecida vía férrea

El ferrocarril no sólo tuvo un impacto directo en la fisonomía del paisaje: causó también otros efectos indirectos de gran calado y repercusión.

The Making of the English Landscape
W.G. Hoskins

Tolvas de mineral de hierro en el Barranco de Calareno.

En busca de lo que fue la línea del ferrocarril

La primera vez que recorrí el siguiente tramo de la ruta fue el último día de mayo de 2012. Había quedado con Frank Selkirk y Catherine Arthur y tuvimos una suerte increíble con el tiempo; estaba nublado después de una ola de calor abrasador. Partimos del punto en el que la carretera de Polopos se separa de lo que fue la línea del ferrocarril adentrándose en la Rambla de Lucainena. Mientras esperaba vi algo moverse. Era una hembra de cabra montesa que subía por la ladera seguida de una cría. Luego apareció otro ejemplar. Me apresuré a coger mi cámara, enfoqué y tomé unas cuantas fotos, normalitas pero lo suficientemente claras como para apreciar las manchas blancas alrededor de la cola de los ejemplares adultos. Fue uno de los mejores momentos del día y eso que aún no había empezado a caminar.

Hicimos el recorrido de cinco kilómetros hasta la Venta del Pobre, aunque no sin algunas dificultades para encontrar la ruta. Ahora, sin embargo, las cosas son diferentes. En 2020 finalizaron las obras de acondicionamiento de este tramo conocido ahora como *Camino Natural Vía Verde de Lucainena de las Torres a Agua Amarga*. Está bien señalizado y es fácil de seguir. Al final del libro puedes encontrar más información sobre las actuaciones en esta ruta en la sección de páginas webs.

Una parte importante del proyecto consistía en sustituir el desaparecido Puente del Molinillo. Se construyó una pasarela de metal con un piso de listones de madera que tiene veintidós metros. Es impresionante pero no creo que gane premios al puente más bonito. A partir de ahí, el camino discurre, reforzado con revestimientos, por encima de la Rambla de Lucainena. Desde las proximidades del Cortijo Polopillos hay una vista de la pedanía de Polopos. Cuando fuimos por primera vez, Catherine señaló las colinas y me habló de un pueblo abandonado llamado Los Guardines, al que ella había ido a pie una vez. Ya en casa, lo encontré en el mapa, a un kilómetro y medio al noroeste de Polopos, claramente señalizado.

El paisaje va evolucionando; las zonas que aparecen como regadío en el mapa son ahora invernaderos. Muy pronto el camino desciende y acaba frente a la gran estación de servicio y el hotel/restaurante de Venta del Pobre. La segunda estación intermedia de la línea mineral, llamada Camarillas, estaba aquí, pero hoy en día no queda rastro.

En nuestra exploración inicial, Frank, Catherine y yo cruzamos la autopista por el arcén de la rotonda de acceso. A continuación, por detrás de una tienda de neumáticos y otras naves industriales, buscamos la continuación de la vía férrea. Conseguimos encontrar un rastro claro en un terreno pedregoso, de vegetación baja y casi llano, pero se desvaneció al llegar a unos extensos campos arados. Más allá aparecía una enorme extensión de plástico anunciada como Cortijo los Vergeles, aunque el mapa indica que la aldea original es Cortijada los Vergeles. En estas áreas de desierto agrícola hay muchas extensiones de terreno en desuso, lo que permite una notable población de alcaravanes y otras especies propias del monte.

Más adelante encontramos edificios en ruinas en otro cerro. En realidad hay dos cortijos en ruinas pero con un solo nombre, Cortijo las Contraviesas. Los carteles anunciaban que estábamos entrando en el Parque Natural. Entonces sonó el móvil de Frank: era su mujer, Sheena, que nos buscaba por la carretera principal y no nos encontraba. Con reticencia, decidimos dejar la búsqueda para otro día.

Intentando retomar el camino

Cuatro meses después, tras un largo y caluroso verano, vuelvo a la zona. Es deprimente. La agroindustria moderna ha dejado enormes campos de tierra arada a disco, sin protección alguna, quedando así a merced del viento que la azota, levantando polvo marrón. Qué manera tan disparatada de ocuparse del suelo en un semidesierto. ¿No ha leído ninguno de ellos *Las uvas de la ira*? ¿O visto la película? Alguien está obteniendo beneficios a corto plazo y eso parece ser lo más importante.

328

En el Cortijo de las Contraviesas sigo sin encontrar la línea del antiguo ferrocarril mineral. Sigo hasta el collado de Albacete, donde el paisaje es un enorme mar de plástico trabajado en gran parte por mano de obra inmigrante.

Al principio de su fascinante libro *Andalus*, Jason Webster relata cómo al investigar el legado morisco de España, se vio envuelto en uno de estos invernaderos en una situación en la que corrió peligro su vida y la de un joven inmigrante ilegal de Marruecos. Merece la pena leer este y los demás libros de Webster sobre la España moderna.

El camino junto a los grandes invernaderos se cruza con otro que lo atraviesa en ángulo recto. Ahora la antigua vía férrea puede distinguirse como un terraplén bajo cubierto de matorrales. Lo mejor ahora es caminar hasta el enorme Cortijo El Jali, hoy ruinoso y cayéndose a pedazos entre basura y trozos de plástico.

Desde El Jali un camino se dirige hacia el noreste en paralelo a la desaparecida vía férrea para pasar cerca del Cortijo de los Balcanes. Esta abandonado y es sencillo pero elegante a la vez. Conserva un aljibe y balcones de hierro fundido en las cinco ventanas del piso superior. Su actual ocupante es un cernícalo que echa a volar cuando me ve. Lo que fue la línea férrea se aprecia a pocos metros, pero intentar seguirla a través de los matorrales y la vegetación espinosa sería una odisea que no merece la pena; es más fácil continuar por el camino paralelo durante el siguiente kilómetro para llegar a una carretera secundaria donde las cosas pronto mejorarán de nuevo. Aunque dicen que este tramo de la Venta del Pobre conjuga tanto la Almería rural antigua como la moderna, no puedo recomendarlo como paseo. Es de esperar que las cosas cambien cuando la soñada vía verde se haga realidad.

De nuevo en busca de pistas

Cuando veas la señal de "Término Municipal de Carboneras» hay a tan sólo treinta metros de la carretera en paralelo a ella un terraplén ligeramente elevado. Se trata de la desaparecida vía férrea.

Pronto entra en un desmonte bajo justo después del cual, a la derecha, hay una zona llana tallada en el lecho de roca e invadida por el esparto. ¿Podría ser esta la última de las estaciones intermedias, La Palmerosa? Van sucediéndose los desmontes pero ninguno de ellos parece haber sido creado usando dinamita. Es una hazaña prodigiosa que toda la línea se construyese en sólo dieciocho meses y a mano.

La antigua línea pronto se convierte en un camino de grava. Las tres rutas, la moderna N-341, la antigua carretera y la desaparecida vía férrea discurren ahora en paralelo y a poca distancia. La vía férrea tiene la ventaja de estar en un desmonte bajo que amortigua un poco el ruido del tráfico de la nacional.

Más allá de los desmontes se vislumbra el perfil plano y elevado de Mesa Roldán. Por esta zona, llamada Las Covaticas, el trazado de la antigua línea férrea permite un paseo fácil y agradable. Al llegar a la Cabeza de Cañada Blanca (que en los mapas antiguos aparece como Cabezada de Collada Blanca) hay un pequeño poste de madera con una flecha. Marca un sendero circular que hace un circuito hacia Agua Amarga. El poste señala hacia el oeste, que no es nuestra ruta. Sin embargo, si te sientes tentado y decides seguir ese rumbo pasarás por el venerable olivo de la Rambla de las Viruegas (véase la sección «Olivo Milenario» en el capítulo 11).

A partir de aquí la línea comienza a subir. Como en otros lugares, de vez en cuando ves alguna cueva excavada. Una de ellas tiene una zona de entrada, dos habitaciones y un espacio de almacenamiento integrado. ¿Se hicieron sólo para almacenar herramientas y materiales para el mantenimiento de la vía o fueron habitadas alguna vez?

Casi al final del trayecto la vía llega a Los Ventorrillos. Este terreno elevado se conoce como la Meseta Alta. Un gran cartel informativo da detalles de un paseo circular de cuatro o cinco kilómetros, el *Sendero Vía Verde de Lucainena a Agua Amarga*. El nombre de este sendero es bastante extraño, ya que esta ruta en ningún momento llega a Lucainena, pero es así como se llama.

Dirígete a la izquierda del primer par de casas, luego a la derecha y verás la salida a la carretera, que sube desde Agua Amarga atravesando los restos de la antigua línea de mineral. Un desmonte bajo marca el final de la línea. Al frente podemos ver los restos del cargadero de mineral de hierro.

El final de la línea

El ferrocarril entraba por las tierras de Meseta Alta hasta el Barranco de Calarena. Iba a una altura de ochenta metros sobre el nivel del mar y se dividía en dos ramales. El principal se adentraba directamente en el barranco a través de un plano inclinado de doscientos treinta metros de longitud con cuarenta de desnivel. En este plano inclinado trabajaban seis vagonetas, tres bajaban cargadas de mineral de hierro mientras otras tres subían vacías. Un cartel informativo explica lo que ocurrió aquí hace un siglo. El plano inclinado también permite un descenso a pie relativamente fácil. Los fragmentos de roca ferruginosa de color marrón oscuro contrastan fuertemente con el color crema pálido de la roca madre y los edificios del lugar.

Los ramales alimentaban las tolvas principales, reforzadas con muros de mampostería a lo largo del barranco y con capacidad para almacenar cuarenta y cinco mil toneladas. Si desde la base de las tolvas observamos los túneles de acceso, las rampas, la altura de los muros de piedra, los contrafuertes y las torres seremos capaces de comprender la magnitud de lo que hubo aquí.

Debajo del plano inclinado no había motores y como había que mover el mineral se hacía en vagonetas, cada una empujada por media docena de hombres a lo largo de lo que parece ser una repisa rocosa natural a unos quince metros sobre el nivel del mar.

Es perfectamente posible bajar a pie hasta donde se encuentran las tolvas en el lado que da al mar, pero hazlo con cuidado. Don Gaunt me dice que casi se cayó en un agujero de quince metros de profundidad oculto por la maleza.

Como en muchos otros lugares, la arqueología industrial de España se amolda silenciosamente al terreno, con sólo algún cartel informativo que da testimonio de las actividades pasadas. Esto te concede una sensación de auténtico descubrimiento sin tener que pagar un céntimo, sin que un centro de visitantes se interponga entre el yacimiento y el ojo curioso, y sin que las medidas de seguridad te impidan curiosear teniendo cuidado.

Una vez que se ha bajado es fácil llegar por la plataforma rocosa hasta el lugar del desaparecido puente en voladizo. El puente en sí, de metal y construido por Miravalles, se internaba setenta metros hacia el mar y catorce sobre el nivel del agua. Tenía capacidad para dos líneas de ida y dos de vuelta. En el extremo había vertederas móviles que descargaban el mineral de hierro directamente en las bodegas de los barcos. La ubicación del extremo de tierra del puente en voladizo sigue siendo visible, ya que el pilar de roca que servía como soporte está a unos metros de la costa. Una foto borrosa en blanco y negro muestra hasta dónde llegaba la estructura metálica sobre el mar.

Antes hemos mencionado dos ramales. El segundo iba por el Barranco de Calarena. Se utilizaba cuando las tolvas principales estaban llenas y había que usar las subterráneas auxiliares. Los barcos de abastecimiento se acercaban lo máximo posible a Agua Amarga y luego utilizaban barcazas para llegar a la playa. De este modo, la maquinaria, los alimentos y otros suministros para los mineros se subían por el plano inclinado desde la playa hasta la línea mineral, y de ahí a Lucainena.

En su apogeo la actividad fue increíblemente productiva. Entre 1896 y 1931 el ferrocarril transportó un total de casi cuatro millones de toneladas de mineral. Sin embargo, en la segunda década del siglo XX algunos de los factores que afectaron a las minas de oro de Rodalquilar también hicieron mella en la industria del hierro: el precio de mercado se desplomó y los sueldos de los trabajadores se elevaron. La competencia de las minas de hierro del norte de África, donde la mano de obra era más barata, agravó la crisis. En 1919 y 1920 los silos de almacenaje de Agua Amarga se vieron desbordados por un mineral para el que no había mercado. El servicio ferroviario se detuvo y aunque se reabrió por iniciativa de los trabajadores durante la Guerra Civil, la actividad fue mínima. El transporte por ferrocarril volvió a ser de mayor envergadura brevemente en 1939, pero el tiempo se agotaba y en 1942 se cargó la última remesa en el barco de vapor Bartolo, de una sola hélice. Poco después, los raíles y los puentes fueron desmontados y, junto con el equipo rodante, llevados a Almería para su venta a otras empresas ferroviarias o para su desguace. La locomotora Carboneras, por ejemplo, fue adquirida por la Sociedad Hulleras de Riosa a fin de utilizarla en las minas de carbón de Asturias.

Actualmente, Agua Amarga se abre paso en el mundo principalmente como un pequeño y atractivo centro de vacaciones (véase el capítulo 6). Sospecho que la mayoría de sus visitantes no tienen ni idea de la próspera actividad industrial que se desarrolló aquí hace un siglo. Durante las tres cuartas partes del año es un lugar muy tranquilo y es entonces el mejor momento para visitar lo que queda de la antigua línea férrea. Y así, al menos por el momento, llega a su fin nuestra historia.

Epílogo

Hay mucha información en este libro. En algunos casos, como la que proporciono respecto a la construcción del AVE o el elefante blanco que es el hotel Algarrobico, se trata de cuestiones en constante cambio. Me he esforzado por la exactitud en los detalles y se han añadido actualizaciones al respecto, pero todo avanza tan deprisa que es posible que haya habido cambios incluso mientras se publica y distribuye esta edición del libro en español.

Hay partes de la provincia de Almería de las que no digo nada pues el libro se concentra en la zona del levante almeriense. Dos pies y una cabeza tienen sus límites.

En el original de *Flamencos en el desierto: Explorando Almería* escribí: "hay tanto por descubrir que, si este libro encuentra un público receptivo, tal vez trabaje en una continuación». Pues bien, el libro fue muy bien recibido y por eso escribí una continuación, *Where Hoopoes Fly: Exploring Almería 2*, que se publicó en inglés en 2017. Así que ahora debo decir que si *Flamencos en el desierto: explorando Almería* tiene buena acogida, mi buen amigo Antonio David Berbel García y yo nos plantearemos seriamente traducir *Where Hoopoes Fly: Exploring Almería 2 (Donde vuelan las abubillas: explorando Almería 2)*. Ya hemos hablado de la posibilidad.

Mientras tanto, estaré encantado de recibir comentarios constructivos y correcciones por correo electrónico en kevindborman@gmail.com

Kevin Borman
Sorbas, diciembre de 2023

Sobre el autor

Nació en Lincolnshire, en la costa este de Inglaterra, en 1950. Entre 1968 y 1972 se licenció en Geografía y obtuvo un postgrado en Educación por la Universidad de Sheffield. Permaneció en esa ciudad, donde enseñó Geografía en distintas escuelas hasta 2004, tras haber sido Jefe de Departamento desde 1985.

Entre 1989 y 2004 trabajó también como escritor, fotógrafo, reseñador y redactor de noticias para *High*, una revista mensual de gran calidad estética, que aborda temas relacionados con actividades al aire libre. En 2003 la Asociación de Escritores de la Naturaleza le concedió el Premio a la Excelencia por su columna periódica *Walking World* en esta revista. Ha escrito una docena de libros y contribuido con más de cuatrocientos artículos a una amplia colección de revistas y periódicos. Vive en la provincia de Almería desde que compró una casa y se instaló en ella con su esposa en 2005. Le encanta hacer recorridos a lo largo y ancho de esta tierra para descubrir y saborear su esencia. Sus intereses incluyen el senderismo, la historia natural, las cuestiones medioambientales y paisajísticas, la música, la escritura y la jardinería. También, de vez en cuando, por qué no, algún vaso de vino tinto y una onza de chocolate negro.

Otros libros del autor

Poesía
- *Lovemapping* (Rivelin Press, 1974).
- *Dust & Jungle* (Rivelin Press, 1976).
- *Seasons in a Raw Landscape* (Rivelin Press, 1982).
- *Inside The New Map* (Redbeck Press, 1999).
- *Blue Is Rare* (Redbeck Press, 2005).

Guías
- *Peak District Short Walks* (Jarrold, 2001).
- *The Derwent Valley Heritage Way* (Jarrold, 2003).
- *Peak District Walks: Pathfinder Guide* (coautor, Jarrold, 2003).

Viajes
- *Flamingos In The Desert: Exploring Almería* (FeedARead, 2014).
- *Where Hoopoes Fly: Exploring Almería 2* (FeedARead, 2017).

Memorias
- *Beyond The Dark Peak: Writing From The Mountains* (FeedARead, 2019).
- *Asian Daze: A Travel Journal 1975-1976* (FeedARead, 2022).

Y contribuciones a estas antologías
- *Perspectives on Landscape* (Arts Council of Great Britain, 1978).
- *Speak to the Hills* (Aberdeen University Press, 1985).
- *Orogenic Zones* (Bretton Hall, 1994).
- *Kinder Scout, Portrait of a Mountain* (Derbyshire County Council, 2002).

Agradecimientos

"Si no sabes dónde estás, no sabes quién eres"

El arte de cuidar la casa común: ensayos sobre cultura agraria
Wendell Berry

Mis fuentes para este libro han sido una combinación de experiencia y exploración personal. He conversado con muchas personas, me han dado orientaciones que he utilizado para los mapas, y he consultado una ingente cantidad de material escrito del cual ofrezco un listado en la bibliografía. La primera edición de este libro pretendía poner a disposición del lector de habla inglesa la información que sobre el levante almeriense existía hasta entonces sólo en español y a la que no era fácil llegar.

Este libro y su autor están en deuda con mucha gente. Los escritores siempre hablan con elocuencia de lo maravillosos que son sus editores. Yo hago lo mismo, pero lo digo de verdad. Estoy enormemente agradecido a Helen Evans, no sólo por su juiciosa y hábil edición, por muchas consultas y enlaces que despertaron mi interés y me mantuvieron alerta, sino también por darme a conocer el *Atlas de Almería* y por el rescate descrito en el capítulo 18.

Barbara Hart Appel y el difunto Harvey "Hogan" Appel me proporcionaron interesantes datos sobre Los Molinos de Río Aguas; Tim "Timbe" Bernhardt fue muy amable aclarando mis ocasionales malentendidos con los agaves; Karin S. De Boer fue una fuente de historias fascinantes sobre las películas de la zona; muchos días de campo con Pete Brown y Dave Elliott-Binns mejoraron significativamente mi comprensión de las aves locales; Jesús Contreras Torre me habló de las alondras de Dupont y de las malvasías cabeciblancas; Don Gaunt me ayudó con muchos detalles relativos a la línea de mineral Lucainena-Agua Amarga; Hanna Geertsema se tomó muchas molestias para contarme detalladamente los viejos tiempos en Los Molinos; Andy Highfield compartió conmigo sus conocimientos sobre las tortugas moras; Roy "Alex" Alexander fue un buen profesor que me mostró la flora silvestre local; Thomas Neukirch me dio pistas sobre el olivo de Viruegas y una nueva y vibrante forma de ver esa zona, y Lindy Walsh ha sido una ayuda constante con información sobre el karst de yeso, las cuevas y los espeleólogos, los lugareños y mucho más.

Francisco Espinoza Crespo y su esposa, la ya fallecida Inés Reolid Martínez, nos acogieron a Troy y a mí como vecinos y nos hicieron partícipes de sus amplios conocimientos del lugar. En cuanto a Andrés Pérez Pérez y Ana María Rodríguez Agüero, su entusiasmo y su profundo conocimiento de la zona ha sido un factor clave para que yo me lanzara a escribir este libro.

Para la edición en inglés estoy enormemente agradecido a mis atentos correctores: Pete Adeline, Chris Borman y Carol Jepson revisaron todo el texto con detalle forense y me prestaron una enorme ayuda; Cathy Borman, John Driskell, Dave Pearce y Troy Roberts hicieron lo mismo con secciones sustanciales del mismo. Si quedan errores, aunque espero que sean pocos, son de mi exclusiva responsabilidad. Christine Morgan Douglas, Tony Redston de Mellow Mountain Press y mi viejo amigo en las carreras de montaña, Tim Mackey, un profesional también del diseño y la impresión, me ayudaron a orientarme en la dirección correcta durante las etapas finales. Las envidiables habilidades de diseño de Gary Lincoln me proporcionaron la portada de la primera edición, con la que estoy encantado. Para la edición española, César Vaquero merece una mención especial por su esmero en la cálida portada que tienes en las manos.

Todos los que acabo de mencionar también merecen un elogio por, entre otras cosas, haberme dado una conversación entretenida y muy informativa, por ser vecinos tan singulares, por las pistas útiles, por las aclaraciones, por las respuestas a peticiones raras por mi parte, por la buena compañía en los paseos y por el apoyo y el entusiasmo en general. En alguna medida han contribuido también para que este libro vea la luz Catherine Arthur, Linda Church, Jackie Bragg, Charlie

Brown, Margaret Brown, Carmen y Juan, Shirley Cook, Harvey y Kathy Defriend, Bego de Miguel, Margaret Dyson, Terry Gifford, Enrique González Pérez, Pepe Guinea, Marcus Field, Lynne Hall, Phil Hardy, Joe Evans, Susie James, Jon y Hazel Large, Maarten van Lier, Gabrielle Lincoln, Pete y Mary Loyndes, Archie Luckett, Rae Luckett, Sue Macdonald, Kath Menghetti, Finn Campbell-Notman, Susanna Notman, Dan Osborn, Paco el cabrero, Juan Ramos Peña, Robert Purland, Emma Randle, Alastair Reid, Ian Roberts, Luke Roberts, Francisco Javier Rodríguez Arias, Eduardo Sánchez, Calin Sandru, Claudia Scholler, Frank y Sheena Selkirk, Jacki Smart, Pete Thom, Alec y Margaret Thompson, Jyoti Tyler, «Ponytail» John Wallis, Julie Widdowson y Andrew Wilson, y pido disculpas a todos los que por error he olvidado . En el texto, por cierto, he alterado los nombres de algunos de nuestros vecinos cercanos en aras de la privacidad.

En el ámbito local, Amigos de Sorbas es una organización muy activa que se dedica a poner de relieve la cultura y la historia de la zona de Sorbas. Hacen un trabajo fantástico de muchas maneras, sobre todo a través de su revista anual *El Afa*. Se trata de una publicación muy profesional, que cuenta con un equipo formado por Ana María Rodríguez Agüero, Andrés Pérez Pérez y Pedro Soler Valero. *El Afa* es un continuo esfuerzo desde hace más de veinte años por documentar la cultura que sale de un pueblo de unos pocos miles de habitantes. El *Especial Número 20* de 2009, que conmemoraba el vigésimo aniversario del Paraje Natural Karst en Yesos de Sorbas, fue soberbio; ciento treinta y cuatro páginas de altísima calidad. Los ejemplares de *El Afa* están disponibles en el Centro de Visitantes de Sorbas a un precio muy modesto. Compruébalo y apoya a los Amigos.

El espíritu de *El Afa* es el del trabajo colaborativo y por eso permite el uso de sus artículos, siempre que se cite la fuente. Así pues, vaya desde aquí mi más sincero agradecimiento a todos aquellos que han aportado algo a ese proyecto. No puedo olvidarme de Francisco José Contreras, Isa García Mañas, Juan García Sánchez, Juan Salvador López Galán, Diego Molina Simón, Juan Antonio Muñoz, Domingo

Ortiz, Andrés Pérez Pérez, Rosa María Piqueras Valls, Juan Ramos Peña y Ana María Rodríguez Agüero, cuyos trabajos en *El Afa* me han ayudado a comprender muchos aspectos de la zona. En un contexto más amplio, muchas personas me han llevado a mi fascinación por el paisaje y la forma en que la vida humana interactúa con él, así que permíteme un párrafo. Esta fascinación ha ido evolucionando durante más de medio siglo, por lo que me resultaría imposible enumerar a todos los que han tenido algo que ver en mi proceso de ponerla negro sobre blanco y celebrarla. Me he inspirado en un amplio abanico de escritores, poetas y caminantes, cartógrafos y artistas, además de otros difícilmente clasificables. Entre los que han sido especialmente importantes para mí (más pronto que tarde me daré cuenta de que he omitido algunos nombres cruciales) se encuentran Edward Abbey, Kenneth Allsop, Patrick Barkham, Wendell Berry, Hamish Brown, Nicola Chester, Sue Clifford, Mark Cocker, David Craig, Nick Crane, Roger Deakin, Tim Dee, Annie Dillard, Monty Don, Chris Drury, Bob Dylan, Andy Goldsworthy, Andrew Greig, John Hillaby, W. G. Hoskins, Nick Hunt, Kathleen Jamie, Angela King, Paul Kingsnorth, Barbara Kingsolver, Patrick Laurie, Aldo Leopold, William Least Heat-Moon, Laurie Lee, Richard Long, Barry Lopez, John McPhee, Richard Mabey, Benedict Macdonald, Helen Macdonald, Robert Macfarlane, Peter Mathiessen, Kathleen Dean Moore, Adam Nicolson, Jim Perrin, Jonathan Raban, Tim Robinson, John Sewell, Christopher Somerville, Gary Snyder y Kenneth White. Si mi libro tiene algunos ecos, pero no demasiados, de algunas de estas personas me sentiré feliz.

La edición española, *Flamencos en el desierto,* no habría visto la luz sin los esfuerzos de Antonio David Berbel García. Su compromiso y trabajo infatigable, junto con su sentido del humor y sus dotes como traductor, han sido la clave absoluta de este proyecto. Valoro enormemente su amistad. Saludo calurosamente también a Enrique Segura Reche, José Palacios, Eva M. Sánchez, Lola Alemany y Cristóbal Berbel, que han sido unos correctores minuciosos, y un agradecimiento especial a Enrique Segura Reche por su cita en la contraportada. Fue un placer volver a trabajar con Steve Smith, quien me ayudó con mis dos libros anteriores. Además de ser una excelente compañía, una vez más aportó su habilidad y experiencia en diseño, maquetación y formateo.

Por último, por todo tipo de apoyo, por no quejarse demasiado cuando la dejé hacer más de lo que le correspondía de las tareas domésticas y, en particular, de la jardinería, y por ser mi compañera en nuestro continuo descubrimiento del levante almeriense, mi profundo agradecimiento a Troy Roberts. A ella y a los amigos tanto españoles como de otras nacionalidades que me han ayudado a conocer al menos parte de este rincón escondido de Andalucía, dedico este libro.

Kevin Borman

Bibliografía

La siguiente lista muestra el material informativo y las fuentes que he manejado.

- *Ajicara*, N° 2 (octubre de 2009).
- Allen, Betty Molesworth, *A Selection of Wildflowers of Southern Spain* (Fuengirola, 1993).
- Anadón, José Daniel, Andrés Giménez, Irene Pérez and Alicia Montesinos, *La Tortuga Mora en el Sureste Ibérico: Una Especie Amenazada, El Afa* N° 9 (Sorbas, 2004).
- Anderson, Miles, *The World Encyclopedia of Cacti and Succulents* (London, 1998).
- Balasch, Enric and Yolanda Ruiz, *Diccionario de Plantas Curativas de la Península Ibérica* (Madrid, s. f.).
- Barkham, Patrick, *The Butterfly Isles* (London, 2010).
- Bernhardt, Tim, *Pita-Escuela del Río Aguas, El Afa* N° 28 (Sorbas, 2013).
- Berry, Wendell, *The Gift of Good Land* (Berkeley, 1982).
- Blamey, Marjorie and Christopher Grey-Wilson, *Wild Flowers of the Mediterranean* (London, 2005).
- Boloix, Igor, *1000 Plantas Medicinales, Aromáticas y Culinarias* (Madrid, 1999).
- Borman, Kevin, *A close call for the White-headed Duck*, Birds of Andalucía Vol 2, Issue 2 (Ronda, 2013).
- Borman, Kevin, *Birds on Spanish Maps*, Birds of Andalucía Vol 3, Issue 1
- (Ronda, 2014).
- Boyd, Alastair, *The Sierras of the South* (London, 1992).
- Brenan, Gerald, *South From Granada* (London, 1957).
- Brown, Pete, *A Patch In The Sun,* Birds of Andalucía Vol 2 Issue 2 (Ronda, 2013).
- Cavanagh, Lorraine, *Mediterranean Garden Plants* (Nerja, 2005).
- Chinery, Michael, *Garden Wildlife of Britain & Europe* (London, 2001).
- Clifford, Sue and Angela King, *England In Particular* (London, 2006).
- Cocker, Mark and Richard Mabey, *Birds Britannica* (London, 2005).

- Contreras, Francisco José, *El Karst en Yesos en la economía de Sorbas*, *El Afa* N° 20 (Sorbas, 2009).
- Costa Pérez, Juan Carlos, *Restauración de Zonas Incendiadas en Andalucía* (Manuales de Restauración Forestal N° 8) (Andalucía, s. f.).
- Crane, Nicholas, *Two Degrees West* (London, 1999).
- Davey, Vic, *Esparto Grass - Special & Historic*, Almeria Living N° 09 (Zurgena, 2013).
- De Stroumillo, Elisabeth, *Southern Spain* (London, 1986).
- Deakin, Roger, *Waterlog: A Swimmer's Journey* (London, 1999).
- Dillard, Annie, *Pilgrim at Tinker Creek* (London, 1976).
- Ellingham, Mark and John Fisher, *The Rough Guide To Spain* (Tenth Edition, London, 2002).
- Elliott, Tim, *Spain by the Horns* (Chichester, 2007).
- Ellis, Jerry, *Walking The Trail* (New York, 1991).
- Finlayson, Clive and David Tomlinson, *Birds of Iberia* (Fuengirola, 2003).
- Flores, Clemente, *No me toquéis las cabras (II parte)*, Actualidad Almanzora N° 367, (Feb. 2010).
- Fowlie, Eddie and Richard Torné, *David Lean's Dedicated Maniac: Memoirs Of A Film Specialist* (2010).
- García, Ernest and Andrew Paterson, *Where to Watch Birds in Southern Spain* (London, 1994).
- García Lorca, Andrés (Director), *Atlas Geográfico de la Provincia de Almería* (Almería, s. f., pero aprox. 2010).
- García Mañas, Isa, *La Vida en El Marchalico de las Viñicas*, *El Afa* N° 25 (Sorbas, 2012).
- García Sánchez, Juan, *Cómo Pasa El Tiempo*, *El Afa* N° 20 (Sorbas, 2009).
- Garvey, Geoff and Mark Ellingham, *The Rough Guide to Andalucía* (London, 2003).
- Gibbings, Robert, *Coming Down The Wye* (London, 1942).
- Gil Albarracín, Antonio, *A Guide to the Cabo de Gata-Níjar Natural Park* (Almería Barcelona, 1999).
- Gómez Martínez, José Antonio and José Vicente Coves Navarro, *Trenes, Cables y Minas de Almería* (Almería, 1994).

- Goytisolo, Juan, *Campos de Níjar* (Almería, 2010; 1ª ed., 1960).
- Greeves, Tom, *The Parish Boundary* (London, 1987).
- Greig, Andrew, *Getting Higher* (Edinburgh, 2011).
- Hayman, Peter & Rob Hume, *Bird* (London, 2007).
- Jacobs, Michael, *Andalucía* (London, 1998).
- Least Heat-Moon, William, *Blue Highways* (London, 1983).
- Lopez, Barry, Natural History: *An Annotated Booklist* in *The Picador Nature Reader*, edited by Daniel Halpern and Dan Frank (New Jersey, 1996).
- López Galán, Juan Salvador, *Las eras de Almería: comarca de Los Filabres y Sierra Alhamilla*, *El Afa* N° 26 (Sorbas, 2012).
- McEwan, Ian, *Black Dogs* (London, 1992).
- Mabey, Richard, *The Common Ground* (London, 1980).
- Macfarlane, Robert, *The Wild Places* (London, 2007).
- Mapa, *Cabo de Gata-Níjar Parque Natural*, 1:50,000 (Granollers, 2001).
- Mapa, *Parque Natural Cabo de Gata-Níjar*, 1:45,000 (Sevilla, 2005).
- *Mapa Topográfico Nacional de España*, 1:25,000, varias hojas, pero particularmente 1031-1 Sorbas y 1031-2 Turre (Madrid, varias fechas).
- Mather, A. E., J. M. Martin, A. M. Harvey y J. C. Braga, *A Field Guide to the Neogene Sedimentary Basins of the Almeria Province, South East Spain* (Oxford, 2001).
- Miralles García, Jose Manuel, *Espacios Naturales Almerienses* (Almería, 1990).
- Molina Simón, Diego, *La Parroquia de Gafarillos, los lugares del sureste del municipio*, *El Afa* N° 4 (Sorbas, 2002).
- Moore, Kathleen Dean, *Riverwalking: Reflections on Moving Water* (New York 1995).
- Morales, Marga, *Guide to the Nature Reserve Cabo de Gata-Níjar* (Sant Lluís, Menoría 2001).
- Moran, Joe, *On Roads - A Hidden History* (London, 2009).
- Morton, H. V., *In Search of England* (London, 1927).
- Mueller, Tom, *Extra Virginity: The Sublime and Scandalous World of Olive Oil* (New York, 2012).
- Muñoz, Juan Antonio, *Palomares tradicionales en la comarca de Filabres Alhamilla*, *El Afa* N° 23 (Sorbas, 2011).

- Muñoz-Espadas, María Jesús, Rosario Lunar y Jesús Martínez-Frías, *The garnet placer deposit from S E Spain: industrial recovery and geochemical features*. (En línea).
- Neukirch, Thomas, con Marcus Field, *Paintings 2006-2009* (Almería, 2009) *Nuevo Levante* N° 48 (julio de 2010).
- Ortiz, Domingo, *A Propósito de los Incendios Forestales*, *El Afa* N° 23 (Sorbas, 2011). (artículo originalmente aparecido en *Vera Al Día*, 18 de julio, 2009).
- Parker, Mike, *Map Addict* (London, 2009).
- Peña, Juan Ramos, *Artistas de obra en piedra vista*, *El Afa* N° 26 (Sorbas, 2012).
- Pérez Pérez, Andrés, *El Puente de la Mora*, *El Afa* N° 1 (Sorbas, 2000).
- Periódicos y revistas: *Actualidad Almanzora, Costa Almería News, Diario de Almería, El País, Heraldo de Madrid, La Voz de Almería, The Almería Focus* (varias fechas).
- Perrin, Jim, *River Map* (Llandysul, 2001).
- Piqueras Valls, Rosa María, *Apeo y repartimiento de la villa de Sorbas tras la expulsión de los moriscos*, *El Afa* N° 1 (Sorbas, 2000).
- Polunin, Oleg and Anthony Huxley, *Flowers of the Mediterranean* (London, 1978).
- Richardson, Paul, *Our Lady of the Sewers* (London, 1998).
- Robinson, Tim, *Connemara - The Last Pool of Darkness* (London, 2009).
- Rodríguez Agüero, Ana María, *Sorbas también es tierra de cine*, *El Afa* N° 19 (Sorbas, 2009).
- Rodríguez Agüero, Ana María, *Vida cotidiana en el Río de Aguas y los Yesares antes de 1989*, *El Afa* N° 20 (Sorbas, 2009).
- Rodríguez Agüero, Ana María y Andrés Pérez Pérez, *Caminos del Río de Aguas y Los Yesares*, *El Afa* N° 20 (Sorbas, 2009).
- Rodriguez Agüero, Ana María y Andrés Pérez Pérez, *Neorrurales en Los Molinos del Río de Aguas*, *El Afa* N° 20 (Sorbas, 2009).
- Rodriguez Agüero, Ana María y Andrés Pérez Pérez, *Ecoaldea de Los Molinos*, *El Afa* N° 20 (Sorbas, 2009).
- Rodriguez Agüero, Ana María y Andrés Pérez Pérez, *Vivencias de un mo-*

linero, Rafael Llorente Galera, El Afa N° 20 (Sorbas, 2009).
- Ruiz García, Alfonso (coordinador), *Guías de Almería, Territorio, Cultura y Arte: El Litoral Mediterráneo* (2ª edición, El Ejido, 2006).
- Ruiz García, Alfonso (coordinador), *Guías de Almería,* Territorio, Cultura y Arte: *Naturaleza Almeriense: Espacios del Litoral* (El Ejido, 2010).
- Ruiz García, Alfonso (coordinador), *Guías de Almería,* Territorio, Cultura y Arte: Cine (Roquetas de Mar, 2011).
- Sociedad de Amigos de Sorbas, *Conserva Tu Patrimonio, Las Fotos No Mienten, El Afa,* N° 5 (Sorbas, 2002).
- Snyder, Gary, *Back on the Fire: Essays* (Emeryville, 2007).
- Steinbeck, John, *The Grapes of Wrath* (New York, 1939).
- Stevenson, Robert Louis, *Travels with a Donkey* (London, 1879).
- Stewart, Chris, *The Almond Blossom Appreciation Society* (London, 2006).
- Tapia Garrido, J. A., *Historia General de Almería y su provincia* (Almería, 1990).
- Tolman, Tom and Richard Lewington, *Collins Butterfly Guide* (London, 2008).
- Trutter, Marion, ed., *Culinaria Spain* (Königswinter, 2004).
- Villalobos Megía, Miguel, ed., *Geology of the Arid Zone of Almería* (Andalucía, 2003).
- Villalobos Megía, Miguel y Ana B. Pérez Muñoz, *Geodiversity and Geological Heritage of Andalusia* (Junta de Andalucía, s. f.).
- Walker, Sandy, *Campo - A Guide to the Spanish Countryside* (Fuengirola, 2005).
- Walsh, Lindy, *Neo-rurales: Los Nuevos Repobladores, El Afa* N° 7 (Sorbas, 2003).
- Webster, Jason, *Andalus* (London, 2004).
- Whitwell, Ben, *Los Molinos, Village of Mills* (Sorbas, 2004).

Sitios web

Esta no es una lista exhaustiva, pero los siguientes sitios web pueden ser útiles para cualquier persona que busque más información sobre algunos de los temas y lugares mencionados en el libro.

- www.amigosdesorbas.com

  El sitio web de los Amigos de Sorbas, incluyendo un enlace a su excelente revista anual *El Afa*.

- www.cabodegata.net

  Sitio web de la Asociación de Amigos del Parque Natural Cabo de Gata-Níjar, una organización sin ánimo de lucro, integrada en Ecologistas en Acción. Su finalidad principal es la conservación del Parque Natural Cabo de Gata-Níjar, compatibilizándola con los intereses de sus habitantes.

- www.cortijosurra.com

  Urrá inició su andadura como Field Study Centre en 1990. Actualmente los Cortijos Urrá forman un complejo de turismo rural y de naturaleza que da alojamiento a grupos de hasta 100 personas, siendo ideal para el estudio de la naturaleza, desarrollo de cursos relacionados con las ciencias ambientales y los deportes de aventura.

- www.cuevasdesorbas.com

  Bajo el nombre de Cuevas de Sorbas, Natur-Sport realiza itinerarios espeleológicos por algunas de las cuevas más representativas del Karst.

- https://esp.andalucia.com

  Un sitio web muy útil para viajar y descubrir Andalucía. Puede hacer click en la sección sobre la provincia de Almería.

- https://farodebedar.com

  Una guía útil sobre este pueblo.

- www.faydon.com

  Sitio web de Don Gaunt (en inglés). Peculiar, pero con información interesante sobre los antiguos ferrocarriles de Almería y la arqueología industrial.

- www.gssr.es

  Sitio web de Max Kite sobre 'The Great Southern of Spain Railway', con muchos detalles interesantes.

- www.ign.es

  Sitio web del Instituto Geográfico Nacional. Este es el lugar para obtener información sobre los mapas.

- www.pitaescuela.org

  La Pita-Escuela es una Asociación de educación ambiental y artística fundada en Los Molinos de Río Aguas en 2008 por el artesano alemán Tim Bernhardt.

- www.sunseed.org.uk

  Sunseed es un proyecto educativo para la transición hacia la sostenibilidad.